향토지식산업이 지역 일자리 경제를 이끈다

향토지식재산
세계로 미래로

향토지식산업이 지역 일자리 경제를 이끈다

향토지식재산
세계로 미래로

초판 1쇄 인쇄 | 2018년 10월 15일
초판 1쇄 발행 | 2018년 10월 25일

글 | 황종환·이효율·배중호·원광식

발행인 | 김남석
발행처 | ㈜대원사
주   소 | 135−945 서울시 강남구 양재대로 55길 37, 302
전   화 | (02)757−6711, 6717~9
팩시밀리 | (02)775−8043
등록번호 | 2011−000081호
홈페이지 | http://www.daewonsa.co.kr

ⓒ 황종환, 2018

Daewonsa Publishing Co., Ltd
Printed in Korea 2018

ISBN | 978-89-369-2096-8

이 책의 국립중앙도서관 출판시 도서목록(CIP)은 e−CIP홈페이지(http://www.nl.go.kr/ecip)에서
이용하실 수 있습니다. (CIP제어번호 : CIP2018032575)

향토지식산업이 지역 일자리 경제를 이끈다

향토지식재산
세계로 미래로

대원사

머리말

　향토지식재산은 지방화와 세계화를 연결시키는 고리이다. "가장 지방적인 것이 가장 세계적인 것"이라는 말처럼, 우리 지역에 내재된 지식·기술·문화야말로 세계 속에 우리를 빛낼 수 있는 가장 확실한 기초자산이자 차별적인 사회적 자본이기 때문이다. 또한 21세기 한국이 처한 양극화·고실업률·고령화 및 저성장이라는 현실을 볼 때, 정부·지방자치단체는 기존의 산업정책으로는 일자리 창출에 한계가 있는 현실에서 지역 신성장 동력의 하나로서 향토지식재산의 산업·교육·문화·복지 등 다원적 기능에 착안하여, 향토지식재산의 공유 및 융복합·전문 창업 창직인력 양성을 통한 지역 일자리 창출 및 지역경제 활성화를 시킬 수 있는 지식공유생태계 구축에 적극 나서야 할 것이다. 왜냐하면 향토지식재산은 그 특성상 지역사회가 가장 적은 비용과 시간으로 창업과 사업 아이템을 확보할 수 있는 대상이자 최선의 전략이라 할 수 있기 때문이다.

　재단은 1995년 설립 이후 23년 동안 전국 지방자치단체들을 대상으로 8만여 건의 향토자원의 발굴, 2,000여 건의 지식재산권 보호, 200여 건의 지역특화사업화 연구 용역을 통한 축적된 자료와 경험을 바탕으로 2017년 정부에 향토지식자원을 활용한 '지식공유형 일자리 창출사업'을 제안, 현재 전라남도에서 시범사업이 진행 중이다. 올 하반기부터는 전국적으로 확대되기를 기대한다. 특히 4차 산업혁명의 시대에 접어들면서 산업 간 경계가 없어지고, 기술이나 유행의 급속한 수명 단축으로 지속 가능한 일자리 창출의 성공은 결국 열린 지식공유가 필수요건으로, 지식공유 및 생태계 네트워크 속에서 지역 내 취창업·창직희망자가 쉽고 지속적인 취창업·창직이 가능하도록 지원하는 것이 '지식공유형 일자리 사업'의 핵심이다.

이 책은 1998년 향토지식재산의 대표격인 김치를 상징적인 테마로 잡아 『김치가 기무치를 이겼다』(부제 : 향토지식재산이 지역경제를 살린다)를 발간 후 20년이 지난 지금, 그동안 향토지식산업과 관련한 정책과 현장 경험에 참여하면서 체험한 경험과 고민이 결코 특정인의 경험지식으로 끝나지 않고 중앙정부입안자·지방정부단체장·창업 및 일자리 창출 관계기관·대학 관계자들이 함께 공유하고, 함께 지식공유산업 생태계 구축의 동반자가 되었으면 하는 강한 바람을 갖고 기획하였다.

유네스코 인류무형문화유산으로 등재된 오랜 김장문화를 가진 우리의 김치산업은 2018년 오늘, 전 세계에서 가장 큰 김치 수입국이 되어 있으며, 2017년 사상 최대의 김치무역 수지 적자를 나타내고 있다. 수입된 중국산 김치는 국내 외식업체의 거의 대부분을 장악하고 있다. 또한 한국의 가장 큰 김치 수입국(60%)인 일본은 전 세계의 고급 김치시장과 강력한 현지 유통망을 구축하고 있다. 도대체 한국의 김치산업은 왜 이 지경이 되었는가! 도대체 헤쳐 나갈 방안은 있는가?

첫째, 국내 김치시장이 단일의 김치(배추김치) 중심으로 운영되고 있는 산업 정책적 측면을 제고하여야 한다. 배추김치 중심의 단일의 김치산업은 산업적 효율성이라는 측면에서 대량 배추 재배를 할 수 있는 넓은 땅과 저렴한 인건비를 무기로 한 중국산 배추에 시장을 내어 주는 것은 너무도 당연한 귀결이다. 따라서 한국의 김치산업은 한국의 김치문화의 강점으로 평가되는 지역마다 차별적인 김치—순천 고들빼기, 여수 돌산갓김치, 청주 물김치—라든가, 계절에 따라 여름엔 열무김치, 가을엔 총각김치, 겨울엔 동치미 등 300여 종이 넘는 차별적 다양성에 눈을 돌려, 중국의 단순한 개별 상품이나 기업으로는 흉내 낼 수 없는 지역마다의 재료, 양념, 조리법에 따른 다양한 지역특화산업으로의 노력이 필요할 것이다.

둘째, 일본은 중국과 달리 정부 차원에서 오래전부터 일본음식인 '와쇼쿠(和食)'를 세계화 및 고급화 전략을 추진해 온 것과 같이 김치에 대해서도 세계 각국 현지에서의 강력한 유통망 구축을 하고 있다. 따라서 수입된 한국김치는 자신들의 방식에 따라 다양한 현지화 및 고급화의 소재로서 또 다른 일본 기무치의 하나로 취급될 뿐이다. 따라서 이 상태가 고착된다면, 세계시장에서 한국 김치산업의 또 다른 미래 영역은 그만큼 더 멀어지고 좁아질 것은 자명하다. 따라서 김치의 세계화 및 고급화 시장에 대해서 중국과는 또 다른 차원의 정부와 산업, 문화, 과학계의 각성과 대책이 요구될 것이다.

다시 말해, 김치산업 측면에서는 김치산업의 영역을 김치소스·김치잼·김치야채주스·김치아이스크림 등 김치와 관련된 모든 가공식품까지 고급화 및 다양화하고, 절임·숙성·포장 등에 이르는 전 과정을 표준화하여야 한다. 나아가 최근 4차 산업혁명에 맞추어 사물인터넷(IOT) 기술 등을 융합한 다양한 스마트시설 장비개발로까지 넓혀 가야 할 것이다. 또한 김장문화 측면에서 정부는 한국김장문화가 가진 타 문화권과의 대화와 교류 정신을 심어 주는 다양한 국내외 테마 김치축제를 개최함과 동시에 김치산업계는 세계 속의 경쟁우위를 위한 글로컬 지식공유 산업생태계 구축을 통한 김장산업 및 김장문화가 통합된 한국 김치브랜드 전략으로 승화시켜야 할 것이다.

우리는 습관적으로 찬란한 5,000년 문화유산에 대한 헛된 자랑을 하곤 한다. 이제부터 정부는 우리 지역 내 제대로 평가되지 못하고 사장되어 있는 다양한 지역향토 지식재산과 그것을 이어 오고 있는 경험지식을 가진 사람을 찾아보고 재평가하는 작업부터 시작하여야 한다. 그 이후에 그러한 향토지식재산과 경험지식에 적용 가능한 지방자치단체 등이 보유한 공공지식재산을 발굴하여 지역창업 및 기업들이 소통하고 활용할 수 있는 지역의 지식공유 플랫폼을 구축하자. 그 기반 위에 국내외 무수한 지식재산권들을 공유하고, 지속 가능한 글로컬 지식공유산업 생태계를 구축하자. 따라서 국내기업은 단순한 개별 상품의 상품 특성만을 강조하는 단순 메시지 전달 판매 전략에, 정부는 단순한 수출이나 유통, 홍보비 지원을 뛰어넘어 향토지식재산에 내재된 무한한 가치와 산업적 확장성에 새로운 눈을 떠서 지식산업의 사회기반사업(SOC)인 글로컬 지식공유산업 생태계 구축과 품격 있는 지역, 또는 국가브랜드를 통한 가치 전달 전략에 함께하는 지혜와 결단이 필요할 것이다.

이 책은 독자의 이해를 위해 가급적이면 어려운 개념이나 이론은 지양하고 향토지식재산의 콘텐츠 이야기와 향토지식산업에 실제 적용된 사업화 사례를 중심으로 꾸미려 노력했다. 이러한 취지에 동참하여 이제 매출 2조를 넘는 글로컬 로하스기업으로 성장하기까지의 원고를 흔쾌히 보내 주신 (주)풀무원의 이효율 대표이사님, 세대 간 승계를 통해 우리 술의 세계화에 박차를 가하고 있는 분투기를 보내 주신 (주)국순당의 배중호 대표이사님, 에밀레종의 재현을 위해 평생을 노력하시고 우리 종의 세계화를 위해 최전방에서 땀 흘리시는 자서전 같은 원고를 보내 주신 성종사의 대표이신 원광식 종장님께 무한한 감사를 드린다. 또 지금은 작고하신 고 이규태 조선일보 주필님의 유고가 된 원고는 '우리 것에서 미래 가치를 찾자' 속에 녹여 넣었음을 이 자리를 빌려 밝힌다.

그리고 이 책이 나오기까지 자료 정리 등 궂은일을 도맡아 애써 준 단국대 대학원에서 지식재산권법을 전공한 최지은 양, 출판기획 단계부터 조언을 아끼지 않았던 윤장래 교수님과 그리고 나의 가족에게 고마움을 표한다.

집필자를 대표하여 한국지식재산관리재단 이사장 황종환

차 례

7 지방자치 및 생산자단체 성공 사례

1

21세기에
우리가 살아남는 길

소금장수, 우산장수 모자(母子) 이야기

생각 바꾸기

우리는 어릴 적에 학교 교과서에서 읽었는지, 동화책에서 읽었는지 정확히는 모르지만 '소금장수와 우산장수를 둔 두 아들의 어머니'에 대한 이야기를 기억하고 있다. 그 이야기의 내용은 이러했다.

큰아들은 소금 장사, 둘째 아들은 우산 장사를 하고 있는 어머니가 있었는데, 어머니는 비 오는 날에는 비 때문에 장사하기가 어려운 소금장수 큰아들 걱정에 슬퍼하고, 해 뜨는 날에는 고객이 없어 공치고 있을 우산장수 둘째 아들 걱정에 슬퍼하면서 한시도 슬퍼하지 않는 날이 없었다. 그러던 어느 날, 어떤 지혜로운 이웃의 조언을 듣고 해 뜨는 날에는 소금장수 큰아들의 장사가 잘되기에 기쁘고, 비 오는 날에는 우산장수 둘째 아들의 장사가 잘될 것이기에 늘 기쁜 마음으로 살게 되었다는 내용이다.

이 이야기는 아무리 어려운 현실과 환경 속이라도 비관적으로만 보지 말고 생각만 긍정적으로 바꾸어도 행복해질 수 있다는 교훈을 담고 있다. 다시 말해, 비록 우리를 둘러싼 환경은 바꿀 수 없다고 하더라도 '생각 바꾸기'를 통하여 얼마든지 행복해질 수 있다는 긍정의 힘과 어머니의 사랑을 깨닫게 한다. 우리는 이처럼 다른 사람이 충고나 지적을 받거나 타인의 눈으로 본 진정한 평가를 받기 전까지, 우리만의 깊은 동굴에 갇혀 부끄러워하거나 미리 잘못된 편견으로 자신의 잠재력을 제대로 시도조차 못 한 것은 없었는지, 스스로를 다시 돌아보아야 할 것이다.

사실 지금은 세계적인 5대 무저항식품으로 평가받는 우리나라의 대표적 향토지식재산인 김치에 대해 우리 스스로 열등의식에 빠졌던 우리의 아픈 기억이나, 1987년 전통주에 대한 규제가 풀리기 전까지 정부나 법조계에서는 소위 '밀조주'라고 하여 무조건으로 특가법 처벌 대상으로 규제하고, 현장의 전통주 제조업자들은 일제강점기 이후로 자신들의 전통주 제조 행위는 특가법에 의한 가중처벌이 되는 것이 마땅한 것으로 생각하여 그 부당성을 따지려는 생각조차 해 보지 못하고 '밀조주 제조자'라는 잠재적 악질범죄자로서 숨어서 도망 다니던 시절이 있었다. 왜 그들은, 또 대학축제 때면 정말 맛있는 술이라고 먹어 대던 지성의 전당에 다녔던 우리는 한 번도 그 부당성에 대해 생각조차 해 보지도 못했을까?

그 밖에도 지금은 유명한 국민 전통주가 된 '고창복분자주'도 복분자를 약재로만 분류하던 것을 식품 소재로 분류한 것이 그 기회가 되었고, 일반적으로 환각물질로 규제되고 있는 대마의 경우 역시, 대마 씨에는 환각물질이 없다는 것은 이미 오래전에 밝혀졌으나 쉬쉬하며 지내고 있는 것이 우리의 불편한 진실이다. 또한, 이 우화에서 언급된 소금처럼, 오랫동안 광물로 분류해 오다 몇 년 전에야 비로소 식품으로 분류시킨 우리 사회의 무관심과 편향된 산업정책 등 수없는 편견과 무관심에 파묻혀 있는

우리의 향토지식재산들이 우리의 진정어린 관심과 애정의 손길을 기다
리고 있지 않을까.

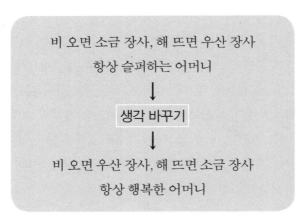

지식 만들기

이 이야기는 마치 실타래처럼 우리에게 무수한 생각의 실마리를 풀어
낸다. 먼저 이야기 속의 소금장수와 우산장수 두 아들의 상황을 머리에
그려 보았다.

비만 오면 장사를 망칠 수밖에 없는 소금장수 큰아들은 분명 시골에서
아주 영세하고 가내수공업적인 천일염전을 일구고 있었을 것이다. 왜냐
하면 소규모의 낙후된 천일염전이 아니라 일정 규모의 기계 설비를 갖추
었거나 포장, 가공된 소금을 취급하는 장사라면 사실상 기후 조건에 직접
적인 영향을 크게 받지 않을 것이기 때문이다.

또한, 해가 뜨면 장사를 망칠 수밖에 없는 우산장수 둘째 아들은 필경
대도시에서 조그만 우산가게 소매상을 운영하고 있었을 것이다. 왜냐하

면 구멍가게나 슈퍼마켓에 상시 비치되어 팔리는 우산이 아니고 우산 장사만으로 먹고 살 만큼의 수요가 있으려면 당연히 농어촌이나 중소도시보다는 유동 인구가 많은 대도시여야 할 것이기 때문이다.

끝으로 걱정만 하고 계신 두 아들의 어머니는 일찍 과부가 되어 두 아들을 키우느라 한평생 말할 수 없는 고통을 혼자 묵묵히 견뎌 오다 노년에 약간의 우울증세까지 보이고 있는 것으로 보인다. 이러한 상황 판단을 기초로 할 때, 우리는 다음과 같은 의문을 갖게 된다. 첫째, 왜 두 아들, 즉 큰아들은 소금 장사만 해야 하고, 작은아들은 우산 장사만 해야 하는 것일까? 두 아들은 각자의 환경과 장점을 토대로 비 오는 날에는 함께 우산 장사를 하고, 해 뜨는 날에는 함께 소금 장사를 할 수는 없는 것일까? 만약 할 수만 있다면 두 형제 모두 두 배의 매출을 올릴 수 있을 것이다.

비 오면 소금 장사, 해 뜨면 우산 장사

지식 만들기

비 올 때 소금장수도 우산 장사,
해 뜰 때 우산장수도 소금 장사
(2배의 수익을 위한 검토 사항)
① 정보 공유
② 지리적 근접성
③ 업무 숙련도 등

만약 소금장수는 소금 장사만 해야 하고 우산장수는 우산 장사만 해야 한다면, 여기에는 극단적인 운명주의나 무서운 흑백논리가 숨어 있다고 보인다. 물론 소금 장사와 우산 장사라는 이질적인 사업 아이템에 대해 상호 교류하고, 각기 시너지를 올리기 위해서는 실질적으로 서로 간에 기후변화 등에 대한 기상 정보 공유 시스템이나 교통수단 등의 지리적 근접성, 업무분업 프로그램 및 업무경험 지식공유 등 몇 가지 기본 전제가 갖추어져야 함은 당연하다.

지리정보, 교통 환경의 첨단지식정보화 속에 사는 현대사회에서는 해가 뜨나 비가 오나 기상 예보로 날씨를 미리 예측하고, 편리한 교통수단을 이용하는 지식공유와 협업을 통해, 두 형제가 비가 오는 날에는 시골의 큰아들이 미리 도시에 올라와 작은아들과 함께 2배의 우산을 팔고, 해가 뜨는 날에는 도시의 작은아들이 미리 시골로 내려와 큰아들과 함께 2배의 소금을 팔아 어머니에게 더욱 큰 웃음을 선사할 수 있을 것이다.

그렇다. 지금 시대는 지식공유 시대다. 또한 산업 간 경계도 없어지고, 지역 간 한계도 제약이 되지 못하는 시대다. 지리 정보나 교통 환경의 첨단지식정보를 자신들이 보유한 나름의 경험지식에 적용·공유·협업할 수 있는 열린 창의적 사고만 키운다면 얼마든지 엄청난 부가가치를 얻을 수 있을 것이다.

또한 요즘과 같이 "영원한 직업은 있어도 영원한 직장은 없다."는 직업 개념의 급속한 변화, 비정규직의 확산, 주5일 근무제 도입에 따른 사회 환경의 변화 등을 고려할 때, 정부·교육기관·기업·근로자 모두가 상기와 같은 새로운 직업 환경 개선을 위한 상생의 지혜를 모아야 할 화두거리가 아닌가 한다.

나아가, 정말 소금 장사와 우산 장사를 하는 아들들은 어머니의 걱정처럼 천덕꾸러기 사업 아이템일까? 두 사업 아이템은 국내외 환경에 비추어 볼 때 근본적으로 경쟁력이 없는 사업, 또는 사양사업이고, 나아가 경쟁력을 제고시킬 방법이나 가능성은 전혀 없는 것일까?

우리는 '소금장수와 우산장수의 모자 이야기'를 생각하다가 문득 그동안 우리나라의 압축 경제성장 과정에서 빚어진 대기업 및 공산품 위주의 수출 드라이브 정책에 따라 일종의 보조 산업적 지위에 왔던 농업 및 농업 정책이 연상되었다. 다시 말해, 정부 주도의 한 추천 작목이 풍년이 되는 경우 가격 폭락으로 이어지고, 장마나 가뭄 등으로 흉년이 되는 경우 이미 입도선매한 중간도매상이나 외국으로부터 싼 대체작물의 수입으로 결국 농촌 빈곤의 악순환이 되풀이되는 현실처럼 말이다. 또한, 본 이야기의 중요한 향토자원인 소금에 대해서 2007년 전까지 정부는 소금을 식품이 아닌 광물로 취급하여 우리 스스로 소금의 진정한 가치와 가능성을 막아 온 정책적 무지와 실수는 없었을까 돌아보아야 할 것이다. 최근에는 다행히 농민이나 농촌 및 농수산 정책에 많은 신선한 변화가 곳곳에서 일어나고 있기 때문에 그 과정과 효과를 관심 있게 지켜볼 뿐이다.

　　다시 본문과 관련하여 냉정히 판단하면, 근본적으로 경쟁력이 없는 사업 아이템이라면 그런 아이템에 대한 정부의 각종 지원은 무익하고 그 사업 영위체가 제아무리 내부적으로 뼈아픈 구조 조정을 해도 그것은 고통을 잠시 감소, 또는 연장하는 임시방편에 불과할 뿐이다. 이러한 경우라면 과감하게 그 사업 아이템을 포기하고 다른 사업 아이템으로 바꾸도록 유도하고 도와주는 것이 결과적으로 개인, 기업, 국가 모두에게 바람직한 일이라 생각한다.

　　이야기 속의 소금 장사나 우산 장사라는 사업 아이템은 다른 첨단산업 아이템에 비해 상대적 경쟁력 평가는 존재할 수 있으나, 어떠한 사업 아이템이 결코 근본적으로 사업성이나 경쟁력이 없다고 말할 수는 없을 것이다. 결코 이 세상에 사양산업이란 없다. 다만 사양산업이라고 생각하는 사람이 있을 뿐이라는 말이 존재하는 이유이다.

　　이런 면에서 이야기 속 소금 장사나 우산 장사라는 사업 아이템은 근본적으로 경쟁력이 없는 사업, 또는 사양산업에 해당되는 것일까 하는 의문과 나아가 동종 아이템으로 수익이나 부가가치를 높일 방안은 무엇이 있는가 하는 것이 이 책에서 다루고자 하는 중요한 과제이다.

이와 같은 문제를 구체적으로 다루기 위한 사고의 전환을 위해 소금과 우산과 관련된 사례를 간단히 소개하기로 한다.

먼저, 소금과 관련해서는 경남 함양에 소재하는 '인산가(仁山家, 대표이사 김윤세)'는 우리나라의 대표적인 죽염사업을 영위하고 있는 기업으로, 현재 프리미엄급 소금으로 국내뿐 아니라 해외에서도 각광 받아 수출하고 있다. 이러한 사례에 비추어 우리에게 소금도 우리의 전통 지식과 과학적인 결합을 시도하면 얼마든지 부가가치가 높은 다양한 제품개발이 가능하고 국내외의 경쟁력 있는 산업으로 발전될 수 있다는 것을 보여 주기에 충분하였다.

또한 우산과 관련해서도 서울 공평 아트센터에서 매년 개최되는 청원 스님(동국대학교 불교조각과 교수)의 '불교조각전'에 전시된 작품 중 전통 연꽃 문양이 새겨진 우산이 전시 기간인 15일 동안 약 2,000여 개가 판매된 사실을 확인하였다. 이러한 사실들을 보고 우리가 노력하기에 따라서 우리의 차별적 향토지식자원의 가치와 상품성이 달라질 수 있음을 새삼 확인하게 되었다.

지역 함께 만들기

요즈음 우리는 급속히 확산된 명예퇴직자 문제, 청년실업자 문제, 지역 불균형 및 젊은 사람이 없는 농촌 지역의 황폐화 문제, 노인 및 여성 일자리 창출 문제 등으로 매우 우울한 사회에서 살고 있다.

뿐만 아니라 한국은 현재 도시와 지방, 지방과 지방 간 인구 쟁탈전이 이루어지고 있다. 서울을 비롯한 일부 대도시를 제외하고 대부분의 지방에서는 인구 유출이 지속되고 있다. 대도시로의 인구 유입은 오래된 현상이지만, 저출산 등 인구감소현상은 지방의 존립 자체를 위협하는 요인이 되고 있다. 이에 각 지방자치단체에서는 지역민 유치를 위한 주거비용 지원 등 다양한 정책을 펼치고 있다. 그러나 지역민 유치만큼 중요한 정책은 지역 인구를 지속적으로 붙잡아 둘 수 있는 정책이다.

이런 점에서 향토지식산업은 경제·사회의 다양화, 개성화, 글로벌화의 흐름 속에 지역을 기반으로 한 각 지역의 대표적인 얼굴이자 지역의 사회적 지식 자본인 향토지식재산을 활용한 지역문화, 산업의 지식공동체사업으로서 지역 간 경쟁의 생존 툴(tool)의 하나로 주목을 받고 있다.

기존의 향토지식산업은 소비자 요구의 급속한 변화에 적절히 대응하지 못하고, 생산과 유통과정에서의 고비용에 의한 경쟁력 하락, 청년육성인력의 부족 등으로 향토지식산업의 존속에 대한 위기감이 높은 상태다. 그러나 최근 향토지식산업은 순환 및 공동체형 경제사회에 대한 국민적 관심의 고취, 사회적 지식자본으로서 현재 대한민국의 사회적 침체 타파와 심각한 고실업을 해결하고 획기적 고용 촉진을 위해 향토지식산업에 대한 재활성화가 필요하다는 인식이 강하게 나타나고 있다.

그 이유는 지역에 뿌리를 두고 있는 향토지식산업의 활성화야말로 지역자원-공동체의 관계형 조화와 지속 가능한 공존의 가치를 두는 특성으로 인해 해당 지역산업의 공동화를 막고, 고용의 악화와 지역사회의 붕괴를 막을 뿐 아니라 침몰하는 대한민국호를 일으킬 수 있는 가장 확실하고 든든한 미래지식산업이기 때문이다.

다만, 하나의 향토지식재산이 지역의 문화·산업의 공동체사업으로 발전되기 위해서는 많은 고려 사항들이 복잡하게 얽혀 있는 바, 이러한 문제 해결을 위해 '소금장수와 우산장수 이야기'를 기초로 몇 가지 바람직한 방안을 제시하고자 한다.

이를 위해 편의상 '무엇(객체)을, 누가(주체), 어떻게(방안) 해야 할 것인가?'라는 세 가지 측면으로 나누어 간단히 설명하겠다.

첫째, 무엇을 선택해야 하는가?

국가이건, 기업이건, 개인이건 제한된 조건과 능력하에서는 필연적인 선택이 요구되며, 이를 위한 집중이 필요하다. 이야기 속의 어머니와 두 아들은 소위 '선택과 집중'이라는 측면에서 이야기가 전개된 현실 공간에서는 필연적으로 '소금과 우산'이라는 사업 아이템 중에 무엇인가를 선택하지 않을 수 없었을 것이다. 이 경우 선택 기준은 여러 가지가 있을 수 있으나 차별성, 성공 가능성, 산업적 연계 효과 등이 핵심 기준이 될 것이다. 이러한 측면에서 본다면 어디서나 누구든지 제조가 가능한 일반 소재(우산)보다는 지역의 특성(해안 인접 지역)으로 인해 특정 지역에서만 생산할 수 있는 차별성 있는 향토자원(소금)이 더 바람직할 것이다.

둘째, 누가, 어떻게 사업을 운영할 것인가?

이 사업의 운영 주체는 당연히 이야기 속의 모자가 되어야 할 것이다. 물론 소금 장사가 선택되었다면 당연히 그동안 소금 장사를 해 오던 큰아들이 중심 주체가 되어야 하겠으나, 사업은 제조·판매·홍보·마케팅·영업 및 인력 관리·자금 등 여러 가지 요소가 결합되어야 할 뿐 아니라 소금 사업과 같은 특색 있는 향토자원을 기초한 향토지식산업의 경우, 특히 전·후방의 복합 연계 네트워크 구축이 반드시 고려되어야 할 것이다. 그래야만 홍수·가뭄 등의 자연재해, 타 경쟁 상품의 출현으로 가격 폭락, 중국 등 외국으로 부터의 제품 수입 등의 환경 변화에 능동적으로 대처할 수 있을 뿐 아니라 지속 가능한 하나의 사업별 경제 규모 단위를 영위할 수 있기 때문이다.

이를 위하여 1차적인 가족 노동력의 활용과 특히 1차 상품의 제조 경험이 풍부한 노년층(어머니)의 활용, 3차 상품의 체험·서비스 등의 상대 우위성을 갖는 여성노동력(경력 단절 여성, 부인), 나아가 2차적인 지역사회의 공동체 연계를 효율적으로 활용할 수 있어야 한다. 이러한 관점에서 1차 산업인 염전은 우선 큰아들의 주도하에 지역 노인(어머니)이 담당하고, 2차 가공·제조산업인 정제소금 및 죽염공장 소금사업은 큰아들이 관리를 맡고, 대도시에서 우산 장사를 하던 작은아들이 영업을 맡는 분업구조가 필요하다. 1차 산업인 염전과 2차 가공·제조품인 정제소금 및 죽염 등을 이용한 3차 산업인 염전체험학습 및 정제소금구이 요리 등은 어머니나 두 아들의 부인(여성)들이 주체가 되어 담당, 운영할 필요가 있다.

더 나아가 이러한 1차적인 가족기업형태의 단단한 내적 결속력과 '소금'이라는 향토자원을 바탕으로 2차적인 지역사회의 공동체사업으로 확산하고, 이를 지방자치단체나 지역공동체 등과 함께 지역축제로 발전시키고, 지방자치단체나 도시 출향민들의 자본을 연계한 현대식 소금사우나탕 등 지역특화사업 등으로의 발전이 가능할 것이다.

지역 함께 만들기

↓

■ 1차 산업 : 염전 →지역 노인(어머니)

■ 2차 산업 : 정제소금, 죽염공장→큰아들(관리), 작은아들(영업)

■ 3차 산업 : 지방자치단체, 지역공동체 연계사업

· 정제소금구이 요리, 정제소금장류→여성(부인, 어머니)

· 염전체험학습→가족(아이, 어머니)

· 소금사우나탕→지방자치단체, 도시 출향민

· 지역축제→지방자치단체, 지역공동체

글로컬 네트워크사업

세 모자로 시작된 행복한 소금사업은 점차 소금을 기반으로 한 마을공동체사업 및 지역특화산업으로 발전하여 전형적인 시골마을에서의 가난의 상징에서 지역의 '천연소금'이라는 자원과 그를 이용한 지역사회의 다양한 경험지식, 고부가가치 소금정제기술 등 다양한 외부의 첨단지식을 받아들이는 열린 지식공유산업생태계와 나아가 지역공동체로서의 공동체 정신과 나눔 정신이라는 가치 전달 브랜드로서 여러 도시 소비처와 도농 연계하고, 다양한 나라에 고급 정제소금으로서 해외 수출과 소금체험 관광으로 이어지는 글로컬 네트워크를 통한 수출 및 현지화 전략으로 확장되어야 할 것이다.

최근에 태국에서 '서빙고'라는 빙수사업으로 큰 성공을 거둔 청년사업가의 이야기나 최근 인기리에 방영, 종료한 한식 해외체험 한식당 프로그램인 〈윤식당 2〉에서 보듯이, 우리의 향토지식재산을 해외로 그 적용 영역을 확장시키는 지혜가 미래시대들이 앞으로 해야 할 책무라고 본다.

실제 전남 신안 및 염광 등에서 이와 유사한 발전 사례가 적지 않았는데, 그 결정적인 시점은 정부가 소금이 광물에서 식품으로 분류된다는 정책 발표 이후에 이루어졌다고 한다. 본 사례로 돌아와 설명하면 동생과의 협업의 가치를 경험했던 큰아들은 그동안 자신을 도와 단순히 소금 캐는 일을 돕던 어머니와 도시에서 우산 장사를 하며 협업을 하던 동생을 설득하여 1차적인 가족기업 형태의 단단한 내적 결속력을 기반으로 한 소규모 소금사업을 지역주민들과 힘을 합쳐 보다 규모 있는 2차적인 지역 마을공동체사업으로 확장하게 된다. 소위 소금 보따리장사를 하던 큰아들은 보다 규모와 체계를 갖춘 1차 산업인 소금염전사업과 외부로부터

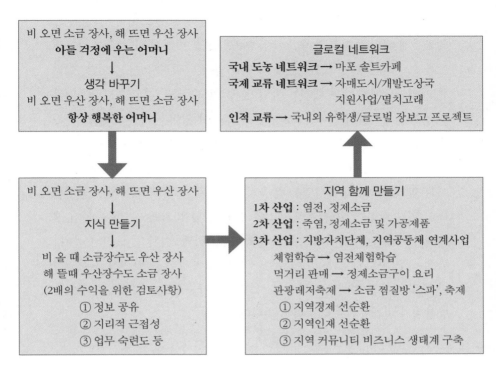

비 오면 소금 장사, 해 뜨면 우산 장사
아들 걱정에 우는 어머니
↓
생각 바꾸기
비 오면 우산 장사, 해 뜨면 소금 장사
항상 행복한 어머니

글로컬 네트워크
국내 도농 네트워크 → 마포 솔트카페
국제 교류 네트워크 → 자매도시/개발도상국
지원사업/멸치고래
인적 교류 → 국내외 유학생/글로벌 장보고 프로젝트

비 오면 소금 장사, 해 뜨면 우산 장사
↓
지식 만들기
↓
비 올 때 소금장수도 우산 장사
해 뜰때 우산장수도 소금 장사
(2배의 수익을 위한 검토사항)
① 정보 공유
② 지리적 근접성
③ 업무 숙련도 등

지역 함께 만들기
1차 산업 : 염전, 정제소금
2차 산업 : 죽염, 정제소금 및 가공제품
3차 산업 : 지방자치단체, 지역공동체 연계사업
체험학습 → 염전체험학습
먹거리 판매 → 정제소금구이 요리
관광레저축제 → 소금 찜질방 '스파', 축제
① 지역경제 선순환
② 지역인재 선순환
③ 지역 커뮤니티 비즈니스 생태계 구축

지식공유된 고부가가치의 소금정제기술과 포장 디자인 개발을 통한 2차 고부가가치의 천일염사업에 핵심 역할을 맡게 되었고, 단순히 큰아들을 도와만 주던 어머니는 지역공동체와 함께 3차 산업인 소금 찜질방 등 체험관광사업에 경험 많은 안내자로 참여하게 된다. 작은아들은 완전히 귀촌하여 자신의 우산 장사 경험을 살려 도농 간 소금 유통 판매사업을 맡게 되었다. 결국 세 모자의 작은 소금사업은 마을공동체와 지방자치단체와 도시 출향민들의 지식공유, 자본과 협업을 통한 모범적인 도농복합 형식의 생산×가공×서비스를 결합한 '지역 함께 만들기', 소위 지속 가능한 6차 산업으로 발전할 수 있게 되었다. "빨리 가려면 혼자 가고, 멀리 가려면 함께 가라."라는 아프리카 속담이 있다. 향토자원 및 향토지식재

산을 바탕으로 지역 만들기 사업을 이야기할 때 자주 쓰이는 말이다. 지역공동체 내의 사회적 약자(고령자, 출향민 등)를 위해 내미는 손이 많아질수록 그 지역공동체사업은 분명 더 멀리 앞서 나갈 수 있을 것이다. 이러한 지역공동체에 대한 배려는 사업이 예측할 수 없는 파고를 넘나들더라도 공동체 구성원 모두가 서로 촘촘한 그물이 되어 지켜줄 수 있는 든든한 울타리이자, 혼자 힘으로는 도저히 이겨 낼 수 없는 어려운 위기도 함께 극복할 수 있는 지역공동체사업을 만들어 가는 근본적인 힘이 된다. 이와 함께 지역공동체사업을 성공적으로 이루기 위해서는 내부 구성원들의 역량 강화를 위한 인식 제고와 열정, 경험을 지닌 지식공유산업 생태계와 외부 전문 인력네트워크 구축이 중요하다. 이와 같은 지역사회가 중심이 된 향토지식산업이야말로 지역을 해치지 않는 자연자원과 인적자원 및 공동체 정신을 바탕으로 하는 지속 가능성으로 미래가치 경영의 방향이자 미래유산으로 승화될 것이다.

'우리 것'에서 미래가치를 찾자

지금은 동일성 융합시대

음식은 맛으로 먹고 맛은 혀로 감지한다. 혀에는 특정한 맛을 감지하는 영역이 따로따로 발달해 있는데, 이를 맛의 영역, 즉 '미역(味域)'이라 한다. 인체의 부위가 쓸수록 발달하고 쓰지 않을수록 퇴화하듯이 미역도 마찬가지다.

매운 음식을 잘 먹는 말레이시아나 인도네시아 사람들의 혀에는 매운 맛을 감지하는 미역이 발달하고, 매운 음식을 못 먹는 일본 사람들 혀에는 매운맛을 감지하는 미역이 퇴화한다. 그런데 한국 사람의 혀에는 다른 나라 사람에게는 거의 퇴화하고 없는, 어느 특정한 맛을 감지하는 미역이 유별나게 발달해 있다. 음식이 삭아서 나는 맛을 감지하는 '발효미역(醱酵味域)'이 그것인데, 소위 다섯 가지 기본 맛인 짜고, 맵고, 시고, 달고, 쓴맛의 감지미역보다 몇 곱절 발달되어 있다고 한다. 그도 그러할 것이 우리 조상들이 수천 년 먹어 온 음식의 80~90%가 발효음식이며, 지금도 60~70%가 발효음식이기 때문에 발달된 발효미역이 유전질로 정착되었기 때문이다.

그 발효음식의 양대 기둥이 '장'과 '김치'이다. 장에는 간장·된장·고추장·담북장·쪽장·집장 등 헤아릴 수 없이 많으며, 지금도 각종 반찬에 간장 들어가지 않고, 또 각종 국이나 찌개에 된장·고추장 들어가지 않은 음식이 없다 할 만큼 한국인의 입맛을 총체적으로 지배하고 있다. 삭힌 맛으로 먹는 김치도 배추김치, 무김치, 깍두기, 물김치, 파김치 등 옛 어머니들은 36가지 김치를 담글 줄 모르면 시집을 못 갔다 할 만큼 다양하다. 거기에 그 많은 젓갈, 장아찌 등 한국은 발효음식의 왕국이다.

한국 사람이 외국에 나가면 그 나라 음식에 맛을 못 붙이고 바로 한국 음식으로 회귀한다는 것은 알려진 사실이다. 외국 음식으로는 발달된 발효미역을 충족시킬 수 없기 때문에 먹어도 먹은 것 같지가 않아 맹렬 회귀를 하는 것이다.

또, 중국 음식을 먹을 때 간장 찍어 먹는 민족도 한국 사람뿐이다. 중국 음식이 싱거워서 간장을 찍어 먹는 것이 아니다. 기름 맛으로 먹을 수 있지만, 이 역시 굶주리고 있는 발효미역을 충족시켜 주지 못하기에 맛이 덜해진다. 그래서 간장을 찍어 먹음으로써 중국 요리의 기름 맛도 보고, 간장으로 발효미역도 충족시킨다.

한국적 여건에서 한국 문화의 영향 아래 수천 년 살아오다 보면 우리 한국인에게만 있거나 외국 사람에게 있기는 해도 한국 사람에게 유별나게 발달한 자질이 모든 분야에서 형성되게 마련이다. 이 자질을 문화인류학에서는 그 나라, 그 민족의 동일성(同一性) 또는 정체성(正體性)이라 한다. 곧 발효미역의 발달은 한국 사람의 생리 구조에 있어 동일성이요, 그 동일성으로 발달된 발효음식은 한국 음식의 동일성이라고 할 수 있다. 이제부터 우리 한국과 한국인에게 어떤 동일성들이 있는가를 찾아 개발하고 과학화하여 상품화한다는 것이 얼마나 중요해졌는가를 살펴보기로 한다.

미국의 문화인류학자 마거릿 미드의 문화발전 3단계론은 21세기를 동일성 문화의 시대로 정의하고 있다. 문화는 전통문화를 중시하는 종적(縱的) 문화의 시대로부터 외래문화를 중시하는 횡적(橫的) 문화의 시대로 발전하고, 다시 외래문화를 동일성과 절충 융합시켜 창출하는 동일성 문화의 시대로 3단계 발전을 한다고 했다.

이 3단계론을 우리나라에 적용시켜 보면 개화기 이전의 19세기 문화가 전통문화의 시대요, 개화기 이래 20세기가 외래문화의 시대다. 지금 21세기는 외래문화시대가 끝나고 동일성 문화의 시대와의 융합시대가 될 것이다.

동일성 문화란, 제각기 개성 있는 문화화를 지닌 국가들이 자기네의 동일성, 즉 독특한 자질과 특성을 발굴해 그것을 들고 국제 사회에 진출해 국제 문화 발전에 기여하고 이바지한 몫만큼 돈을 벌어들이는 일이다. 동일성이 아닌 공통성, 즉 남들도 다 할 수 있는 분야는 이미 상품화하고 선진국들이 독점하고 있어 이제 끼어들어 봐야 부스러기만 떨어지는 별 볼 일 없는 장사가 된다. 하지만 동일성 상품은 선진국이나 다른 나라와의 경쟁이 없거나 있어도 미약하기에 상품에 대한 호응도만 높다면 수월하게 큰돈을 벌어 나라 살림을 유복하게 하는, 강대국들의 경제력 독점시대를 살아나가는 현명한 지혜의 수단이 되지 않을 수 없다.

1988년 서울올림픽 경기 때만 해도 김치는 외국 사람 앞에 내놓을 수 없는 열등 식품으로 인식되어 있었다. 김치와 함께 냉장고에 넣어 두었던 식품도 냄새가 난다고 꺼렸던 김치의 위상이 현재 어떻게 변했는가를 생각해보자. 이 세상에서 가장 저항을 덜 받고 많이 먹는 음식이 135개국에서 먹는다는 굴이다. 한데, 조사한 바로 김치는 111개국에서 먹는 무저항 순위 5위 음식으로 부각되었다. 가공할 보급률이 아닐 수 없으며, 그만큼 우리 한국의 숨은 동일성의 세계화 잠재력을 김치가 대변해 준 것이된다. 곧 우리가 가지고 있는 각 영역의 수만, 수백만의 동일성이 김치에 못지않은 세계화의 잠재력을 보유하고 있지 않다고 누가 장담할 수 있겠는가.

문제는 1995년 전에는 무섭게 세상 사람의 입맛을 사로잡아 가고 있는 김치의 세계 수요량의 85%를 일본이 공급하고 있었고, 2018년 현재는 중국이 한국 수입 김치의 100%를 공급하고 있다는 점이다. 이러한 현실은 우리가 우리의 동일성이라는 새 시대의 개념이나 그 경제성에 무지한 것으로밖에 볼 수 없다.

그나마 다행인 것은 일본에서도 한국의 김치 맛을 낼 수 없다는 점이다. 재일 동포들이 일본 배추로 김치를 담그려면 부뚜막에 사나흘 쌓아두어 물기를 말려야 하며, 말렸다 해도 습기 함유량이 과도하여 찌개 김치처럼 물러지게 마련이라 한다. 일본 무로 무김치를 담글 수 없음은 알려진 사실이다. 이러한 연유로 2018년 현재 일본은 한국 김치의 최대 수출국이 되고 있다. 이는 곧, 김치는 신이 우리에게 지식재산을 인정한 것으로, 한국적 기후나 풍토 조건에서 재배한 무, 배추나 고추 등 양념 무리가 아니고는 한국의 김치 맛을 낼 수 없기 때문이다. 하지만 우리가 이 천연적 지식재산에 눈을 돌려 우리 브랜드화하지 못한다면 중국 김치나 일본 김치 맛이 세계의 입맛을 선점하여 진짜 김치가 경제적 가치를 상실한다는 사실을 알아야 한다.

한국에서 전해진 된장이 '미소'라는 일본 이름으로 세계화하고, 두부가 '도후'라는 일본 이름으로 세계화했으며, 한국에서 건너간 담북장이 '낫도'란 일본 이름으로 세계화되었음을 알아야 한다. 곧 우리 동일성에서 발생된 문화의 지식재산을 소홀히 하는 것은 조국을 파는 매국 행위요, 스스로 가난의 굴을 파고드는 망국 행위임을 알아야 한다.

한국적 동일성 문화의 세계적 확대 사례를 하나 더 들면, '온돌문화'가 있다. 온돌은 옛 고구려 영토를 중심으로 한반도 남단에까지만 보급된 한국적 난방 구조이다. 이것이 유럽 알프스의 고도 800m 이상 되는 지역의 보편적 주거 구조로 정착되어 있다. 한국의 한 등산가가 등산 가이드로서 1,200 고지의 산장에 온돌을 들이고 등산객을 맞았던 것이 이 온돌문화 보급의 원천이다.

이 온돌문화가 북구(北歐)로 북상하고, 미국 북부나 캐나다 등지에서도 스팀 파이프의 온돌 한 칸씩 들이는 것이 상식으로 되어 있다. 그리하여 옥스퍼드 사전에 '김치'가 한국 이름으로 올라 있듯이 '온돌'도 한국 이름으로 올라 있음을 볼 수 있다.

김치와 온돌은 한국 문화의 세계성을 과시하는 많은 문화 상품 가운데 일부에 불과하다. 헌팅턴의 기후문명론에서는 한국 문화의 세계화 가능성을 시사하고 있음을 본다. 지구 문명권을 횡으로 갈라 고위도 문화권, 중위도 문화권, 저위도 문화권으로 3등분해서 각각 그 물량의 상호 이동량을 물량적으로 측정했더니, 중국·한국·일본이 속해 있는 중위도 문화권과 유럽 선진국들이 주로 속해 있는 고위도 문화권이 주고받은 문명의 양은 6 대 4로, 중위도 문명의 이동 정착이 상대적으로 강했다.

한국이 속해 있는 중위도 문화권과 동남아가 주로 속해 있는 저위도 문화권과의 이동 대비는 8 대 2로, 역시 중위도 문화가 강했다. 이 문명론은 우리 한국 문화가 춥건 덥건 이질적인 외국 문화 속에서 동화 공존하는 힘이 강하다는 증거이며, 우리가 보유하고 있는 지식재산의 풍요함과 그 경제성의 막대함을 입증해 주는 것이 된다.

20세기 전반까지는 무력이 세상을 지배했고, 국력의 강약은 바로 무력의 강약과 비례했다. 그런데 지금은 경제가 세상을 지배하고 있으며, 국력의 강약은 경제력의 강약과 비례하고 있다.

우리는 IMF 체제에서 우리나라가 경제 식민지화되어 가는 것을 실감했다. IMF 터널을 벗어난 멕시코의 사회구조는 그 이전과 전혀 달라졌는데, 두드러진 것이 중산층의 증발이다. 곧 기업을 지배하는 외국인과 소수의 재벌만이 상류층이요, 국민의 대다수가 기업가에 편리한 구조 아래에서 근근이 호구하고 사는 하류층으로 전락한 것이다. 바로 제국주의 식민지 시대의 피식민 상황과 다를 것이 없다. 경제난의 터널을 벗어난다 해도 경제적 자각 없는 앞날은 안개 속인 것이다.

우루과이 라운드로 국제 사회에서의 경제적 수혜가 없어지고 대등한 경쟁체제가 불가피해졌을 때, 경제 전문가나 학자들은 한결같이 경쟁력을 키우는 길밖에 없다고 했다. 하지만 그것은 그러해야 한다는 당위론이요, 실제로는 불가능한 해결책이다. 막대한 재력과 풍부한 자재, 원동력 그리고 최고의 두뇌와 노련한 인력을 보유하고 기존 시장을 석권하고 있는 선진 외국과 어떤 힘으로 경쟁을 한다는 말인가? 이러한 상황에 우리 한국의 시공에 깔려 있는 그 많은 '우리 것'에 눈을 돌려야 하는 필연성이 절감되는 것이다. 그 우리 것 가운데 세계성이 있는 무엇인가를 찾아내서 이를 세계적 감각에 맞추어 상품화해서 팔아야 한다. 고유하고 특유한 것이기에 여타 기존 상품처럼 과당한 경쟁이 없거나 있더라도 약할 것이며, 수요만 생기면 독점이 가능하다는 이점이 있다.

몇 가지 사례를 들어 보면 다음과 같다. 유럽이나 미국의 고급 호텔에 가서 품위 높은 장식품으로 한국의 오지단지가 놓여 있는 것을 자주 보았다. 이제 구미 상류 사회에서는 원색이 영롱한 페르시아 도기에 식상하여 투박하고 겸허한 한국의 오지그릇으로 그 자리를 메워 가고 있다. 꽃병, 재떨이, 장식대 같은 생활 도구로도 한국 오지그릇이 들어가고 있으며, 이 같은 질박한 성향이 가정으로 확산할 것이고, 그리하여 그 수요는 천문학적로 부풀어갈 것이다. 이렇게 우리 것의 세계적 요소가 발견되고 그것이 확산될 기미가 보이면, 국가 차원에서 선전하고 판촉을 해 나가야 함은 두말할 나위가 없다.

미국 오클라호마 일대에 '러브워처(Love watcher)'라는 장식 표주박을 침실 천장에 걸어 놓는 풍습이 유행하고 있다는 현지 잡지 보도가 있었다. 한국전쟁에 종군했던 한 미국 병사가 한국의 합근박을 보고 고국에 돌아가 흉내 낸 것이 미국의 새 풍속으로 번지고 있다고 했다.

'합근박'이란, 한국 전통 혼례에서 신랑 신부가 표주박 잔에 따른 술에 입을 같이 댐으로써 일심동체임을 다지는 의례상의 술잔이다. 이 표주박에 청실 홍실로 수실을 달아 시낭의 천장에 매달아 사랑을 감시하게 하는 민속이 있었다. 돈 있는 집에서는 표주박 가장자리를 은으로 장식하여 깨지지 않고 백년해로토록 했던 것이다.

같이 살다 불화가 생기고 싸움할 일이 없지 않을 것인데, 그럴 때마다 천장의 이 사랑의 감시자를 올려다보고 얼마나 참았을까 싶다. 서양 사람의 눈에 이 합근박의 사랑의 감시가 낭만적으로 보였을 것이며, 고국에 돌아가 흉내 낸 것이 '러브워처'로 상품화까지 된 것이다. 이는 한국 문화의 세계적 수용이나 확대의 잠재력을 보여 주는 것으로, 이를 선전·개량

한국 전통혼례에서 합근박을 의례상   합근박   표주박에 매달던 청실홍실
술잔으로 사용하고 있다.

하고 장식을 가하여 상품화하면 미국뿐만 아니라 세계적으로도 반드시 각광을 받을 것이다. 따라서 우리 것의 세계화란, 세계 속의 한국의 것을 소멸시키는 과정이 아니라 한국 것을 발굴해 세계 문화 발전에 기여하는 것이다. 그래서 더 많은 한국 문물을 발굴, 개발하여 해외에 가지고 나가 세계 문화를 살찌게 하고 다양하게 하면서 경제적 이득을 챙기는 것, 그 것이 바로 우리 것에서 미래가치를 찾는 길이다.

우리 것에서 미래가치를 찾는 길

이제는 '우리 것'에서 노다지와 미래가치를 찾아야 할 때다. 수많은 우리 것이 상당한 경제적 가치와 경쟁력을 가지고 있기 때문이다.

그러기 위해서 가장 기본적이고 총체적이며 선행돼야 할 일은 우리의 향토지식재산 및 산업에 대한 한국인의 인식 개혁이다. 지금 같은 우리의 향토지식재산 및 산업에 대한 섣부른 열등감이나 소극적 자세를 갖고 서는 백 번 그 뜻을 강조해도 공염불에 불과하다. 따라서 무엇보다 중요한 첫 번째 과제는 우리의 향토지식재산 및 산업은 발전하는 세계에 이바지하는 촉진 요인이라는 인식을 국민이나 기업이나 정부가 확고하게 하는 일이다.

하얀 비둘기를 선망하던 까마귀가 온몸에 흰 칠을 하고 비둘기 떼에 합류했다. 외모는 속일 수 있었지만 울음소리 때문에 들통이 나 쫓겨서 까마귀 떼로 되돌아오려 했지만 달라진 외모 때문에 받아주지 않았다. 아무 데도 못 끼인 흰 칠 까마귀는 방황 끝에 굶주려 죽는다. 이는 이솝 우화에 나오는 이야기로, 자신의 본질을 속이고 남의 행세를 하다가 망신을 당한다는 교훈을 담고 있다. 그래서 서양에서는 실제로는 그러하지 못하면서 잘난 체, 아는 체, 가진 체하는 자를 '까마귀'라 한다. 미국에서는 백인 행세를 하는 흑인을 하얀 까마귀라 하고.

우리나라에도 황색 인종인 한국인이면서 백인을 선망하고 백인 행세를 하며, 백색 사고를 하는 흰 칠 까마귀가 많다. 이 흰 칠 까마귀를 '바나나 인간'이라 부른다. 바나나처럼 겉은 노라면서 속은 하얗기에 그렇다. 우리 한국에서는 역사 속에서도 이 바나나족이 안주할 공간이 늘 보장되어 왔다. 삼국시대에는 당나라에, 고려 때에는 송나라와 원나라에, 조선조 때는 명나라와 청나라에 사대했고, 사대를 해야만 엘리트가 되고 상류사회에서 큰기침하고 행세할 수 있었다. 사대사상의 대상이 광복 후에는 구미 선진국으로 바뀌었을 뿐이다.

이제는 세계가 필요로 하는 우리 것—우리만이 갖거나 우리에게 풍부한 정신문화, 물질문화를 가지고 나가 세계 문화 발전에 기여하는 일이다. 그러기 위해서는 우리 한국의 한국다운 위상을 세계 속에 확고하게 잡아 놓는 일이 선행돼야 한다. 겉 노랗고 속이 흰 바나나 인간에서 탈피하여 겉도 노랗고 속도 노란 '모과인간'으로 변신해야 한다.

이를 위해서는 어떤 것이 한국적이게 하는가가 제시돼야 한다. 더욱이 가치관도 뚜렷이 정립되지 않은 채 마음과 몸에 흰 칠을 하고 있는 젊은 이들에게 이 모과의 위상을 제시한다는 것은 그 중요성이나 긴박성을 아무리 강조해도 지나치지 않는다. 현실과 역사 속에서 무엇이 모과인가—곧 우리를 한국적이게 하는 요인이 무엇인가를 가리고, 그것을 과학화하고, 그것을 응용하여 인류의 문화 발전에 이바지하는 일인 것이다. 21세기에 우리 역사가 우리에게 준 의무와 과제가 바로 이것이다.

이 같은 국민의 인식을 바탕으로 정부가 해야 할 일이 막중하다. 곧, 지금 뒷받침하고 있는 벤처 산업보다 몇 곱절 더 성공 가능성과 경제적 이익 창출 가능성이 있는 미래 산업이 바로 이 향토지식산업이기 때문이다.

흔히들 '향토지식재산'이라 하면 그저 전통이나 지역자원의 유지 차원, 그 이상이나 이하로 생각하는 법이 없다. 그 같은 전 근대적 사고에서 대담하게 탈피하여 향토지식재산은 좁아지는 지구촌에서 우리의 존재 가치를 높이고 현창하는 국가사업이요, 세계 문화를 풍요롭게 살찌게 하는 국제화 시대의 이익 산업이라는 적극적인 사고로 의식을 전환해야 한다.

사실 다음과 같은 사업은 국가 차원에서 하지 않고는 불가능한 일이기에 정부 개입이 촉구된다.

첫째, 한국의 향토지식재산의 종목별 우수성의 홍보가 그것이다. 혹시 김치처럼 온 세상 사람이 필요로 한다면 기업이 선전 홍보를 맡겠지만, 그러기 전에는 정부에서 대행하지 않고는 원천적으로 자리매김이 불가능하다. 이를테면 콩의 원산지요, 콩 요리의 종주국이 한반도임을 아는 세상 사람은 없을 줄 안다. 콩을 미국에서 수입해 먹기에 한국 사람 자신도 그것을 모르고 있다. 한반도의 풍토에 가장 알맞은 작물이요, 한반도에서 재배되는 작물 중 그 역사가 가장 길기에, 콩에서 파생된 향토지식재산도 가장 다양하고 우수하다.

실학자 이익(李瀷)은 우리 한국 사람이 다난했던 역사를 살아낸 것은 콩의 힘이라면서 갈아서 두부로, 길러서 콩나물로, 삭혀서 된장으로 가장 널리 가장 친근하게 먹어 온 음식이라고 콩의 국력론을 폈다. 따라서 콩을 원료로 하는 향토지식재산은 원천적으로 우리 것이 우수하고 원형임을 세계에 주지시켜야 한다. 그로 인해 생기는 경제적 이익이 엄청난데, 그것은 콩과 관련된 향토지식재산이 지배하고 있는 세계 시장이 막대하기 때문이다. 한데, 그 시장의 대부분을 일본이 독점하거나 중국과 나눠 먹고 있다는 사실에 주목해야 한다.

그래서 세계 속에서 자리매김하고 있는 향토지식재산의 국적을 탈환하는 일이 정부가 이 산업에 개입해야 할 둘째 이유다. 두부는 중국에서 처음 나왔지만 우리나라에 들어와 다양하게 발달했다. 15세기 초 세종대 왕은 명나라에 사신으로 갔던 박신생이 들고 온 중국 천자의 다음과 같은 서신을 받았다. "조선 왕이 먼젓번에 보내 준 찬모들은 그 모두가 음식 만드는 것이 정갈하고 맛깔스러운데, 특히 두부 만드는 솜씨가 절묘하다. 찬모 10명을 뽑아 보내는데, 특히 두부 만드는 솜씨를 가르쳐 보내 주길 바라오." 이와 같은 데서도 당시의 중국 두부에 대한 우월성을 미루어 알 수가 있다.

두부가 일본으로 건너간 것은 임진왜란 때 군부의 병참 담당관이던 '오카베'란 이가 조선에서 배워 갔다 하기도 하고, 포로로 잡혀 간 경주 성장 박호인이 일본에 퍼뜨린 것이 시초라 하기도 한다. 한데, 지금 세계적 식품으로 각광받고 있는 두부는 일본 이름이요, 일본 음식인 '도후'로 터를 다지고 있다. 그리고 두부 발상지로 자부하는 중국 화이난 시에서는 연전(年前)부터 두부의 종주권을 주장하는 '두부제'를 해마다 성대하게 벌이고 있는데, 세계적인 식품학자와 기자들이 초청되고 있다.

청국장의 경우도 그 확대되어 가는 시장의 이권을 선점하고자 종주국 싸움이 치열하다. 『삼국사기』의 신문왕 3년 궁중 폐백 기록에 청국장이 나오며, 고구려 유민인 대조영이 세운 발해의 변방 병사들의 군량에 '책성지시(柵城之豉)'라는 청국장이 있었다. 진나라 때 지어진 『박물지』에 '시(豉)'는 외국 음식으로 명기돼 있고, 중국 문헌들에 고구려 사람들은 선장양, 곧 장이나 청국장 같은 발효음식을 잘 만든다는 기록이 나오는 것으로 미루어 청국장은 고구려 원산으로, 진나라·한나라에 옮겨 갔을 확률이 크다.

한데, 일본 아키타 시는 일본 청국장인 '낫도' 발상의 땅이라 하며, 국제대회를 열고 종주국으로 선전하는 것을 비롯해, 청국장을 먹는 세계 여러 나라에서 마치 자국이 종주국이라며 국제 청국장 대제를 주최하는 등 그

보급에 열을 올리고 있다. 종주국인 우리 나라에서는 그 같은 일이 벌어지는지 알지도 못하고, 그것을 체크할 아무런 기능도 없어 저항도 못 하고 향토지식재산을 야금야금 약탈당하고 있다.

뿐만이 아니다. 두부, 청국장 그리고 간장까지 세계 시장을 독점하고 있는 일본은 방 안에서 기르는 인스턴트 야채로 각광받고 있는 콩나물까지 잠식하고 있다. 한국 땅에서 나는 콩나물 콩이 아니면 콩나물이 길지 않기에, 이 세상에서 유일하게 콩나물을 먹는 한국만이 가질 수 있는 향토지식재산 품목이다. 야채에 굶주린 추운 고위도 지방에서 콩나물은 식품 혁명이라고 이를 만큼 각광을 받고 있는데, 이 역시 우리가 방관함으로써 가로채이고 있다. 일본에서는 콩나물 재벌이 탄생하여 미국에 현지법인을 만들어 왕성하게 세계 진출을 하고 있다.

이같이 빼앗긴 향토지식재산은 신토불이라는 섭리와 그 변수 때문에 수복할 희망과 여지를 남겨 두고는 있다. 이를테면 일본의 무, 배추로 담근 김치는 수분이 많아서 그 맛이 찌개김치같이 물러 씹히는 신선미가 없다. 그래서 재일동포가 김치 담가 먹는 것을 보면, 부뚜막에 배추를 사나흘 말렸다가 담그는데, 그래도 역시 맛이나 질이 떨어질 수밖에 없다.

바야흐로 세계는 향토지식재산의 전국시대가 도래하여 시장 점거 싸움이 치열한데도, 한국에는 그 같은 정보를 얻고 그에 대비하여 우리 것을 보호하고 싸워 나갈 기능이 없다. 그 기능이 있다 하더라도 민간 차원으로는 엄두도 못 낼 일이다. 그래서 정부가 개입하지 않으면, 백주에 문열어 놓고 "우리의 향토지식재산을 도적질해 가시오." 하며 방임하고 있는 상태를 면치 못할 것이다.

셋째로, 무섭게 달라지는 세상의 수요에 민감하게 대처하여 차별화된 향토지식재산을 재창조하는 일이다. 이를테면 김이나 미역 등 한국 사람이 주로 먹는 해조류가 방사능 피해의 면역 작용을 한다 하여, 세계적으로 각광을 받고 있는 사실을 예로 들 수 있다. 러시아의 체르노빌 원전 사고 이후 그 오염 우려 지역인 러시아, 노르웨이, 독일, 이란 등지에서는 이전에 안 먹던 김과 미역을 구해 먹느라 우리 해조류 시장에까지 호황을 몰아 왔었다.

근간에는 해조류가 화장품 원료로 쓰여 그 시장을 확산해 나가고 있다. 더욱이 한국산 김에서 추출된 '포피린'이라는 성분은 침입한 병균에 대항하고, 면역 기능을 높여 주며, 각종 종양 세포를 파괴시키는 힘을 최고 5배까지 높여 준다는 사실이 밝혀지기도 했다.

세계의 중심이 뉴욕이요, 뉴욕의 중심가가 맨해튼이다. 근간에 그 맨해튼 소재의 한국 식당들의 고객 분포가 크게 달라지고 있다는 보도가 있었다. 곧, 한국 사람이나 한국에서 살아 본 외국 사람만 드나들었던 이 식당들의 손님이 50~60% 이상 순 미국인으로 바뀌고 있으며, 미국인만을 위한 한국 식당도 생겨나기 시작했다는 것이다. 이 외국인이 찾는 한국 음식이 바로 된장찌개와 고추장찌개 같은 발효식품이라는 점이다. 온 세계를 누비는 여객기 기내식으로 고추장이 채택된 것은 1998년 초다.

세계적 인기 가수 마이클 잭슨이 한국에 체재하는 동안 비빔밥만 시켜다 먹은 것이 화제가 되었다. 비빔밥은 1998년 3월 스페인에서 있었던 국제 콘테스트에서 최우수 기내식으로 선정되기도 했다. 이렇게 비빔밥이 국제적 구미에 맞는 국제식품임이 입증되었으면 그 향토지식재산이 외화벌이로 연결되어야 하는데, 오히려 그 기운을 일본이 가로채 즉석 가열 장치를 부착한 비빔밥을 한국에 역수출하고 있는 실정이다. 차려 놓은 밥상도 못 찾아 먹는 한국이다. 앞으로 늘어갈 향토지식재산의 보호와 침해에 대한 대응을 정부가 해 주지 않으면 번번이 가로채일 것은 두말할 나위가 없다.

넷째로, 이미 외국에 건너가 정착하고 있는 향토지식재산의 현황과 문제점, 개선점을 연구하여 확대시키는 일이다. 그 같은 품목은 무수히 많으며, 그 한 실례로 '고려잔디'를 들 수 있다. 미국 오클라호마의 털사(Tulsa)는 미국 항공 재벌들이 많이 사는 부촌이다. 그 재벌들만이 이용하는 테니스 코트의 잔디가 고려잔디다. 미국에 흔하지 않은 최고급 잔디로, 미국에서도 최상류 계급의 코트가 아니면 고려잔디를 깔 수 없는 것이 상식이 되어 있다고 들었다.

이 고려잔디가 미국에 옮겨 간 것은 100여 년 전의 일이다. 한말 개화기 때 미국인 헐버트가 편집했던 영문 잡지 《The Korean Repository》 1897호에 보면, '미국의 고려잔디'란 글이 실려 있다. 놀랍도록 단단하고 생존력이 강하며 조밀한 잔디가 조선 땅에 있다는 것이, 이곳에 온 서양 사람들에게 놀라움의 대상이 되고 있다 하였다. 이 소식을 전해 들은 당시 미국 최대의 육종회사인 뉴욕의 피터 핸더슨 사에서 당시 미국 공사이던 알렌 박사에게 그 씨앗을 수집해 보내 달라고 의뢰했다. 당시 시장에서 잔디 씨앗을 구할 수 없자 알렌 공사는 들판에 나가 그 씨앗을 훑게 했으며, 바구니에 담아 최초로 보낸 것은 1890년이다. 이 씨앗들이 미국에 뿌려졌고, 이는 테니스 코트를 비롯해 각종 경기장, 그리고 가정의 정원과 산야의 경관을 바꿔 놓은 혁명적 수확이라고 평가되고 있다. 이 잔디의 식생이나 생태를 연구하여 같은 식생대의 세계에 수출하고, 더욱 질을 높여 '잔디' 하면 고려잔디를 연상하게끔 할 수 있다고 본다.

다섯째로, 역사 속의 향토지식재산을 발굴하여 재창조시키는 일이다. 우리 문헌에 보면 고을별로 생산물과 특산물을 가려 놓은 문헌이 적지 않은데, 그 생산물이나 제품이 그 지방에서 왜 유명한가를 과학적으로 분석하여 오늘에 재현, 국제 시장에 내놓는 일이다.

조선조, 청나라에 사신으로 길 가는 일행은 조선 종이와 청심환을 구해 들고 가는 것이 관례였다. 그리하여 궁문을 통과할 때나 구경 가는 데

마다 뇌물을 요구할 때, 조선 종이 한 장이나 청심환 한 알이면 무사 통과였다. 그만큼 한지와 청심환은 유명했다. 역대 중국에서 몸이 가장 나약한 미인으로, 당나라 때의 설요영이 있다. 실바람만 불어도 병풍을 두르고 나들이 했을 정도인 이 미인이 온 천하를 다 뒤져 구해 입은 옷감이 신라의 '세모시'였다. 베 올 가늘기로는 우리 솜씨를 따라가는 베가 없었다. 모시의 해외 수출량이 기하급수적으로 늘고 있음도 예삿일이 아니다. 곧 지역과 전통 속에서 향토지식산업의 황금을 찾아내는 데 체계적인 연구와 기구가 있어야 하고, 그 뒷받침을 정부가 하지 않고는 이루어질 수 없다. 그나마도 업계 종사자의 대부분이 고령화하였고, 사고방식 또한 고착되어 있어 가내 수공업적인 형태를 벗어나지 못하는 한 원인이 되고 있으니 안타까운 일이다. 일부에서 향토지식보호운동이 일고 있기는 하나, 그 범위는 보호 차원에 머무는 것이 많아 경쟁력 있는 상품으로 재창조하기에는 턱없이 부족한 것이 현실이다. 이 점에서 향토지식재산에 대한 정책 방향이 어떻게 전환돼야 하는지를 깊이 생각해 보아야 할 것이다.

또한 닭이 먼저인지 달걀이 먼저인지 알 수 없을 정도로 문제의 원인과 결과가 뒤엉켜 있다. 애써 만든 물건을 제대로 팔 수 있는 유통망 확보가 어려우니 물건이 적게 팔릴 수밖에 없고, 그렇다 보니 만드는 사람은 고가품만 만들어 내 또다시 수요가 줄어드는 악순환이 거듭되고 있다. 결국 우리 상품은 문화적인 배경이 비슷한 일본, 중국에서 대량으로 싼 값에 만든 것에 밀려나 그나마 애쓰는 업계 종사자의 의욕마저 꺾이게 되니, 큰 문제가 아닐 수 없다.

이제까지 살펴보았듯이 우리 향토지식재산은 지식공유나 협업생태계 구축 여부에 따라 무한한 경제적 가치를 가지고 있다. 그것을 의식하지 못하고 있었으므로 어떤 것은 알맹이를 이웃나라에 빼앗기고, 어떤 것은 국내에서조차 사이비 외국 제품에 밀려나는 수모를 겪는 것이다. 비단 외국과의 경쟁만이 문제는 아니다. 우리 주변의 수많은 향토지식산업도 변화하는 시장 환경에 적용시켜 보면 국내용으로의 개발 가능성도 충분하다. 앞서 누차 언급하였듯이 우리 향토지식재산에 대해 권리의식을 갖고 사물을 새로운 시각으로 보는 발상의 전환만 전제된다면, 우리 향토지식재산에서 미래 가치를 찾는 작업은 그 어느 분야보다도 부가가치가 높다고 확신한다.

세계화, 좁아지는 지구촌, 국경 없는 무역 전쟁을 말하는 시대에 살아남는 방법은 첨단 기술만이 아니다. 첨단 기술 분야라 할지라도 남을 쫓아가는 전략으로는 빛 좋은 개살구 취급을 받듯이, 이제는 미국이 자기 문화의 산물인 미키마우스로 몇십 년간 떼돈을 벌고, 일본이 생선초밥으로 전 세계 유명 식당을 점령하듯, 우리도 새로운 시각으로 우리 것의 부가가치를 찾고 세계적 상품으로 만들어 내야 한다. 왜냐하면 21세기는 단순한 지식재산 보존의 시대가 아닌 지식재산 활용의 시대이기 때문이다. 또한 국제간의 경제 전쟁도 차별화된 지식재산의 전쟁이요, 이는 곧 자국만의, 또는 자기 지역만의 지식재산의 전쟁이기 때문이다.

부존자원이 부족하고 첨단 기술에서 뒤지고, 자본도 충분하지 않은 우리나라가 21세기에 살아남으려면 지식재산, 그중에서도 우리 고유의 것에서 비롯된 지식재산에서 미래가치를 찾아야 한다.

멀리 가려면 함께 가라

토끼와 거북이의 글로컬 상생법

토끼와 거북이의 경주 이야기는 우리가 잘 알고 있는 이솝우화다. 그 내용은 토끼와 거북이가 산 정상을 목표지로 하여 누가 빨리 달리느냐를 두고 한 경주 이야기다. 이 이야기 속의 경기에서 최후 승자는 놀랍게도 토끼가 아니고 거북이였다. 어릴 적에 이 이야기를 들었을 때, '저런 천하의 느림보 거북이도 포기하지 않고 꾸준히 노력하기만 한다면, 천하의 날쌘돌이 토끼도 이길 수 있는 것이구나.' 하고 솔직히 무어라 말할 수 없는 순간적인 짜릿한 통쾌감 비슷한 것을 느꼈던 기억이 난다. 또, 천하의 날쌘돌이 토끼도 자만하고 나태하면 천하의 느림보 거북이에게 질 수도 있구나 하는 상황에 고소하다는 생각도 들었었다.

그러나 이솝우화가 아닌 현실로 돌아오면 이러한 경기는 사실상 이루어지기 어려울 것이다. 왜냐하면 육지에 있는 산 정상까지의 달리기 경주는 누가 보아도 거북이는 토끼의 경쟁 상대가 될 수 없기 때문이다. 그럼에도 불구하고 거북이가 토끼와 달리기 경주를 하기로 하였다면, 거북이가 바보천치거나 토끼의 감언이설에 속아 넘어갔거나, 혹은 비록 거북이가 정상적이었다면 도저히 거부할 수 없는 토끼의 소위 갑질에 의해 울며 겨자 먹기식의 경주였을 것이다. 만약 이 경기가 거북이가 후자의 경우처럼 감언이설에 속아 넘어갔거나 소위 토끼의 갑질에 의해 이루어진 경우라면, 거북이는 자만한 토끼가 산 중턱 나무 아래에서 낮잠을 자고 있는 모습을 보았을 때, 자고 있는 토끼의 모습을 보고도 절대 토끼를 깨우지 않았을 것은 너무나 당연하며, 오히려 토끼가 더 깊이 잠에 빠지도록 더 숨을 죽이며 그 자리를 피해 갔을 것이다.

이러한 토끼와 거북이의 경주 이야기는 바로 오늘날 국내 대기업과 중소 하청업체의 모습으로 대비된다. 이 경주 이야기가 현실에 적용된다면 끔찍한 결과로 나타날 수 있을 것이다. 예를 들어, 완성 차 메이커인 대기업에 작은 부품인 안전벨트를 제공하는 중소 하청업체가 대기업의 불공정 계약으로 안전벨트 자체에 문제가 있는 채로 납품을 하거나 안전벨트와 관련된 자동차 연결 부위에 문제가 있는 것을 우연히 발견하였지만 완성 차 메이커인 대기업에게 알리지 않아 결국 대규모 자동차 클레임으로 돌이킬 수 없는 손실을 초래하였고, 그 결과 부품 하청업체 역시 몰락한 실제 사례가 있다.

다시 '토끼와 거북이의 경주 이야기'로 돌아와 보자. 뒤늦게 낮잠에서 깨어난 토끼는 깜짝 놀라 주위를 돌아보니, 이미 거북이의 승리로 경기는 끝났음을 깨닫고 당혹감에 명예 회복을 위해 거북이를 찾아가 재경기를 요청한다. 이때 거북이는 재경기를 거부할 것이 분명하다. 종전의 경기는 처음부터 불공정한 경기였음을 깨닫고 있기 때문이다. 그럼에도 불구하고 토끼가 자신이 낮잠을 자는 실수로 일어난 어처구니없는 패배에 대해 자신의 명예 회복을 위해 거북이에게 집요하게 재경기를 요구해 오자 거북이는 깊은 고민에 빠진다. 토끼의 집요한 요청을 현실적으로 마냥 거부하기도 어렵고, 잘못을 깨달은 토끼와 종전과 같은 방법의 재경기는 도저히 이길 수 없음을 잘 알고 있기 때문이다. 이에 거북이는 믿을 수 있는 지혜로운 주변 동료들과 상의한 끝에 경기 룰을 종전의 육지에서 육지와 강이 있는 경로로 바꾸는 것을 조건으로 재경기를 하기로 하였다. 재경기에서 토끼는 단단한 각오를 하고 빠르게 출발하였으나 강을 건널 수 없어 결국 이번에도 거북이가 이기게 된다. 거북이가 자신의 핵심 역량을 파악하고 경기의 환경을 변화시켰기 때문이다.

반면, 토끼는 두 번에 걸친 심각한 패배를 거친 후에야 비로소 자신의 장점과 한계를 되돌아보게 되었고, 타인의 장점과 한계도 새롭게 깨닫게 되었다. 즉, 자신의 빠른 강점은 육지에서는 통용되지만 강이나 바다에서는 아무런 소용이 없음을 깨닫게 되었고, 또한 저 느리고 느린 거북이가 강이나 바다에서 놀라운 능력을 가지고 있음도 깨달았다. 이러한 깨달음의 과정 속에서 비로소 토끼는 육지에서의 자신의 강점과 강에서의 거북이의 강점을 함께한다면 어떠한 경주에도 반드시 우승할 수 있음을 확신하며, 거북이에게 그동안의 자신의 잘못에 대해 화해를 제안하여 국내를 넘어 국제적인 달리기대회의 공동 참여를 제안하게 된다.

다시 말해 육지에서는 토끼가 거북이와 손잡고 가고, 강에서는 거북이가 토끼를 업고 간다면, 둘은 함께 결승선을 서게 될 것이다. 즉, 육지에서는 토끼의 핵심 역량을, 강에서는 거북이의 핵심 역량을 발휘하는 협업을 통해 두 배의 속도로 경주할 뿐만 아니라, 협업을 통해서야 비로소 미처 깨닫지 못했던 상생의 효과, 즉 국내를 넘어 5대양 6대주라는 글로벌 정글이라는 엄청난 새로운 상생의 세계에서 당당한 승자가 된다는 사실을 깨닫게 된다.

이 이야기는 우리 기업들이 해외에 진출하고자 할 때에는 혼자의 역량이 아닌 또 다른 역량을 갖춘 타 관련 업체와의 협업 및 상생전략이 필수적이라는 점을 깨닫게 한다.

마법의 삼형제 공존법

'마법의 삼형제'는 탈무드에 나오는 유명한 이야기이다. 한 나라의 임금에게 불치병에 걸린 공주가 있었는데, 임금은 공주의 병을 고쳐 주는 사람에게 공주를 아내로 주고 장차 왕의 후계자로 삼겠다는 내용의 포고문을 전국에 붙이도록 하였다. 이때 왕궁에서 멀리 떨어진 곳에 진기한 물건을 가지고 있는 삼형제가 살고 있었는데, 첫째는 어떠한 멀리에 있는 것도 볼 수 있는 마법의 망원경을 가졌고, 둘째는 어디든 날아갈 수 있는 마법의 양탄자를 가졌으며, 셋째는 어떠한 병이라도 낫게 할 수 있는 마법의 사과를 가지고 있었다. 그러던 어느 날, 첫째가 자신의 망원경을 통해 그 포고문을 보게 되었고, 삼형제는 함께 공주를 낫게 해 주자고 뜻을 모은 후, 지체 없이 둘째의 양탄자를 타고 신속하게 왕궁으로 갔다. 그리고 셋째가 가져간 사과를 공주에게 먹게 해 드디어 공주의 병을 고쳤다는 이야기이다.

문제는, 임금은 공주의 불치병을 고쳐 준 삼형제 중 누구를 선택하여 부마를 삼을 것인가 하는 것이다. 삼형제 모두 자신이 공주의 병을 고치는 데 공헌했다고 하였기 때문이었다. 첫째는 "내가 망원경으로 포고문을 보지 못했다면 이런 사실은 도저히 알 수 없지 않았겠는가. 또한 내가 삼형제 중 가장 장자이니 당연히 나다."라고 말하였고, 둘째는 "마법의 양탄자가 없었다면 도저히 이렇게 먼 곳까지 빨리 올 수 없었을 뿐만 아니라 시간이 너무 지체되어 공주의 생명을 구하지 못했을 것이 아닌가.”
하고 말하였다. 또 셋째 역시 “만약 사과가 없었다면 병을 고칠 수가 없었
을 것 아닌가.”라고 말하였다.

　삼형제의 이야기를 들은 임금은 공주의 부마이자 장차 자신의 후계자
로 셋째를 선택하였다. 그 이유는 첫째와 둘째는 아직도 망원경과 양탄
자를 가지고 있지만, 셋째는 자신이 가지고 있는 유일한 사과를 공주에게
제공했기 때문이라는 것이다.

　어떤 일이나 사업도 혼자서 할 수 없는 것이 일반적이다. 특히 사업의
영역에서 지식이나 정보 공유, 협업을 통한 업무수행은 더욱 쉽지 않은
일이다. 그래서 사업을 시작할 때 구성원 간의 신뢰관계 구축은 아무리
강조해도 부족함이 없다. 위 이야기의 삼형제는 일단 구성원 간의 신뢰
관계 구축에는 문제가 없는 가족관계이기에 공주의 병을 고치기로 합의
하는 데는 별 문제가 없었다. 문제는 사업수행 후 어떻게 기여도에 대한
평가와 성과분배를 하느냐에 있다.

　현재로 눈을 돌려 삼형제의 입장을 살펴보기로 하자. 먼저 삼형제의
협업으로 공주를 구한 프로젝트에 있어 첫째와 둘째는 망원경이나 양탄
자가 그대로 있다는 이유만으로 별도의 보상을 하지 못한다면 이는 바람
직하지 않은 결론일 것이다. 왜냐하면 아무리 셋째의 사과가 유일한 것
일지라도 두 형들의 도움이 없었다면 부마가 되는 결과는 일어날 수 없었
기 때문이다. 다만 창업법인의 대표자의 경우, ‘셋째의 사과’처럼 자신의
모든 것을 걸고 사업을 수행한다고 하는 비장함을 연상케 하며, 마땅히
그에 상응하는 보상이 우선적으로 인정되어야 하겠지만, 공주 한 명에 대
해 한 명의 부마를 선정하는 특수한 프레임만을 보고 부마에서 제외된 두
형제들의 보상이 배제되었다고 보는 사람은 없을 것이다. 왜냐하면 한
나라의 부마이자 장차 임금이 되는 자리에 자신의 동생이 된다는 것은 단

순한 물질적인 보상과는 비교할 수 없는 엄청난 가문의 영예와 부를 누리는 확실한 길이기 때문이다.

다만, 삼형제 이야기를 오늘날의 성공적인 협업이나 지식공유 성립에 비추어 살펴본다면, 제일 먼저 구성원 간의 신뢰관계 구축, 구성원 각자의 실질적인 역할과 차별적인 기능의 조화, 성과 기여에 따른 적정한 보상 체계가 필요하다. 다시 말해, 삼형제 간의 깊은 신뢰관계와 각자의 실질적인 기능과 역할, 즉 첫째의 '망원경'은 오늘날 시장과 수요를 발굴하는 일이고, 둘째의 '양탄자'는 발굴된 소비자와의 구체적인 상품 유통을 말하며, 셋째는 소비자에게 '사과'라는 구체적인 효용성을 지닌 상품으로 소비자의 필요를 충족시킨다. 따라서 구체적 사업이나 프로젝트의 성과 기여에 따른 적정한 보상은 일률적으로 말하기 어려운 영역이지만 이들에 대한 적정한 보상 체계의 확립이 지식공유나 협업의 3대 필수 요건이다.

2

향토자원—
향토지식재산—향토지식산업

향토자원

향토자원은 2003년에 제정된 〈국가균형발전특별법〉 제16조 제3호에서 공식적으로 사용되었다. 그러나 〈국가균형발전특별법〉에서는 개념에 대한 정의가 명문화되지 않아 아직 통일된 개념 정의는 존재하고 있지 않다. '향토'의 사전적 의미를 살펴보면 "사회 공동체로서의 의식을 갖는 일정한 지역사회"를 의미한다.

여기서 '지역사회'라 함은 "한 지역의 일정한 범위 안에서 지연에 따라 자연적으로 이루어진 생활 공동체"를 의미하는 용어로서 "일정한 땅의 구역이나 땅의 경계"를 나타내는 단순한 지리적 행정구역을 의미하는 '지역'이 아니라 일정한 지역사회와 해당 지역의 역사적·지리적 공간과의 관계에서 형성된 특별한 정서가 내포된 개념이다.

다시 말해 '지역사회'란 단순한 지리적 의미의 '지역' 개념 외에 공통의 이해관계, 친밀성, 지리적 접근성, 사회적 상호작용 또는 이러한 요소들의 다양한 조합에 의해 연결된 사람들 간의 비공식적 관계 또는 연계망을 포함하는 개념이다.

기존의 각 중앙부처에서 추진해 온 지역발전 관계법에서는 지역 내의 여러 가지 다양한 요소가 배제되었거나(공단 및 외부 기업 유치 등) 고려되었더라도 극히 미미하거나 주변 요소로 취급되어 지리적, 행정구역의 의미가 강조된 '지역' 개념을 중심으로 수행되어진 경우가 많아 지역의 내발적인 다양한 요소로 연결된 지역민들 간의 비공식적 관계라는 특별한 특성이 배제되는 문제점을 보완하기 위한 개념이다.

여기서 일정한 지역사회를 이루는 지리적 공간은 일반적으로 교통과 통신이 발달되지 않은 산업화 이전에 사람들이 하루 만에 서로 정보와 물자를 교류할 수 있는 1일 생활권 내의 거리 내지 범위를 의미하며, 오늘날의 행정단위로서는 시·군 단위가 그 기초적 단위라고 볼 수 있으나, 향토자원의 특성에 따라 남도 김치축제(전라남도), 한국 김치(한국), 고려인삼 및 고려청자 등 광역지방자치단체나 국가단위가 되는 경우가 있다. 따라서 향토자원에서 의미하는 지역의 범위에 반드시 대도시가 제외되어야한다는 논리는 바람직하지 못하다.

또한 향토자원을 이루는 요소인 지역성과 전통성에 대한 개념을 살펴보면 '지역성'이라 함은 유전자원, 지하자원, 환경자원 등 지역의 물리적 요소에 의해 나타내는 차별적인 특성을 말하며, '전통성'이라 함은 일정한 지역사회 내의 생활과정을 통해 토착, 계승되어 온 독특한 생활양식이나 관습 등에 내재되어 있는 역사적 특성으로, 국제적으로 논의되고 있는 전통 지식(전통 기술, 전통 명칭, 또는 지명, 전통문화 표현물)과 맥을 같이하고 있다. 지역성은 산지나 산출물처럼 지리적 특성에 기인한 공간(Space)적 개념이며, 전통성은 전통 기술·전통 명칭·전통문화 유형물처럼 오랜 기간을 거쳐서 형성된 시간(Time)적 개념으로, 양자 간에는 지역성으로 인하여 전통성이 각 지역에 다르게 형성되는 요인이 되기도 한다.

또한 '유·무형 향토자원'이라 함은 물질적으로 결과물에 향토성이 체화되어 있는 유형의 자원과 물질적 자원의 형태 변화를 수반하지 않는 범위 내에서 이루어진 무형의 자원을 의미한다.

여기서 전통성의 여부는 해당 지역에서 오래전부터 토착, 계승되어 현재 그 지역민들에 의해 관습(관행)적으로 사용되고 있는가의 여부나, 해당 지역에 현재는 존재하지 않으나 오래전에 일정 기간 존재했는가, 특히 해당 지역에서 기원하였는가, 또는 지리적 원산지에서 기인하는 특수한 품질·명성 또는 기타 특성을 지니고 있는가의 여부에 의하여 판단되며, 지역성의 여부는 해당 지역에만 존재하는가의 존재의 유일성 여부, 타 지역에도 존재하지만 해당 지역에 존재하는 양적인 정도의 여부·질적인 차별성과 특이성이 존재하는가의 여부에 의하여 판단된다.

결국 향토자원은 유전자원, 지하자원, 환경자원 등 지역의 물리적 요소에 의해 나타나는 차별적인 특징인 지역성을 포함하는 자연자원과 전통 기술, 전통 명칭, 전통문화 표현물을 포함하는 전통 지식의 포괄적 개념이라고 할 수 있다.

국내에서 이러한 향토자원의 개념을 사용하게 된 배경은 전통 지식에 관한 국제적 영향과 국내적으로 수도권 중심의 불균형 발전에 따른 국토 균형 발전 및 지역경제 활성화라는 정책적 산물로서 이루어진 것이라 할 수 있다.

향토자원을 이루는 마지막 요소인 '경제적 이용 가능성'이라 함은 실제 제품이나 서비스 중에 이용되어 경제적 수익을 창출할 수 있는 가능성을 의미하며, 반드시 산업적으로 일정 규모 이상의 대량생산의 가능성을 요구하는 것은 아니다. 이러한 경제적 이용 가능성은 기술의 발달, 시간의 흐름, 소득의 증가, 기호의 변화에 의해 변하는 특성이 있다. 그것은 향토자원의 속성이 바뀐 것이 아니라 그것에 대한 인식이나 활용성 등이 바뀌었기 때문이다. 이런 점에서 지역 내에 활용되지 않고 있던 미활용 자원에 대한 끊임없는 재발견 내지 재평가가 이루어져야 할 것이다.

또한, '자원'이란 '생산의 바탕이 되거나 어떤 목적에 이용될 수 있는 물자나 인재'를 의미한다. 따라서 자원은 그 범주가 매우 광범위하여 일반적으로 동·식물, 석유, 석탄 등 자연에서 얻을 수 있는 자연자원과 공간(Space), 시간(Time), 기술(Technology) 등의 변화에 의해 이용되어질 수 있는 것을 포함하는 개념으로, 어떠한 형태로든 이용이 전제가 되어야 한다. 다시 말해 '자원'은 첫째, 자연의 속성을 지니고 있는 것, 둘째, 기술의 발달·시간의 흐름·소득의 증가·기호의 변화에 의해 변화할 소지가 있는 것, 셋째, 양적·질적·기술적 측면에서 경제성을 지니고 있는 것, 넷째, 인간의 욕구와 필요를 충족할 수 있는 것, 다섯째, 환경과 생태계를 파괴하지 않는 범위에서 이용되어야 한다고 할 수 있다.

이러한 의미의 배경을 전제로 보면, 향토자원이란 "일정한 지역사회에서 지역성 또는 전통성을 지니면서 경제적 이용 가능성이 있는 유무형의 자원"을 의미하는 것으로 정의 내리고 있다. 결론적으로, 향토자원은 지역사회에 내재된 자원, 자원의 지역적 차별성과 역사적 전통성·경제적 이용 가능성을 지닌 자원으로 규정될 수 있을 것이다.

이러한 향토자원의 개념에 대해서는 '장소자산(Place asset)', '영역자산(Territorial asset)', '영역 배태적 자산(Territory-embedded asset)', '지역 부존자원' 등 여러 가지 용어가 자의적으로 사용되고 있어 개념적 정리의 필요성이 있다고 본다. 먼저 장소자산, 영역자산, 영역 배태적 자산 등의 개념은 장소 정체성이나 영역 배태성을 강조한 점은 이해가 되나 그 개념 대상이나 범위가 뚜렷하지 않으며, 향토자원 개념 중 지역성(그중에서도 환경자원)을 중심으로 주장되거나 지역축제·관광산업·지역 마케팅과 관련하여 주로 사용되는 경향이 강하며, 지역 부존자원은 지역성 중에서도 유전자원·지하자원 등 산업자원을 중심으로 주장되는 개념적 성향이 강

하다. 따라서 최근 국제적으로 매우 중요하게 다루어지고 있는 전통성 (전통 지식)을 적극적으로 포함하고 있지 않거나 그 중요성에 대한 인식이 간과된 개념으로 보인다.

　이와 함께 향토자원이 맞느냐, 향토자산이 맞느냐에 대해 논의가 있을 수 있으나 '자원'은 이용에 초점을 둔 개념이라면, '자산'은 가치에 초점을 둔 개념이 그 대상에 차이가 있는 것은 아니라고 본다.

향토지식재산

개요 및 특성

'향토지식재산'이란 지역사회나 특정인이 유·무형의 향토자원을 활용하여 만든 지적 창작물로서 산업 발전이나 문화 발전에 이바지할 수 있는 것을 의미한다. 앞장에서 살펴본 사례에 비추어 설명을 하자면 '지역사회나 특정인'이라 하면 소금장수와 우산장수 두 아들과 어머니가 될 것이다. '유·무형의 향토자원'은 유형의 향토자원은 소금이며, 무형의 향토자원은 지역 내 전해 내려오던 세 모자 이야기일 것이다. '유·무형의 향토자원을 활용하여 만든 지식 창작물'이라함은 결국 소금을 소재로 한 마을 공동체사업이 될 것이다. 끝으로 '산업 발전 또는 문화 발전에 이바지할 것'은 그 지적 창작물이 실질적으로 산업 발전(상품으로 유통되어 경제적인 이익 창출)이나 문화 발전(체험관광, 공동체 및 나눔 가치)에 이바지할 수 있는 것을 의미한다.

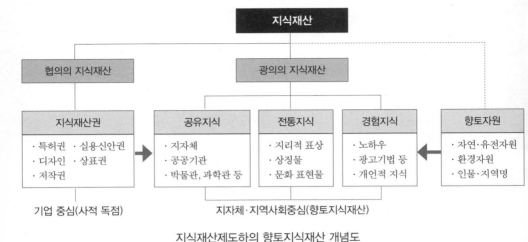

지식재산제도하의 향토지식재산 개념도

이러한 향토지식재산은 보유 주체에 따라, 생활문화에 따라 나누어 그 개념과 유형을 나누어 살펴볼 수 있다.

보유 주체에 따른 개념

공유(公有)지식재산

'공유지식재산'이라 함은 특정 개인이나 특정 기업·단체가 아닌 지방자치단체 등 공공기관이 소유한 무형의 지식재산을 말하며, 구체적으로는 법적 보호 형태가 갖추어진 좁은 의미의 지식재산권뿐만 아니라 전통지식재산이나 법적 보호 형태가 갖추어지지 않은 각종 근·현대 지식재산을 포함하는 넓은 개념이다.

다시 말해, 넓은 의미의 공유지식재산은 법적 보호 형태를 갖추고 있지 않으나 기술 노하우나 암묵지, 나아가 소위 지식재산이 보유자에게 체화되어 개인 또는 특정 집단에 비밀 유지 형태로 보호되는 지식재산과 비록 현행의 법적 보호 형태를 갖추지 못하였다 하더라도 지방자치단체가 앞으로 발굴·보호·관리할 필요가 있는 각종 연구개발용역 결과물, 창작 시설물, 이미지 산출물 등이 포함된다.

이러한 공유지식재산은 공유 재산 및 물품관리법 제4조(공유 재산)에서 "지방자치단체의 소유로 된 부동산과 그 종물, 선박·부잔교(浮棧橋)·부선거(浮船渠) 및 항공기와 그 종물, 공영사업 또는 시설에 사용하는 중요한 기계와 기구, 지상권·지역권·광업권 그 밖에 이에 준하는 권리, 저작권·특허권·디자인권·상표권·실용신안권 그 밖에 이에 준하는 권리, 주식, 출자로 인한 권리 및 사채권·지방채증권·국채증권 그 밖에 이에 준하는 유가증권, 부동산신탁의 수익권의 재산" 중 지방자치단체의 소유로 된 특허권·실용신안권, 디자인권·상표권·저작권 그 밖에 이에 준하는 권리를 기본으로 한 개념이다.

최근 지방자치단체에서 '지식재산의 진흥에 관한 조례'로 규정하고 있으나, 사실상 좁은 의미의 지식재산권만을 보호 대상으로 하고 있어 이의 수정이 시급한 것으로 보인다. 세계화·지방화시대는 지역개발방식에 있어서도 기존과 다른 새로운 접근 방식과 새로운 소재를 요구하고 있으며, 이에 따라 기존의 기업 중심의 지식재산 전략에서 지자체나 공공기관의 지식재산 활용을 통한 다양한 역할이 증대되고 있다.

특히 공유지식재산은 지방자치단체 및 산하 공공단체가 보유하거나 사실상 지배 상태에 있는 것으로, 대부분 단순 아이디어 상태가 아니라 기본 연구나 용역이나 선행 투자가 끝난 상태로서 특정 기업이 아닌 지역민이나 지역공동체가 사업 시 진입 비용, 사업화 시간 단축, 소구력 등에 유리할 뿐 아니라 구체적인 지역사업 진행 시 지자체 등의 후속 지원에 유리한 장점이 있어 지자체 입장에서는 자신의 공유지식재산을 잘 활용할 수 있는 역량 여부에 따라 지역 일자리 창출, 외부 기업 유치, 사회적 기업 육성 등 지역경제 활성화에 매우 유용한 도구가 될 것이다.

따라서 지자체는 이제부터는 명실공히 토지·건물 등의 유형자산 중심의 재산관리에서 지자체가 직접 소유하고 있거나 사실상 지배관리하에 있는 전통 공유 및 전통지식재산을 조사·발굴하여 그동안 사각지대에 놓여 있던 지역 내 공유 및 전통 무형자산에 대한 정확하고 광범한 실태 조사가 시급히 필요하다. 나아가 조사된 공유지식재산에 대한 재평가, 선정 작업을 통한 공유지식재산에 대한 다양한 활용 방안을 수립하여야 할 것이다. 그렇게 함으로써 지방자치단체의 다양하고 적극적인 지식재산 활용 모델 창출로 지식공유를 통한 지역기업이나 마을공동체사회에 대한 후견자적 지원, 지방재정 확충 및 지역경제 활성화 등 세 마리 토끼를 잡을 수 있을 것이다.

전통지식재산

전통지식재산은 기본적으로 전통지식재산의 창조와 용도가 특정 지역사회의 사회·문화적 전통의 일부라는 점에서 '전통적(Tradition-based)'이다. 다만, 전통지식재산의 '전통'이란, 특정 지역사회의 사회·문화적 전통을 기초로 하였다는 의미이지 전통 지식이 고전적이라거나 기술적 가치가 없는 노후된 것을 의미하는 것은 아니다. 왜냐하면 전통 지식유산은 단순한 기계적인 반복에 의하여 습득되거나 세대를 거쳐 전해지는 것이 아니라 특정 개인이나 사회 공동체를 둘러싼 자연생태계, 또는 사회 환경에 대한 도전과 반응이라는 과정을 통해 끊임없는 확인·습득·창조의 과정과 변형 및 변화를 포함하는 무제이기 때문이다. 따라서 전통지식재산은 전통적 방식에 의하여 생성되는 이상, 현재는 물론 앞으로도 지속적으로 생성되어 갈 것이다.

전통지식재산은 대부분 어느 특정 개인보다도 특정 사회 공동체에 의해 세대 간 구두로, 또는 물건으로 전해지므로 서류화되지 않은 채 존재하는 비문서적인 특성을 가진다. 또한 전통지식재산은 과학적, 체계적 연구방법에 의해 분석되고 검증된 지식이 아니라 오랜 기간 주어진 환경 변화에 대응하면서 축적된 특정 사회 공동체의 집단적 경험과 시행착오의 축적의 결과이기 때문에 비체계적인 특성을 지닌다. 따라서 외부 세계의 눈으로 보기에는 방법론상 비과학적, 비객관적인 과정을 통해서 생성된 것이어서 그 과학적, 실용적 또는 문화적, 종교적 가치를 인정하기 어려울 수 있으나 그러한 측면이 있다 하더라도 현존하는 전통지식재산의 문화적, 또는 실용적 가치를 부정할 수 있는 충분한 근거가 되지는 못할 것이다. 전통지식재산은 외부 세계의 보편적, 과학적 기준에 의해서가 아니라 특정 사회 공동체의 전체적인 문화의 맥락 속에서 이해되어야 할 것이다. 전통지식재산은 복합적인 요소의 결합으로, 개별의 요소에 대하여 판단하고 보호되는 지식재산권 또는 기타의 방법에 의한 타 권리와 구별되어 취급되어야 한다. 또한 개별 권리들의 단순 총합도 아니며, 하나의 전통 지식에 여러 가지 지식재산권이 존재할 수도 있으며, 중복 보호도 가능하다. 따라서 특정 전통 지식의 현장에서 평생을 살아온 장인 한 분을 잃는다는 것은 커다란 도서관 하나를 잃는 것이라는 말은 결코 과장이 아니다.

이러한 전통지식재산은 지역사회 및 소수 보유자에게 보유·전승되어 온 것으로, 이미 그 안전성이나 사업 적용 경험이 축적되어 있어 최근

전통지식재산의 분류

구분	전통 기술	전통 명칭·지명	전통문화 표현물
여수 돌산갓김치	갓김치 담그는 법, 저장법 등	돌산갓김치, 여수 돌산갓김치	사진, 그림, 문헌 등

유행하는 벤처 스타트업들의 미래 생존 가능성과는 비교할 수 없는 성공 잠재력을 가지고 있기 때문에 정부의 새로운 시장 환경에 대한 효율적으로 반응할 수 있는 유연한 산업생태계 구축과 정책적인 실질적 지원이 주어진다면 가장 단시간에 글로컬 사업 진입에 성공할 가능성이 큰 장점이 있다.

경험지식재산

'경험지식재산'이란 산업상, 또는 문화발전상 활용에 가치가 있다고 판단되는 지식으로, 현행 지식재산권법으로는 보호 대상이 되지 않는 자연법칙 그 자체의 발견, 자연법칙 이외의 실생활이나 산업에 적용될 수 있는 유용한 교통··운수·광고 기법이나 영업 노하우, 실패의 경험, 기타 언어나 문장으로 표현하기 어려운 주관적이고 개인적인 지식, 예를 들어 개인적으로 신념이나 관점, 반복된 경험을 통해 체화된 사고력이나 스킬(숙련도 또는 자신만의 노하우 등)이 포함된다.

경험지식재산에는 현행법상으로 보호가 되지만 노하우로 간직하고 있는 지식과 현행법상 보호되지 않는 객관적인 경험지식, 그리고 언어나 문장으로 표현하기 어려운 주관적이고 개인적인 지식이 포함된다.

경험지식재산으로 인정받기 위해서는 공통적으로 산업·문화 발전에 활용 가능한 가치 있는 지식이어야 한다. 이러한 경험지식재산은 개인이

유형	현행법상 보호되지만 노하우로 간직하고 있는 객관적인 경험지식	현행법상 보호되지 않는 객관적인 경험지식	형태로 표현하기 어려운 개인에게 체화된 주관적인 경험지식
예시	코카콜라 제조 비법	교통·운수·광고기법 의료기법 자연법칙 그 자체의 발견	개인적 지식 손맛 실패의 경험 숙련도

나 단체에 체화된 오랜 현장 경험, 비즈 모델, 실패 과정, 글로컬 경험 등으로 실제 현장에 적용되었거나 체득된 지식으로 사업화 과정에서 부족하기 쉬운 다양한 현장의 실제 영역을 채워 주는 장점이 있다. 따라서 우리 사회에서 산업화 경험이 가장 많았던 베이비부머 세대들의 다양한 경험 지식과 노년층이 보유하고 있는 경험 지식을 객관적으로 분류하여 그에 맞는 젊은 세대와의 융합, 사회적 경제활동의 주체로서 연결할 수 있는 실질적인 매개체가 된다.

생활문화에 따른 개념

향토지식재산은 특정한 분야가 아닌 우리의 생활문화 전반에 걸쳐 있다. 식생활, 의생활, 주생활은 물론 과학기술이나 공예, 놀이, 민속 예술에 이르는 전통문화의 모든 분야, 그리고 자연자원 및 환경 등도 그 대상이 될 수 있다. 이처럼 지역과 전통이라는 시공간에 흩어져 있는 향토지식재산은 다음과 같이 나누어 볼 수 있다.

식생활문화

향토지식재산이 될 수 있는 식생활문화로 대표적인 것에는 김치·간장·된장 등의 전통 발효식품과 식혜·수정과·전통차 등의 식음료, 문배주·두견주·법주 등의 주류 등을 들 수 있다. 대표적인 김치의 경우를 살펴보자. 김치는 재료, 양념, 조리법에 따라 수많은 종류의 맛을 낼 수 있으므로 각 지역마다 특색을 살린 독특한 맛의 김치(순천 고들빼기김치, 돌산갓김치, 청주 물김치 등)를 만들어 그야말로 지역마다 차별화된 향토지식재산를 확보할 수 있을 것이다.

나아가 김치소스·김치잼·김치야채주스 등 김치와 관련된 모든 가공식품까지 범위를 넓히고, 절임·숙성·포장 등에 이른 전 과정을 표준화하고, 여기서 최근 4차 산업혁명에 맞추어 사물인터넷(IOT) 기술 등을 융합한 스마트시설장비 개발 등 무한하게 향토지식재산의 영역을 넓혀 나갈 수 있을 것이다. 실제 우리는 김치시장이 커갈수록 대기업들이 경쟁적으로 뛰어들면서 김치냉장고 수요도 급증하고 변신하는 것을 확인하였지 않은가. 이와 관련하여 광주 김치축제와 같은 지역행사까지 연결되면 지역 전통 식품과 현대적 기술, 지역 특산물, 관광문화상품이 종합적으로 어우러지는 지역, 나아가 국가브랜드사업이 될 것이다.

의생활문화

한국을 대표하는 의생활문화는 그 선이며, 색깔이며, 소재 등 단연 한복이다. 이와 함께 지역을 배경으로 하여 세계 최고의 품질을 자랑하는 한산 모시와 유일하게 대마섬유의 의복화에 성공한 안동포 등이 대표적이다. 이 두 가지는 지역 소재를 바탕으로 한 지역 고유의 향토지식재산에 고부가가치 기술을 개발, 발전시킴으로써 다양하게 향토지식재산의 권리화를 꾀하고 상품화에 성공할 수 있는 대상이다. 다시 말해 한산 모시와 안동포는 전통 염색, 제직, 전통 고유 문양의 개발을 포함한 직물 디자인, 패션 디자인, 봉제 관련 기술 등의 개발을 통해 고부가가치 상품과 지역브랜드로 성장할 수 있다고 본다.

주생활문화

이에 속하는 대표적 향토지식재산으로는 온돌과 한지, 한옥 등을 들 수 있다. 온돌은 한반도 특유의 전통 난방구조로서 피로를 없애 주고 자연치유력을 발휘하며, 새로운 에너지를 공급해 주는 보고라 할 수 있는

데, 이러한 온돌난방 시스템에 다양한 현대적 기술과 현지화가 접목되면서 많은 나라에 적용되고 있다. 최근에 문화재청에서는 '온돌문화'를 국가문화재로 지정한 바 있다. 한편, 한지는 내구성과 보존성이 뛰어날 뿐 아니라 감촉과 흡수성이 좋은 점 등 양지에 비해 뛰어난 장점을 가지고 있다. 현재 주로 이용되는 창호지, 벽지, 편지지, 색종이, 포장지, 화구용품 이외에 인쇄 용도 등 수요가 확대되고 있다.

과학기술문화

향토지식재산으로서 우리의 과학기술 부문은 매우 다양하고 많으나 대표적으로 옻칠, 전통 염료와 한방 의료기술 등을 들 수 있다. 옻칠은 방열·방수·절연·단열 효과가 커서 잠수함이나 고급 승용차·만년필·라이터 등에 사용되며, 접착력과 흡입력이 뛰어난 도료이다. 옻의 정제, 채취, 건조, 도장기술과 옻칠의 성능 향상을 위한 기술이 융합된다면 그 경제적·문화적 가치는 엄청나리라 본다.

전통 염료는 감꽃, 쪽, 꼭두서니 등의 식물에서 추출된다. 다양한 색깔을 나타낼 수 있을 뿐 아니라 방충·살균 작용도 하며, 무공해 염료로 환경보호에도 기여하는 많은 장점을 가지고 있다. 천연 소재에 천연염료를 사용한 한복 및 약리작용을 이용한 노인용·아동용·환자용 의류 등에 응용할 수 있으며, 천연염료 그 자체를 화장품이나 식용 색소 등에 이용할 수 있다.

민속예술 공예문화

우리의 도자기나 옹기, 그 밖의 다양한 우리의 민속 예술, 공예 등이 대상이 된다. 이 중 옹기는 통기성과 정화 능력이 뛰어난 우리 고유의 공예품이다. 자개 기술 역시 세계적인 잠재력을 가진 향토지식재산의 대상이 된다.

기타

그 밖에 각 지역에 산재된 문화유적이나 민속놀이, 인물, 자연환경 등이 모두 넓은 의미의 향토지식재산에 포함된다.

향토지식재산의 권리화

현행 지식재산제도하의 권리화

향토지식재산의 권리화는 앞서 봉평 막국수의 경우에서 보았듯이 향토지식재산에 대한 독점적 권리를 주장할 수 있는 절차를 의미한다. 이러한 권리화의 형태에는 특허권·실용신안권·디자인권·상표권·저작권·영업 비밀 등이 있는데, 이들이 지식재산권의 골격을 이루고 있으나, 새로운 형태의 신지식재산권의 대상들도 지속적으로 생겨나고 있다.

예를 들어, 향토지식재산에 대한 현대적인 생산 기술을 더하여 새로운 고부가가치 상품을 개발한 경우 기술적으로 획기적인 때에는 특허권으로, 종전에 있던 제품에 새로운 기능을 추가하였거나 불편한 점을 개선한 정도일 때에는 실용신안권으로 권리화할 수 있다. 또한 종전 제품에 기술적인 변화는 없으나 현대 감각에 맞는 색채나 모양 등 디자인을 변화시킨 경우 디자인권으로, 새로운 브랜드를 만들었을 경우는 상표권으로, 기술에 대한 각종 기록이나 영상물 등은 저작권이나 영업 비밀로 보호할 수 있다.

이러한 권리화는 향토지식재산의 특성에 따라 복합적인 방법으로 확보할 필요가 있다. 그런데 여기에서 분명히 해야 할 점은 권리화가 향토지식재산의 최종 목표가 아니라는 점이다. 최종 목표는 어디까지나 산업화다. 권리화는 산업화를 뒷받침하는 수단이며, 타인·타 회사 또는 외국의 권리 침해를 막는 방패 역할을 하게 된다. 또한 향토지식재산이라 해도 현행법이 특허권, 실용신안권, 디자인권, 상표권, 저작권 등에서 필요로 하는 법적 요건을 갖추어야만 권리화가 가능함은 물론이다.

향토지식재산의 권리화 방법을 '한산 모시'의 예를 들어 설명하면 아래의 표와 같다.

향토지식재산 권리화 예시(한산 모시)

예 시	권리화
모시의 특성을 잃지 않는 대체 소재 발굴, 새로운 날염법 개발	특허권
모시로 전통 문양을 이용한 복주머니, 또는 개량 한복을 만든 경우 (실용적인 고안)	실용신안권
모시의 색상을 다양하게 하고, 제품의 디자인을 개발한 경우	디자인권
한산 모시의 특징을 나타내는 심벌마크와 브랜드를 만들었을 경우	상표권
모시 재배법, 채취법, 가공법에 대한 기록 및 영상화(영업 비밀)	저작권

향토지식산업

아무리 좋은 물건도 장에 내다 팔지 않으면 그 가치를 인정받지 못하는 것과 같이 향토지식재산도 개발하여 산업화하지 않으면 아무 소용이 없다. 그동안 향토지식재산에 대한 산업화가 제대로 이루어지지 못했는데, 여기에는 향토지식재산에 대한 경제적 가치에 대한 인식이 부족하고, 산업화 방안을 제대로 세우지 못한 것에 그 원인이 있다. 향토지식재산 발굴의 최종 목표라 할 수 있는 산업화는 지역 일자리 창출과 지역 경제를 활성화하고, 지역공동체 문화를 지켜 나가는 데에도 큰 역할을 할 것이다.

향토(전통)지식산업의 개념과 특성

향토지식산업은 일정한 지역사회에서 형성된 향토지식재산을 기반으로 한 지식산업이다. 그런 점에서 사전적인 의미로서 한 지역에서 정착되어 있던 상품 생산적 산업을 의미하는 전통산업과 구별되며, 산업 정책

적으로 첨단 신산업(IT, BT, NT, ET 등)의 구별 개념으로서 70년대 이후의
조선, 기계, 중화학공업을 지칭하는 전통산업 혹은 뿌리산업하고는 구별
되는 개념이라 할 수 있다.

향토(전통)지식산업과 타 산업과의 비교

대상 및 산업의 특성	전통 지식 산업	전통 산업	일반 산업
주체	· 지역사회 · 향토지식보유 생산자 · 가공자 및 단체 · 관련 지역민 · 출향민 · 지방자치단체, 대학 및 연구소	정부공기업 · 대기업	개별 기업
객체(대상)	전통 지식의 개발 ㅡ지역 자원(유전자원, 지하자원, 환경자원), 전통 지식 자원(전통 명칭 및 지명, 전통문화 표현물)	조선 · 철강 · 자동차 · 석유화학 · 기계 · 섬유 등 (첨단신산업(IT · BT · NT 등)의 대립 개념)	대상 제한 없음 (신소재 화학물질 기계 부품, 가공, IT, 영화, 영상)
구조적 특성	복합 6차 산업(산업 간 연계)	중후장대형제조업	특정산업(기업 간 연계)
기능적 특성	지역 클러스터 필수적 요소	대중소기업연계	지역 클러스터 개별 기술 연구
기술적 특성	전통 지식과 첨단 지식의 융합 종합적 전통(향토)지식품 구축 경험기술 전수	제조생산설비 기술, 자동화 기술	개별 기업의 개별 기술 연구
브랜드 특성	지역브랜드(지역 유산 개념)	공공기업 · 대기업 브랜드	개별 상품, 기업브랜드
자본 규모 및 위험성	지역향토자원기반 구성원 소규모 재본 · 중앙 및 지방 정부지원 자금 안전성 및 지속성	대규모 자본 공적 자금 해외 차환	대규모 자본 큰 위험성 개별적 지식 기반 대규모 투자자본
기대 효과	국내외 경쟁력 강화 지역경제 · 일자리 창출 · 삶의 질	글로벌 경쟁력	개별 기업 경쟁령 강화 개별 기업 경쟁력 범위하의 효과
기타	소비자 지역 살리기 및 애향심 고취 효과	지역 특화 및 랜드마크 효과	효과 없거나 미흡

향토지식산업을 이해하기 위해서는 지식산업과 유사한 성격을 가지고 있거나 때로 혼돈되는 개념들 간의 정립이 필요하며, 이를 위해 향토산업, 전통산업의 개념을 정리하여 관계를 명확히 할 필요가 있다.

향토지식산업의 특성

주체	· 지역사회 · 향토지식보유 생산자·가공자 및 단체 · 관련 지역민·출향민 · 지방자치단체, 대학 및 연구소
객체	· 공유지식, 전통 지식, 경험지식 · 원소재, 제조기법, 브랜드, 문양, 기술, 명칭, 문화 표현물
산업적 특성	· 지역 클러스터 요소 내재(지역 특화산업 발전 가능성) · 복합산업적 특성(전후방 효과·일자리 창출) · 소량 다품종 구조(소규모 수공업 수준) · 노동 집약적 고용산업(취약층 고용 용이)
기술적 특성	· 공공재적 요소 강함. · 복합적 요소 · 암묵지적 요소
브랜드	· 지역 상징 및 지역 브랜드 요소(지식유산 개념) · 기존 안전성 검증 및 브랜드 잠재성 존재
소비자	· 감성적 소구력 내재(우리 것, 애향심) · 프로슈머적 관계 형성 용이 · Masstige 소비 경향 적합
기대 효과	· 지역경제 + 일자리 창출 + 삶의 질 · 소비자 우리문화 사랑 및 애향심 고취 효과

향토지식산업의 산업가치적 특성

'향토지식산업'이란, 지역공동체나 특정인이 유무형의 향토자원을 활용한 향토지식재산을 기반으로 한 산업을 의미한다. 따라서 향토지식산업은 일반적 산업과는 다른 다음과 같은 몇 가지 산업가치적 특성을 가지고 있다.

향토자원(자연)과 인간과 공동체의 관계형 조화산업

향토지식산업은 향토자원(자연)과 지식과 공동체가 관계형 조화를 지향하는 지식산업이다. 그런 점에서 향토자원(자연)이나 공동체라는 관계형 조화를 고려하지 않는 단순한 특정인이나 기업의 사적 이익만을 그 성취 목적으로 하는 일반 산업하고는 구별된다. 따라서 그 기반이 되는 산업의 방향이 자연과 지식과 공동체와의 가치 공유 및 협업을 이루며 발전되지 못한다면 향토지식산업으로서의 가치는 상실되고 말 것이다. 따라서 끊임없이 변하는 자연과 지식과 공동체와의 공유와 협업, 글로컬 네트워크 속에 지속적으로 발전 확산되는 산업적 특성이 드러날 때 비로소 향토지식산업은 그 진정한 의미가 부여되는 것이다. 향토지식산업의 자연과 지식과 공동체와 공존하는 관계적 조화 추구야말로 인류가 지향해야할 미래 방향이며, 지속 가능성을 가진 산업이라고 할 수 있다.

동일성 융합시대의 미래지식가치산업

향토지식재산이 지니고 있는 자연과 지식과 공동체 간의 공존하는 지혜는 바로 현재 세계적으로 화두가 되고 있는 지속 가능성을 의미하는 것과 동일하다. 또한 향토지식재산에 내재된 자연과 지식과 공동체 간의 공존과 지속 가능성을 추구하는 특성이 바로 21세기 동일성 융합시대가 요구하는 미래지식가치의 방향이다. 다시 말해 '지식'이란, 각자의 지적 경험이나 문화 환경에 의하여 각자 다른 지식으로 만들어짐으로써 각자가 어떻게 자연현상·자료 또는 정보를 해석 판단하고, 자신만의 독특한 지식으로 창조시켜 이를 행동으로 실천하느냐에 차이가 있을 뿐이다.

　세계적으로 보아도 동서양은 그 해석이나 접근 방법에 차이를 두고 있다. 일반적으로 동양인은 여러 개체 사이의 관계를 고려한 총체적 접근을 중시하는 문화적 배경을 갖고 있는 반면, 서양인은 개별 개체에 대한 세부적·분석적 접근을 중시하는 문화적 배경을 갖고 있다. 이러한 동서양의 문화적 배경의 차이는 과학기술에도 영향을 미쳐 중세까지만 해도 비단, 종이, 도자기, 화약 등 동양의 과학기술지식이 서양을 압도하여 실크로드를 통해 서양으로 넘어갔으나 중세 및 근·현대에 들어 세부적, 분석적 기법을 토대로 한 서양의 과학기술지식에 주도권을 내어 주게 된 것이다. 그러나 20세기 말 서양의 분석적 학문에 한계가 드러나면서 동양의 총체적 개념을 중시하는 융합학문의 시대로 변환되고 있다.

　이런 점에서 자연과 지식과 공동체의 공존을 추구하고, 사물을 대립적으로 보지 않고 통합적으로 보며, 개별적인 것도 전체와 결부된 개념으로 파악하는 우리의 사유 방식이 통합적이며 관계론적 특성을 가지고 있고, 획일적인 것이 아닌 융통성의 장점을 가진다는 점에서, 바로 21세기 미래 지식가치와 연결되어 모든 산업 분야에서 향토지식재산의 새로운 재평가 및 접목이 필요하게 될 것이다.

사회적 지식자본을 기반으로 한 미래성장산업

　향토지식산업은 자연과 지식과 공동체의 공존의 조화를 이룬다는 점에서 어느 특정인의 승자 독식을 기반으로 하는 일반적인 사적 독점산업과는 본질이 다르다. 자연과 공동체에 대한 배려와 조화를 바탕으로 형성된 향토지식재산은 결국 지역의 사회적 지식자본으로써 사회의 신뢰를 높여 결국 총 요소 생산성을 높이는 결과로 이어질 뿐 아니라, 산업적 인프라로서 지역산업 및 경제 발전에 있어서 중요한 의미를 갖는다. 프랜시스 후쿠야마(Francis Fukuyama)는 『Trust』라는 저서에서 한국은 'Trust(신뢰)'의 부족으로 인해 많은 사회적 비용이 소요되는 나라라고 지적하면서, 시장경제가 세계적으로 확산되는 상황에서 경제적으로 성공한 선진 국가들은 자발적 공동조직을 촉진시킬 수 있는 종교적·문화적 기반을 갖추고 있으며, 사회 구성원들이 서로 협력하고 자발적으로 공동체를 조직할 수 있는 사회적 자본이 형성되어 있다고 주장하고 있다. 그런 점에 비추어 향토지식재산에 내재된 사회적 지식자본으로서의 특성은 지역사회의 자발적 공동체를 조직하고 유지할 수 있는 능력과 산업적 인프라 기능을 가진다는 점에서 민주주의와 경제 발전에 필수적 요소라 할 수 있다. 왜냐하면 사회적 지식자본이야말로 집단 행위의 딜레마를 해결해 줌으로써 사회 구성원들이 배타적 이익만을 추구하지 않고 서로 협력하여 사회 전체의 이익 실현에 이바지할 수 있는 강력한 동인이기 때문이다.

이러한 사회적 지식자본이 구체적인 지역공동체사업이나 지역축제 등을 통해 개인이나 지역공동체가 서로 네트워크로 연결되고, 구성원 간의 연결 패턴과 연결을 통해 형성된 관계 속에 존재하며, 사회적 교환을 통해 공유되고 상생될 것이다. 따라서 사회적 지식자본은 다른 자본과는 달리 공동체를 근간으로 하여 공동체 구성원들의 우호적 신뢰 관계 속에서 형성되는 것으로, 이러한 사회적 지식자본인 향토지식재산이야말로 향토지식산업의 미래성장 동력으로 작동할 것이다.

3

향토지식재산의 개발 및
사업화 사례

향토지식재산의 개발 유형 및 사례

신제품 개발

향토지식재산 영역에서 본 신제품 개발이란, 각 지역에 존재하는 유·무형의 향토지식재산에 새로운 기술이나 디자인을 활용, 융합하여 산업적인 경쟁력을 지닌 제품을 개발해 내는 것을 의미한다. 이는 이제껏 없었던 제품, 있더라도 남이 생각하지 못했던 새로운 개념의 제품을 만들어 내는 창조적 아이디어가 중요하다.

향토지식재산을 통해 신제품을 개발하려면 무엇보다 우리 것에 대한 애정 어린 시선을 가져야 한다. 흙 한 덩어리, 시커먼 갯벌, 들꽃, 들풀 한 포기도 그냥 지나치지 않는 관심도 필요하다. 우리 생활과 너무나 밀접해서 평소 잊고 있던 사람들의 욕구를 집어내는 일도 중요하다. "뜨거운 구들장에 허리를 지지고 싶다.", "손이 많이 가는 우리 음식을 손쉽게 만들고 싶다."는 일반인들의 필요와 욕구를 흘려버리지 말고 그 속에서 창의적인 개발 아이디어를 찾아내야 하며, "일천한 우리 것으로 대체 뭘 만들수 있겠는가."라는 자기비하적 사고는 '소금장수, 우산장수 아들과 어머니'의 교훈처럼 생각을 바꾸고 함께 지식 창조에 뛰어들어야 할 것이다.

황토 흙침대

알렉스 헤일리 원작의 유명한 영화 〈뿌리〉에는 전 세계인을 감동시킨 유명한 장면이 있다. 그것은 바로 주인공이 노예상인에게 잡혀 자신의 고향 아프리카를 떠나기 직전 "다시는 이곳에 돌아오지 못하리." 하고 외치며 엎어져 흙을 한입 물어 삼키는 장면이다. '흙'이란 이렇게 '고향', '뿌리'를 나타내는 대표적인 언어로, 우리 마음속에 자리 잡고 있다.

또, 우리의 옛 어른들은 '땅 힘', '흙 기운'이란 것을 대단히 중요하게 여겼다. 그런데 3층 이상으로만 올라가면 땅 힘이나 기운이 채 닿지 못한다하니, 고층 아파트에서 사는 것을 노인들이 싫어할 수밖에 없다.

땅 힘, 곧 흙의 힘이 '인체에 유익한 원적외선을 방출하고 몸 안의 노폐물 배설을 촉진하는 기능'을 가졌다는 과학적인 논증을 빌기도 전에 "뜨끈뜨끈한 구들장에 허리를 지져야 몸이 풀린다."는 우리 민족 전통의 기본 욕구에서 착안한 것이 바로 '흙침대'이다. 이 흙침대는 '땅 힘'을 고층 아파트 위까지 옮길 수 있는 유일한 방법이기도 하여, 특히 중년 이후의 소비자들에게 인기를 끌고 있다.

흔한 재료로 만든 향토지식재산일수록 가치가 크다. 신토불이의 개념을 '먹을거리'에서 주거 공간을 확산시키는 데 한몫을 했다는 흙침대의 상품화 이후, 주거용품 시장에 황토바람이 불기 시작했다. 흙 가운데서도 특히 황토를 이용한 각종 아이디어 상품은 이미 많이 쏟아져 나왔고, 순수 황토만을 이용하던 것에서 황토에 여러 가지 특성을 더욱 융복합해 여러 형태로 만든 제품들이 많이 있다. 황토가 이처럼 각광을 받는 이유는 황토에서 나오는 원적외선(적외선 중에서도 가장 긴 파장인 3.0~1,000미크론 사이의 전자파)이 신체 내부에 전달될 때 생체의 에너지 순환과 생리활성화에 직접적인 영향을 미친다는 설과 함께 단열·보온성, 항습성 등이 입증되고 있기 때문이다.

황토 흙침대 이외의 대표적인 상품으로는 황토 페인트, 황토팩, 황토방, 황토 벽돌, 황토 온수 온돌 등이 있다. 이 밖에도 세분하면 황토 관련 제품은 무수히 많다. 황토가 가지고 있는 장점과 세계 최고라는 우리나라 황토의 품질, 그리고 이를 상품화하는 다양한 기술이 한데 어울려 국내용 상품 개발은 물론 수출까지도 가능하게 하고 있는데, 그 종류와 수요는 계속될 것이다. 주변에 흔하게 널려 있는 흙이라도 애정 어린 눈으로 돌아보면 그 누구든지 가치를 톡톡히 해 준다는 사실을 여실히 증명하는 예이다.

갯벌 진흙 화장품

갯벌에는 많은 생명이 살고 있고, 그 지역 어민들에게는 갯벌이 무한하면서도 소중한 자원을 제공하는 보고이다. 대부분의 도시인들은 갯벌을 그냥 시커멓고, 마냥 바닷물이 들락날락해서 땅은 땅이되 농사도 지을 수 없는 땅 정도로 생각할 수 있다. 진흙을 원료로 한 머드 팩은 이미 화장품 시장에 나왔지만 오랫동안 우리의 시커먼 갯벌 흙과 연관 짓지는 못했다. 그래서 연간 350억 원어치의 갯벌 흙을 미국, 이스라엘 등지에서 수입해 화장품 원료로 쓰던 시절도 있었다. 화장품 원료인 갯벌 흙이 우리 주변에도 지천이라는 사실을 충청남도의 보령시가 가장 먼저 깨달았다.

우리나라의 서해안·남해안은 조수간만의 차가 크고, 많은 섬들로 해안선이 복잡해 갯벌이 유난히도 드넓게 펼쳐져 있다는 것은 이미 잘 알려진 사실이다. 보령시는 대천 해수욕장 부근 갯벌을 파내 화장품 기업과

제휴하여 머드 팩 등 다수의 화장품을 개발했고, 이제 '보령 머드 축제'는 우리나라뿐만 아니라 세계적으로도 유명한 여름철 국제관광상품으로 성장하였다.

인간이 살아 있는 한 갯벌의 가치는 영원하다

전라남도 신안군은 바닷가에 무한대로 깔려 있는 많고도 많은 갯벌 흙을 조금 떠다가 한국자원연구소, 기초과학연구소 등에 성분 분석을 요청했다. 결과는 미네랄, 게르마늄, 알긴산 등 미용에 좋다는 성분이 다량 함유되어 있다는 것이다. 그것도 게르마늄 함유율이 미국 캘리포니아산의 2배 이상 높고, 평균 입도도 다른 갯벌 흙보다 3배 정도 미세하여, 이미 개발되고 있는 이스라엘 등 다른 지역 갯벌 흙보다 비교할 수 없을 정도로 우수한 것으로 판명되었다. 특히 화장품의 주성분인 베토나이트, 산화규소 등 인체에 유익한 성분이 다량 함유되어 있다는 사실도 밝혀졌다.

신안군은 화장품 전문회사와 제휴하여 머드 팩을 비롯하여 머드 샴푸, 머드 비누, 머드 바디 클렌저 등 노화 방지 및 혈액순환 촉진에 효과가 높다는 화장품을 개발했다. 신안군은 갯벌 흙을 원료로서 화장품 회사에 파는 것이 아니다. 화장품 전문회사와 생산 계약을 체결하고 이른바 OEM 방식으로 화장품을 생산하여 '신안 머드 화장품'이라는 이름으로 판매한다. 즉, 화장품 회사의 생산시설만 이용할 뿐 신안군이 원료를 가공·포장하여 전국 새마을부녀회를 통해 판매도 직접 한다는 것이다. 기본 원료비가 거의 들지 않는 만큼 가격 경쟁력이 클 것으로 보인다.

또, 신안군 우전해수욕장에는 갯벌 썰매장과 피부 마사지 시설을 갖춘 갯벌 마사지 하우스를 열었다. 불순물을 제거한 갯벌을 제공하는 갯벌 마사지 하우스는 갯벌의 홍보는 물론 관광객 유치로 지역경제 활성화에 크게 기여할 것으로 기대된다.

경제개발 5개년 계획이 실시되던 시절, 갯벌을 흙으로 메워 해안선을 바꾸고 벼를 심어 쌀을 생산해 내고, 간척지에 공장을 세우는 것만을 능사로 생각하던 때가 있었다. 이제는 갯벌에 대한 인식도 바뀌었다. 더 이상 갯벌은 '버려진 땅'이 아니다. '갯벌을 보호하자'는 말 뒤에는 갯벌 자체에서 새로운 자원을 발견하자는 뜻이 숨어 있다. 간척사업을 하고 거기에 또 벼를 심어 쌀을 생산해 내는 일과 갯벌 진흙을 그대로 사용하여 상품화하는 것 중 어느 것이 합리적인 자원 이용인가?

아름다워지고 싶은 인간의 욕망은 영원하다. → 갯벌 흙으로 아름다워질 수 있다. → 갯벌이 가진 재산가치도 무궁무진하다. → 진흙 화장품은 '살아 있는 갯벌'이 지닌 지식유산 가치의 아주 작은 부분일 뿐이다.

야생화 향수

꽃향기를 병에 담아 향수로 만들고 싶다는 생각을 어릴 적에 한 번쯤은 다 해 봤을 것이다. 아름다운 향기를 두고두고 자기 곁에 간직하고 싶은 욕구에서 나온 생각이다.

외국의 유명한 향수는 많다. 그러나 이름난 외국산 향수의 대부분이 육식문화권인 서양 사람들을 위한 향수다. 그 냄새가 너무 강렬하고 조금은 천박한 듯하여 자칫하면 오히려 주변 사람들에게 불쾌감을 줄 수도 있다. 우리 취향에 맞는 은은한 꽃향기 향수는 없을까?

아직도 외국 여행에서 돌아오면서 향수를 선물로 사 오는 사람들이 있는지는 모르겠지만, 이미 우리나라에도 우리 꽃향기를 듬뿍 담은 순수 우리 향수가 개발되어 있다. '제주'와 '노고단'이다. '제주'는 제주도의 향토꽃인 유채꽃과 감귤꽃을, '노고단'은 지리산 노고단 일대에 최대의 군락을 이루고 있는 야생화 옥잠화와 원추리를 원료로 사용한다. 외국 향수가 거의 인공, 화학 향인 데 비해 우리 향수는 순수 자연향, 누구나 공통적으로 좋아하는 꽃향기 향수라는 점에서 세계적인 경쟁력까지 가지고 있다.

독특한 특산물이 없어 고민하던 제주도가 향수 개발에 주력한 이유는 '꽃향수'가 제주의 깨끗한 이미지와도 맞아떨어지는 데다, 매년 봄 생산량을 조절하기 위해 솎아낸 감귤꽃을 소득원으로 재활용할 수 있기 때문이다. 제주도는 향수제조업체에 기술 이전하여 총 매출액의 4%를 로열티로 받아 지방재정에도 보태고, 농민들은 4, 5월 중 유채꽃과 감귤꽃을 따서 짭짤한 농가 소득을 올리고 있으며, 소비자는 상대적으로 값이 싸고 우리 취향에 맞는 향수를 사용할 수 있다는 '누이와 매부뿐만 아니라 나도 좋은 상황'이 벌써부터 펼쳐지고 있다.

우리나라 사람은 우리 향수를 선택한다

제주 향수는 '제주에서만 살 수 있다.'는 독특한 판매 차별화 전략도 있다. 제주 향수는 제주공항과 주요 관광지 등 제주 내 판매점에서만 구입할 수 있다. 그래서 제주 향수의 가치가 더 높아지고, 제주를 방문한 사람들에게 '제주를 떠나기 전에 반드시 사야 한다.'는 강박한 구매 충동을 안겨 주는 것도 그 전략의 소산이다.

'노고단'이라는 향수를 만드는 데 선봉적인 역할을 한 사람은 전남 구례군 농업기술센터 소장이었던 정연권 씨다. 지리산 일대의 야생화를 찾아다닌 지 20여 년 만에 토종 우리 야생화인 옥잠화와 원추리의 향을 절묘하게 배합한 화사하고 은은한 향을 찾아내는 데 성공했다. 결국 향수 '노고단'을 구례의 문화관광 상품으로 육성했다.

이후 녹차와 감국을 이용한 '전통향(구례소리)'과 찻잎에서 추출한 '녹차향수(소지)'도 개발했다. 2004년엔 종이 향수를 개발, 향수 시장의 새로운 지평을 열었다. 종이 향수는 누구나 편하게 지니고 다닐 수 있도록 5×7㎝ 크기로 만들었다.

구례군 역시 향수제조업체에 기술 이전하고 향수 매출에 의한 로열티 수입은 물론, 꽃 채취를 위한 농가 인력의 고용 확대와 함께 지리산을 끼고 있는 구례군의 관광 홍보에도 큰 기여를 하고 있다.

한라산, 지리산 외에도 우리나라에는 산도 많고 꽃도 많다. 당연하지만 잊기 쉬운 한 가지 점은 우리 땅에서 나는 꽃의 향기라야 우리 체질과 취향에 맞는다는 사실이다. 또 이런 상품이 강렬한 인공 향에 싫증난 외국인에게도 크게 다가갈 날이 머지않았다는 점도 눈에 보이는 사실인 듯하다.

짜맞춤 기술

우리 전통 한옥의 대표적 적용 기술의 하나가 못을 쓰지 않는 짜맞춤 기술이다. '짜맞춤 기술'이란, 두 부재 이상이 서로 직교하거나 경사지게 짜여질 때 맞추어지는 자리나 방법을 말한다. 맞춤에서도 이음과 같이 두 부재가 맞추어지는 자리나 맞춤 상태를 '맞춤새'라고 지칭한다. 그리고 맞춤에는 끼움기법과 맞춤기법으로 나누어진다. '끼움기법'은 수직재에 수평재나 사경재, 또는 수평재에 수직재나 사경재를 끼울 때 모재의 옆면에 다른 재의 장부 또는 촉 등의 내민 끝을 끼워 고정하는 방법이나 연결 자리를 말하며, '맞춤기법'은 연결되는 부재의 단부나 중간 부분에서 서로 직각이 되거나 경사지게 맞추어지는 방법이나 연결 자리를 말한다. 맞춤은 의장성이나 목조건축물과 가구 자체의 기본 구조인 연학성·견고성·하중성 등을 겸한 결구 방법을 말하며, 이음기법에 비해 육안으로의 관찰이 어렵다. 짜맞춤의 견고성은 이미 실험으로도 검증되었는데, 나사못을 사용한 맞춤보다 3배 이상 견고하다.

전주의 짜맞춤 기술은 경쟁력 확보를 위해 차별화된 전략을 가지고 있다. 기술에 디자인적 요소, 교육적 요소, SW 프로그램을 이용하여 현대적

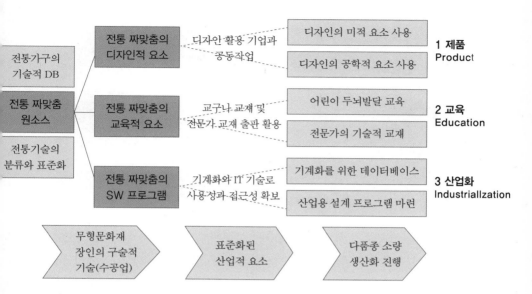

산업화에 활용되고 있다. 짜맞춤 기술에 디자인적 요소를 더해 가구로써 안정감과 심미감을 더하고, 어린이 두뇌 발달에 좋다는 교육적 요소를 앞세워 교구나 전문가 교재로 출판하여 활용하며, SW 프로그램을 제작하여 기계화와 IT기술로 사용성과 접근성을 확보하여 산업용 설계 프로그램을 마련해 활용하고 있다.

브랜드의 개발

브랜드에 대한 권리, 즉 상표권은 특허권, 저작권과 더불어 지식재산권의 꽃이라 해도 지나친 말이 아닐 정도로 고부가가치를 지닌 권리이다. 경기가 침체되면 부동산 매각을 통한 현금화가 어려운 반면, 상표권은 제3자에게 팔기 용이하다는 점도 상표권의 가치를 올려 주고 있다. 같은 물

전주 짜맞춤 기술을 이용한 아동용 교구

건이라도 브랜드가 붙어 있는 상품과 무명의 상품에 대한 소비자의 신뢰도는 사뭇 다르다. 똑같은 공장에서 생산된 청바지도 유통 과정에서 유명 상표가 붙느냐 마느냐에 따라 값이 몇 배까지도 차이가 날 수 있다.

이런 현상은 향토지식재산에서도 마찬가지다. 이제 소비자는 같은 값이면 상표 붙은 수박, 상표 붙은 참외를 사려고 한다. 아니 조금은 비싼 값을 주더라도 상표 붙은 두부를 사려고 한다. 상표를 붙인다는 것은 종이 레이블을 붙이는 것에서 끝나는 것이 아니라 그 상품의 품질에 대해서 책임을 진다는 뜻이기 때문이다.

운동화 생산 공장 하나도 없는 '나이키'가 상표 하나로 전 세계를 석권하듯, 앞으로의 세계시장은 상표 가치, 즉 브랜드의 힘으로 판가름이 날 전망이다. 이러한 긴박한 상황에서 우리의 농특산물이나 전통 음식 등 향토지식재산에 당당히 브랜드를 붙이고 이를 일류로 만들려는 노력은 미래의 경쟁에 대비하는 가장 중요한 투자가 될 것이다.

한식체인점

외환 위기의 한파로 가장 된서리를 맞은 업종은 우리나라에 들어와 호황을 누리던 외국 브랜드의 외식업체였다고 한다. 가족이 외식할 때 수입 외식 체인점을 선택한 사람은 주로 어린 자녀들이었는데, 각급 학교에서 국산품 이용을 철저히 교육시켜 아이들 입에서도 "로열티 내지 않는 상품을 쓰자."라는 말이 일상적으로 오고 갔고, 급기야 "우리는 로열티를 내지 않는 업소입니다."라는 간판을 내건 음식점이 여러 곳 등장하게 되었다.

그러나 '외국에 로열티를 지불하는 식당에는 절대 가서는 안 된다.'는 식으로 무조건적 애국심에 호소하는 논리보다는, 외국 업체의 체인점에 즐겨 가던 가족들이 한식점으로 자연스럽게 발길을 돌리게 하는 노력이 더욱 더 정당한 승부의 방법이 아닐까?

외국 음식의 공세에 대한 한식업계의 변모는 브랜드 개발 및 등록, 체인점 확보, 메뉴 현대화 등의 방법으로 나타나고 있다. 물론 브랜드의 개발과 체인점의 확보가 같은 이야기는 아니다. 그러나 메뉴가 현대화하고 특장점을 갖춰야 이름 있는 브랜드가 될 수 있고, 또 그 브랜드로 체인점을 확보해야, 혹은 최소한 상표 사용 로열티라도 받을 수 있어야 비로소 지식유산이 그 가치를 활짝 꽃피우게 된다.

전통 음식 브랜드 개발로는 앞서 언급한 바 있는 봉평 막국수와 전주비빔밥 등을 들 수 있다. 전주비빔밥의 경우 특성 고증과 성분, 영양 및 조리기법의 분석, 표준화 및 품질 인증 등이 완료되어 독자 상표와 특허를 얻게 되면, 전주시나 전주비빔밥 생산자 단체 등이 상표 사용을 허용하는 음식점 말고는 '전주비빔밥'이라는 명칭을 사용할 수 없게 된다.

메뉴와 브랜드 개발에 있어 이미 여러 업체가 그 꽃을 피우고 열매를 거둬들이고 있다. 이들 업체가 내걸고 있는 주요 전략은 건강, 향수, 애향심, 우리 입맛 등이다. 우선 기발한 메뉴를 개발하고 거기에 고유 상표를 붙여 브랜드화하는 데 성공한 업체를 예로 들어본다.

체인점을 만들려면 음식 조리의 매뉴얼화, 패스트푸드 가능성, 식자재 배송 시스템 구축 등 여러 가지 선결 문제를 해결해야 한다. 실제 어떤 메뉴와 노하우로 한식 체인점 구축이 가능한지 대표적인 업체와 브랜드를 간략하게 살펴보자.

- **북한 음식점 '봉학관'** : 귀순자 강봉학 씨가 주인. 명태눈식혜, 해태어식혜, 감자막거리 만두, 봉학 순대, 고지 통조림 등 남한에서는 맛볼 수 없는 함경도 지방의 고유 음식 15종에 대한 상표 등록 취득
- **북한 음식점 '통일의 집'** : 현대식 조리 시설과 위생 설비를 갖춘 중앙 조리본부에서 짠 표준 식단에 의해 음식이 80~90%를 가공 및 포장 과정을 거쳐 체인점에 운송. 홍보를 위해 '남이와 북이'라는 캐릭터 사용
- **보쌈 전문 ㈜놀부** : 보쌈, 삼겹살, 부대찌개 등 조리 매뉴얼화 성공. 충청북도 음성에 센트럴 키친, 즉 중앙 공급식 주방 건립을 통해 식자재 전국 배송 시스템 완성. 패스트푸드화에 성공
- **아딸** : 떡볶이, 튀김, 순대 등의 조리법과 양을 표준화하고 패스트푸드화에 성공

우리나라 향토음식의 외식 산업화는 ㈜놀부가 브랜드를 개발하고 체인화하여 그 가능성을 보여준 데서 출발하였다. 이때부터 족발, 해물탕, 닭갈비 등 여러 우리 음식이 브랜드화, 체인화의 개화기를 맞았다. 최근에는 앞서 말한 우리 음식과 건강, 향수, 우리 입맛 등을 연결하여 메뉴를 현대화·표준화하는 형태로 바뀌었고, 북한 음식 등도 새로운 사업 분야로 등장하였다.

한식 체인점 업계의 앞으로의 과제는 외국으로 체인점을 더욱 확산시키는 일, 너무도 당연한 논리인 동시에 또 꿈 같은 이야기인 듯도 여겨진

다. 그러나 아닌 듯한 것에서, 없는 듯한 곳에서 가치를 만들어 내는 것이 향토지식재산을 선점하는 사람들의 특징임을 상기한다면 불가능한 일도 아닐 듯싶다. 이미 이 분야에서도 활발히 움직이는 여러 업체가 있다는 사실이 이러한 가능성을 보여 주고 있다.

고유 상표 농특산물

프랑스산 브랜디 가운데 '코냑'이니 '아르마냑'이니 하는 종류가 있다. 브랜디는 본래 포도주의 증류주 형태로서 코냑은 프랑스의 코냑 지방에서, 아르마냑은 아르마냑 지방에서 나는 포도를 그 원료로 삼고 있다. 포도는 수확을 한 후에는 더 이상 익지 않는 과일로서 수확기까지의 기후가 포도주의 맛을 결정적으로 좌우한다. 지중해 연안의 그 어느 지방보다도 코냑 지방과 아르마냑 지방이 맛있는 포도주를 위한 포도 가꾸기에 좋은 조건을 갖춘 지방인 모양이다. 지방 이름 자체가 그 지방에서 원료를 제공하는 제품(포도주)의 품질을 보증해 주고 심지어 전 세계적인 브랜드로 여겨지고 있다.

우리나라에도 지방 이름을 붙여 세계적인 상품화를 할 만한 농산물은 얼마든지 있다고 본다. '나주 배'나 '영광 굴비', '음성 고추' 등 품질 면에서 다른 어떤 농산물보다 뒤지지 않는 우수한 농산물이 과일가게에 낱개로 나와 있거나, 새끼줄에 두름으로 엮여 있으면 다른 지역의 상품과 구별할 수 없다. 그래서 상인은 모든 배를 '나주 배'로 팔고, 소비자는 어떤 배도 진짜 '나주 배'가 아니라고 생각한다.

최근 소비자의 취향이 까다로워지고 물건을 고를 때 양보다는 질을 더 중시하는 풍조에 맞춰 농산물의 브랜드화가 빠른 속도로 진행되고 있다. 전에는 사과를 무작위로 수레 한가득 실어 놓으면 그 사과의 산지가 어디든지 상관없이 같은 값에 한 개라도 더 받아가려고 했는데, 지금은 어느 지방에서 나는 어느 상표의 사과가 더 맛있다더라며, 가능하면 그 사과를 다시 찾게 된다는 것이다.

이러한 경향에 발맞춰 지방자치단체들은 지역 특산물에 고유 상표를 붙여 타 지역 농산물과 차별화하고, 제품에 대한 신뢰도를 높여 경쟁력을 제고하고자 지역색을 나타내는 고유 상표를 개발, 출원하고 있다.

일반적으로 출원되고 있는 상표에는 문자가 주요부를 이루는 것과 달리 지방자치단체에서 출원하고 있는 상표들은 대부분 그 지역을 대표하는 산이나 계곡, 지역 명소, 나무 등을 도형화 하고 있다. 따라서 농특산물에 이 상표를 붙일 경우 어느 지역 산물인지 한눈에 알아볼 수 있다. 농특산물의 홍보와 품질보증을 통해 신뢰도를 높임으로써 지역 내 농가 소득을 증대시키기 위함이다. 지역의 특성 및 상징물을 도형화하여 지역의 심벌로 만든 경우를 예로 들어보면 영동군의 물한계곡, 청원군의 초정약수, 김해군의 김해비행장, 제천군의 박달재, 통영군의 바다갈매기 등이 있다.

그러나 현재 상표로 많이 쓰이고 있는 지역 내의 산, 강 등 유명한 지리적 명칭은 상표 등록에는 어려움이 있는데, 실제 농산물의 95% 이상이 지리적 명칭을 상표로 삼고 있다. 따라서 지방자치단체나 농협 등은 농산물의 브랜드가 상표등록법상 등록이 가능한 '상표'로 되게 하기 위해 다양한 노력을 기울이고 있다.

첫째, 우수한 농산물에 대한 소비자의 이미지를 높이고 구매 욕구를 유발, 농산물의 소비 촉진을 위해 제대로 된 우리 농산물 이름 갖기 운동을 적극적으로 전개하고 있다.

둘째, 시·군 단위로 공동 사용 브랜드를 개발하고, 포장 디자인을 통합해 사용하는 '1군 1공동 브랜드 개발'을 장려하고 있다. 이들 공동 브랜드는 '소양강 내 고향 고추', '소양강 처녀 토마토' 등과 같이 그 지역에서 생산되는 우수 농산물에만 붙일 수 있게 된다.

셋째, 문자와 도형을 결합시켜 형상화한 지역 농특산물 브랜드를 개발, 상표 등록을 통해 상표권을 확보한다는 계획도 세우고 있다. 이를 위해 농협은 한국지식재산관리재단과 협력하여 이들의 지식재산권을 효율적으로 관리할 수 있는 체제를 구축하는 한편, 한국산업디자인진흥원(KIDP)과 협력하여 브랜드·로고·심벌 등 시각 디자인과 농산물 포장 등 포장 디자인 개발 비용의 일부를 지원하기로 하였다. 이미 만들어진 시·군 단위 공동 브랜드로는 영광군의 '굴비골', 강진군의 '청자골 강진', 전북 농산물의 '헬러 전북', 안성군의 '안성마춤', 함평군의 '함평천지', 순천시의 '남도미락' 등이 있다.

상표 붙일 농수산물은 무수히 많다

또한, 최근 들어 순수한 우리말 상표가 출원되고 있어 소비자에게 신선함과 친근감을 주고 있다. 농수산물인 경우, 특히 우리말 상표를 붙이는 것이 향토성 강조에 도움이 되기 때문에 고향의 느낌을 주는 어휘들이 주로 선택되고 있다. 순수한 우리말 상표 등록 사례로 '허수아비 쌀', '생글생글 밀감', '금싸라기 수박·참외', '바보네 토마토', '풀초롱 율무가루', '수랏상 당면' 등이 있다.

그러나 농수산물의 수많은 브랜드 가운데 특허청에 등록된 상표는 불과 10% 정도. 안동의 '풍산김치', 문경의 '새재 청결미', 성주의 '대가 참외', 경산의 '압량 대추' 등이 그 예다. 현재 수출되고 있는 농산물도 단지 '한국산'으로만 표기될 뿐 지역 고유 상표는 없는 경우가 대부분이다.

농촌에서도 이제 농사를 지어 소출량을 늘리는 데만 관심을 두어서는 안 된다. 썬키스트 오렌지, 켈로스 쌀 등이 다른 공산품 못지않은 세계적인 상표로 알려진 것을 볼 때, 농수산물에 상표를 붙이고 그 상표를 홍보하는 작업도 농사 못지않게 중요한 일인 것이다.

이제껏 그냥 소쿠리에, 혹은 궤짝에 상표 없이 담겨 팔리던 농수산물이 지역 고유의 제 이름을 갖고 그 이름으로 세계 각국에 퍼져 나가기 위해 넘어야 할 산은 아직도 많다. 그러나 상표를 붙일 수 있는 우수한 우리 농수산물을 많이 지니고 있다는 사실만 해도 우리는 얼마나 혜택 받은 땅에 살고 있는가. 이 점을 잊어서는 안 된다.

수출 전략 브랜드 '서빙고'

'서빙고'라는 이름은 조선시대부터 겨울철에 단단하게 언 한강의 얼음을 깨내어 저장해 두었다가 여름철에 임금님께 진상했는데, 그 얼음 저장 창고의 이름이다.

자신을 전 세계를 떠돌아다니는 소호무역 도우미로 지칭하는 황동명 씨는 태국에 현지에 맞는 빙수 아이템을 창업했다. 동남아시아 지역에서 창업을 하고 싶다는 생각으로 현지 태국인들을 한국으로 데리고 와서 현지에 맞는 아이템을 발굴하기 시작했다.

단순히 상품을 주고받는 무역이 아닌 문화와 콘텐츠를 수출하는 전략을 세워 방콕의 중심지 시암스퀘어 거리에 '서빙고'라는 빙수가게를 만들었다. 서빙고의 대표 메뉴는 현지 과일을 이용한 '망고빙수'다.

처음 일본에서 수입 무역을 시작하여 직접 부딪히면서 쌓인 경험지식을 토대로 중국, 태국에 진출하여 현지에 맞는 창업을 계속하고 있다. 해외 무역 경험이라는 개인에게 체화된 노하우로 창업 성공을 이어가고 있다.

고전 인물 캐릭터

전 세계적으로 캐릭터를 팔아 장사를 잘 하고 있는 회사를 하나 말해 보라면 거의 모든 사람이 미국의 월트 디즈니사의 이름을 말할 것이다.

디즈니사의 캐릭터는 전 세계의 어린 아이들도 다 알 정도로 유명하기도 하고, 또 로열티를 거둬들이는 방법 또한 철저하고 확실하다.

우리나라에서도 지방자치단체들을 중심으로 한 캐릭터 사업이 진행되었고, 그중 최초의 본격적인 시도는 홍길동 캐릭터다. 그러나 캐릭터 홍길동은 세상에 나오자마자 그 실력을 발휘해 보지도 못한 채 소유권 시비에 휘말렸다. 전라남도 장성군과 한국산업디자인진흥원은 홍길동이 500년 전 장성군에서 실제 살았다는 연구 결과에 따라 지역 특산물과 관광문화상품에도 활용하고 한국과 장성을 대표하는 캐릭터로 만들어 보고자 개발에 착수했다. 개발을 마치고 장성군청은 1998년 초 캐릭터 응용 동작 10종과 각종 엠블럼을 가지고 '홍길동 캐릭터 사업 설명회'를 가졌다. 그런데 그 직후, 강원도 강릉시가 특허청에 홍길동 상표 등록을 출원했다. 강릉시는 이미 1997년 발주한 이미지 통합 작업 중 홍길동 관련 캐릭터 제작 분야가 일부 마무리됨에 따라 홍길동 완구 및 인형에 대한 상표 등록과 업무 표장 등록을 하였다. 강릉시는 〈홍길동전〉의 저자인 허균의 고향이 강릉시 초당동인 점을 들어 연고권을 주장하게 된 것이다.

탁월한 마케팅 전략 없는 개발은 목표점이 아니다

캐릭터 사업에는 장성군이 한발 먼저 뛰어들었으나 상표 출원은 강릉시가 먼저 함으로써 문제가 된 것이다. 상표가 등록되면 홍길동 마스코트 인형, 목재 완구, 플라스틱 완구, 가면, 티셔츠, 가방 제작 등등 여러 가지 분야에서 우선권을 갖게 된다.

이러한 분쟁은 결국 장성군의 승리로 끝났고, 강릉시는 그동안 홍길동 캐릭터 관련 수많은 사업과 투자를 접어야 했다. 이러한 홍길동 캐릭터 분쟁을 보면서 장성군과 강릉시가 모두 상생할 수 있는 길을 제안할 전문가 집단은 없었는가 하는 짙은 아쉬움이 남는다.

한편, 남원시는 지역을 대표하는 캐릭터로 '흥부와 놀부', 그리고 '성춘향'을 개발하였고, 연놀부 형제가 남원에서 살았던 실존 인물이라는 역사적 고증이 제기됐다며 연고권을 주장하였다. 또, '흥부와 놀부' 생가도 복원해 관광사업을 벌이고, 캐릭터를 이용한 각종 상품 디자인 개발을 추진하고 있다.

그러나 캐릭터 사업에서 중요한 점은 누가 그 캐릭터를 갖느냐가 아니라 주어진 캐릭터를 어떻게 상품화하여 파느냐의 마케팅 문제다. 마케팅 계획이 확실하지 않은 사람이 캐릭터의 소유권자가 되면, 그 귀중한 캐릭터가 사장되거나 널리 퍼지지 못할 것임이 분명하다. 디즈니사가 비슷비슷한 캐릭터를 가지고 마치 매번 새로운 상품인 양 팔고 또 팔아 장사에 성공한 비결이 세계적인 마케팅 조직력 덕분이라는 사실을 새삼 인식하면, 캐릭터의 포인트는 디자인이 아니라 마케팅이라는 사실도 금세 깨달을 수 있다.

굴뚝 없는 수출 상품 캐릭터. 이왕 고전 인물 캐릭터로 세계시장에 진출하기로 마음먹었다면 내 것 네 것을 따지기보다 누가 더 잘 팔수 있는가를 따져 양보와 협조 체제를 이뤄나가는 것이 국가 이익에 공헌하는 길임은 너무도 자명한 사실이다.

돈 버는 지자체 캐릭터

고양시를 대표하고 있는 '고양 고양이'는 지역 축제에 나서 사인회도 하는 스타다. 일산 신도시에 비해 상대적으로 덜 알려진 '고양시'를 알리기 위해 만든 캐릭터가 이른바 대박을 쳤다. 전국 광역단체의 캐릭터는 전남을 빼고 16개로, 시군구까지 하면 전국 지자체의 88%가 캐릭터를 가지고 있다. 돌하르방과 해녀 하면 떠오르는 제주, 고래 축제가 유명한 울산, 강원도 반달곰, 보신각종이 유명한 서울 종로, 고인돌이 많은 인천 강화, 홍길동전의 배경인 전남 장성의 홍길동 등 지역에 맞는 캐릭터들이다.

그러나 캐릭터에 대한 개성도, 홍보도, 마케팅 전략도 부족한 곳이 많다. 지난 88올림픽 마스코트 호돌이의 아들 왕범이를 서울시가 캐릭터로 삼아 10년 넘게 활용하였으나 큰 인기를 얻지 못하고 2009년 전설의 동물인 해치로 교체되었다. 애니메이션까지 만들면서 50억 원이 넘는 돈을 홍보에 쏟아 부었으나 지금 남은 건 서울 택시의 문짝뿐이란 얘기까지 듣는 실정이다. 지역을 알리고 돈까지 벌어들이는 캐릭터, 그 힘은 지역 주민들의 공감에서 나온다는 교훈을 지방자치단체나 지역사회는 명심하여야 할 것이다.

관련 상품의 개발

여기서 말하는 관련 상품이란 향토지식재산이 될 만한 품목을 더 편리하게, 더 쾌적하게 접할 수 있도록 보조해 주는 상품을 뜻한다. 다시 말해 대표적인 우리 향토지식재산인 불고기 요리의 수출을 위해 개발한 불고기 구이판, 영양 많고 맛 좋은 청국장의 대중화를 위해 만든 청국장 제조기, 각종 전통 요리를 집에서 간편하게 해먹을 수 있도록 돕는 식품 DIY 제조기 등이 그것이다.

관련 상품의 개발은 향토지식재산을 더욱 많은 사람이, 더욱 편리하게, 더욱 쉽게 접할 수 있도록 도와 그 활용도를 높여 줌으로써 향토지식재산 그 자체 못지않게 중요한 의미를 갖는다.

불고기 구이판

불고기는 김치, 태권도 등과 같이 '한국' 하면 생각나는 것 중 하나로 꼽히는 소중한 우리 향토지식재산이다. 그러나 불고기는 외국인들이 직접 요리를 해 먹기에는 여러 가지 불편한 점이 있다. 여러 가지 재료와 양념이 필요하고, 균일화한 조리법도 없는 데다 구울 때 냄새와 연기가 많이 나는 것도 불고기 보급의 장애가 되고 있다.

특히, 들여다보지 않으면 옆 테이블에서 무슨 음식을 먹는지조차 알지 못할 정도로 여간해서는 냄새도, 연기도 피우지 않는 서양 음식점 문화의 한가운데 불고기를 뿌리내리기는 무척 힘이 들었다. 그러나 수출 증대를 위해서는 '서양'으로 뭉뚱그려지는 미국, 유럽을 무시할 수 없었다. 그래서 나온 아이디어가 냄새 안 내고, 연기 안 내는 불고기 구이판의 개발이었다.

전라남도 함평군에 있는 ㈜유일금속 대표 김길현 씨의 소망은 불고기를 미국의 햄버거나 일본의 샤브샤브처럼 전 세계인이 즐겨 먹는 요리로 만드는 일이었다. 그가 연구한 바로도 불고기가 세계인의 요리가 되지 못하는 이유로 쉽게 타 버리고, 연기가 많이 나며, 냄새를 진동시킨다는 점이 꼽혔다.

이런 문제점을 해결하기 위해 그는 2년간 연구 끝에 섭씨 260℃라는 의미 깊은 온도를 찾아내었다. 고기가 타기 시작하는 온도는 바로 260℃, 그러나 얄궂게도 고기는 이 탈 듯 말 듯 한 온도에서 구워야 제맛이 난다는 사실도 함께 알게 되었다.

맛의 문제는 해결했으나 이 온도에서 고기를 구우면 연기가 난다는 점은 피할 수 없었다. 이번에는 이 문제 해결에 매달려 결국 온도 제어 장치를 달고 촉매를 통해 연기를 분해시켜 다시 연료로 사용할 수 있게 한 구이판을 만들어 냈다.

김길현 사장은 이 기막힌 상품을 들고 미래의 불고기 시장인 미국으로 달려갔다. 시카고에 있는 교포가 경영하는 식당 두 곳에 납품했고, 금세 그 성능에 대한 소문이 나서 샌프란시스코와 로스엔젤레스에서 대리점 개설 요청까지 들어왔다. 이름하여 '크린 로스터'.

그러나 크린 로스터는 미국 시장에서 의외의 문제에 부딪혔다. 상품 주문을 한 고급 호텔 식당과 대형 업소로부터 미국 측 품질인증서가 없다는 이유로 납품을 거절당한 것이다. 미국에서는 식당이 각종 보험에 가입할 때 품질인증이 없는 가스 기기를 사용하면 10배 이상의 보험료를 내야 하기 때문이었다.

이번에는 AGA(미국가스협회) 인증을 받기 위한 연구를 시작했다. 목표는 식당 옆자리의 사람에게도 냄새가 번지지 않을 만한 기술을 개발하는 것이었다. 한 해 동안의 고생 끝에 세라믹 필터를 개발했고, 국내 기업 최초로 AGA 인증서를 획득해 수출의 걸림돌을 완전히 제거했다. 국내 기업으로는 최초였다. 미국에서 유명해진 불고기 구이판 '크린 로스터'는 한국으로 건너와 주문이 밀리기 시작했다. 드디어 불고기가 세계인의 요리가 되고 있는 것이다.

청국장 발효기

콩은 '밭에서 나는 쇠고기'라고 한다. 그러나 콩은 쇠고기보다 더 안전한 식품이며, 완전한 고단백 영양식품이기도 하다. 우리나라에는 된장·간장 등 콩 발효식품이 많고, 그 발효식품들의 항암 효과나 건강을 돕는 여러 가지 효능에 대해서는 이미 잘 알려진 바 있다. 그러나 콩과 발효식품의 효능이 과학적으로 입증되었다 할지언정 요즘의 신세대가 구린 듯한 냄새를 견디며 청국장을 먹으려 할까 하는 점은 여전히 의문으로 남는다.

그런데 이 청국장에 함빡 빠져든 사람이 있다. '청국장 전도사'라고도 불리는 이범권 씨는 아예 '청국장 연구소' 소장직을 맡아 전문적으로 청국장 연구를 한다.

콩의 영양가를 대부분 흡수할 수 있고, 장속의 잡균 번식을 억제하며, 소화를 도와 장을 튼튼하게 해 줄 뿐 아니라 암·당뇨병·고혈압·비만 등 성인병을 예방해 주고, 몸속의 염분을 배설해 준다는 청국장. 거기에다 노화 방지, 빈혈 치료, 골다공증 예방의 효능과 뇌경색·심근경색을 없애 주는 효소까지 발견되어 그야말로 청국장은 거의 만병통치약이라는 말도 나온다.

이 정도면 온 국민이 열광적으로 챙겨 먹을 만한데, 현실은 그렇지가 않다. 그 이유를 이 소장은 '코를 찌르는 지독한 냄새 때문'이라고 규정지었다. 그래서 이 소장은 청국장을 전도하기 위해서는 무엇보다 냄새나지 않는 청국장이 필요하다고 느끼게 된 것이다.

냄새가 나지 않으면서 제맛을 유지해야 한다는 대명제를 해결하는 것이 그리 쉽지는 않았다. 5년 동안의 연구 끝에 메주콩 발효 때 섭씨 42℃ 정도로 48시간 유지해야 고유의 맛은 남고 냄새는 사라진다는 사실을 알아낸 것이다. 메주콩을 불린 후 물렁물렁해질 때까지 푹 삶아 물기를 뺀후, 발효기에 담고 버튼을 누르면 48시간 후에 감칠맛 나는 청국장이 완성된다.

남들이 역겨워하는 냄새에 희망과 애정을 갖고 청국장 연구에 매달려온 이범권 소장. 그의 집념은 어디로부터 나오는 것일까? 단지 우리 것이라는 애착을 가진 것이 그것일까? 그는 진짜 좋은 걸 알아주지 않는 사람들이 안타까웠다. 그리고 '청국장의 날'까지 만들어 놓고 청국장 보급에 호들갑을 떠는 일본 사람들에게 원조 우리 청국장이 무시당하는 것도 기분이 나빴다. 발명에 대한 의욕은 안타까움과 약오름에서 촉진되는 것인가 보다. 어쨌든 그는 지금도 청국장 보급을 위해 끊임없이 연구하고 전도한다.

"그렇게 맛있고 영양 많은 음식을 왜 안 드십니까?"

식품 DIY 제조기

경제 용어의 하나로 '엥겔 계수'라는 것이 있다. 전체 생활비 가운데 식비가 차지하는 비율로, 이 계수가 높을수록 빈곤한 가정임을 알 수 있다는 것이다. 그러나 생활수준이 높아지면서 이 엥겔 계수와 빈곤과의 상관관계는 점차 의미 없는 것으로 여겨지기 시작했다. 가계 수입은 같아도 이른바 식도락을 즐기는 가정은 엥겔 계수가 높을 것이고, 먹는 것을 별반 중시하지 않는 가정은 엥겔 계수가 낮을 테니 말이다. 심지어 한때 아이들 간에는 가족의 외식이 부의 척도로 얘기된 적도 있었을 정도다.

그러나 세태가 또다시 변해 이젠 외식도 별로 자랑거리가 아니다. 대부분이 맞벌이 부부에, 가족 구성원 모두가 바빠지면서 자연 매식이 많아지고, 그에 따라 매식을 위한 산업도 여러 가지로 발달했다. 그러면서 가족들은 다시 가정 안에서 만드는 음식을 그리워하게 되었다.

"집 밖에 나가 인공 조미료 많이 들어가고 불결한 음식을 먹는 것보다는 집에서 내 가족을 위해 정성껏 만든 음식을 먹고 싶다. 또 농약을 뿌린 채소가 아니라 직접 가꾼 무공해 채소를 먹고 싶다. 그러나 시간이 없고 솜씨도 부족하다."

이러한 욕구와 현상을 해결하는 것이 식품 DIY(Do It Yourself) 제조기들이다. 옛날 재래식으로 음식을 만들어 내던 우리 조상들이 보면 어설프기 짝이 없는 기계들이지만, 이들의 대부분이 우리 고유의 입맛을 지키기 위해 전래 음식 제조기임을 생각하면, 오히려 보급과 확산이 고마울 지경이다.

현재 시중에 나와 있는 식품 DIY 제조기는 두부, 누룽지, 콩나물, 청국장 등의 제조기와 참기름 채유기, 과실주 제조기 등 아주 다양하다. 대두 식품의 두부 제조기 '두부촌'은 콩가루를 끓여 20분만 보온하면 연두부,

단단한 일반 두부는 물론 우유 두부, 대추 두부 등 새로운 형태의 두부도 만들어 준다. ㈜엘리온이 개발해 특허 등록한 '누룽지 제조기'는 찬밥을 넣은 다음 3분만 지나면 한번에 6cm 크기의 누룽지 6개를 만들어 낸다. 10여 개의 중소기업들이 경쟁적으로 시판 중인 나물 제조기로는 콩나물을 비롯하여 숙주나물, 배추순, 무순, 보리순, 케일순 등을 한꺼번에 재배할 수 있다. 나물 제조기는 채소를 재배해 수확한다는 의미 외에도 실내 공기의 습도를 조절하고, 생물의 성장 과정을 보여 줌으로써 자녀 교육에도 도움이 되는 등 다양한 장점이 있다. 특히 도시농업 붐에 따라 적용 가능성이 커지고 있다. 부일가전이 내놓은 '채유기'에서는 참깨만 넣으면 필요한 양의 진짜 참기름이 흘러나온다.

이들 식품 DIY 제조기 개발의 숙제는 제품의 경제성을 높이는 것이다. 상당수의 사람들이 비싼 기계를 사는 것보다 소량의 식품을 사 먹는 편이 낫다고 생각하기 때문이다. 식품의 안전성이 보장되고 정성어린 음식을 직접 해 먹을 수 있는 기계가 값도 싸다면, 더욱 많은 가정에서 더 많은 관심을 가지고 찾을 테니 말이다.

토종의 재발견

"자세히 보아야 아름답다. 오래 보아야 사랑스럽다. 너도 그렇다." 나태주 시인의 〈풀꽃〉이란 시의 내용이다. 토종의 재발견을 풀어서 말한다면 '토종의 가치 재발견'이라 할 수 있다. 우리나라 생태계 안에 살고 있는 각종 동식물의 가치를 새롭게 개발해 상품화하는 것이다.

뒷동산에 아무렇게나 지천으로 피어 있는 할미꽃으로 항암제를 만들고, 홍게 껍데기로 고칼슘, 스쿠알렌의 효능을 능가하는 건강 보조 식품을 만들어 전 세계에 수출할 수 있다면, 이 토종 생물들은 우리의 소중한 천연자원이며, 훌륭한 향토지식재산이다. 지하자원은 넉넉하지 않으나 풍부한 생태자원을 지니고 있는 우리나라에서는 심도 깊고 다양하게 연구해 볼 분야다.

생약 성분 함유 식물

〈토끼전〉은 매우 유명한 우리의 이야기이지만 토끼가 자라를 속이고 용궁을 탈출한 후의 이야기를 아는 사람은 별로 많지 않다. 그 후의 이야기는 이렇다. 토끼와 헤어진 자라가 용왕을 볼 낯이 없어 바위에 머리를 부딪쳐 자결하려고 할 때, 신선이 나타나 자라의 충성심에 감복했다며 산삼 한 뿌리를 주었다. 자라는 용궁에 돌아가 산삼을 바쳐 용왕의 병도 고치고 출세도 했더라는 이야기다.

또, 진시황제는 선남선녀들을 보내 불로초를 구해 오라고 했다는데, 목적지는 남쪽도 서쪽도 아닌 동북쪽으로, 바로 우리 한반도가 있는 곳이다. 이야기 속이든 역사 속이든 예로부터 우리 산하 곳곳에 영약이 되는 식물이 묻혀 있다는 추측은 여러 문헌에서 나타나고 있다.

실제로 우리나라에서 자생하는 순수 토종식물 가운데는 생약 성분을 함유하고 있는 식물이 상당히 많이 있다. 특히 암이나 당뇨, 간질환 등 난치·불치 질환을 예방하고 치료하는 성분을 갖고 있다 하여 세계적으로도 이야깃거리가 되고 있다.

아직까지도 그 이름조차 알려지지 않은 토종식물들 중에도 생약 성분을 함유하고 있는 식물이 많을 것으로 기대된다. 이에 대한 지속적이면서도 심도 깊은 연구가 계속된다면 토종에 대한 재발견이 거듭될 것이고, 우리 땅에서 더욱 가치 있는 향토지식재산을 키울 수 있게 될 것이다.

토종식물에서 불로초도 찾을 수 있다

이제까지 효과가 입증된 식물의 대표적인 예를 몇 가지 들어본다.

- 방아풀 : 농촌진흥청 연구진은 자생식물인 방아풀에서 노화를 방지하는 물질을 다량 뽑아냈고, 이에 따라 방아풀이 새로운 농가 소득원으로 등장하게 되었다. 농촌진흥청 농업과학기술원은 차세대 노화 방지 물질로 기대되는 '로즈마리산'이 우리나라 남부지방에서 자생하는 방아풀에 다량 함유되어 있다는 사실을 확인했고, 이것을 대량으로 추출할 수 있는 기술도 개발했다는 것이다. 로즈마리산은 서양의 관목 식물인 '로즈마리'에서 최초로 분리된 성분으로, 이미 실험을 통해 노화 방지, 항바이러스 항암 효과가 입증된 바 있다. 연구팀은 방아풀의 노화 방지력이 현재 세계적으로 이용되고 있는 인공 합성 방부제 BHA나 BHT보다 훨씬 강력하다 한다.

- 할미꽃 : 얼마 전에는 할미꽃에서 추출한 생약 성분의 항암제가 폐암과 대장암에 탁월한 효과를 보인다는 기사가 언론에 보도된 적이 있다. 이 항암제를 개발한 한보제약 연구팀에 의하면, 할미꽃에서 추출한 생약 성분에 인삼과 감초를 혼합한 항암제 SB32를 개발하여 쥐를 대상으로 한 실험 결과 탁월한 효능을 보였다고 하는데, 이는 최고 효능의 항암제로 꼽히는 아드레마이신에 필적할 만한 약효라고 한다. 특히, 기존 항암제를 투여하면 나타나는 대표적인 증세인 탈모, 신장 손상 등의 부작용이 나타나지 않았다.

- 섬오갈피 : 제2의 인삼으로 불리기도 하며, 제주에 자생하는 섬오갈피는 인삼과 달리 오갈피과에 속하는 다년생 활엽관목으로, '아카톤산'이라는 물질을 함유하고 있다. 섬오갈피를 통해서만 얻어지는 아카톤산은 간질환에 특효를 보이고, 또 섬오갈피에 다량 함유된 엘로드로사

이드는 성인병을 예방, 신진대사를 촉진하는 물질로 알려졌다. 제주도 농촌진흥청은 충남대 약대, 한국과학기술원 생명공학 연구소와 섬오갈피를 이용한 건강식품 개발 연구를 공동으로 수행, 약용주·차 등을 개발하여 민간기업에 기술 이전하였다.

한편, 토종나무를 연구하는 대표적 기관의 하나로 산림청 임업연구원이 있다. 임업연구원은 붓순나무 껍질, 계피나무 등 200여 종의 토종나무에서 약재 성분을 추출하는 데 성공했다.

- **붓순나무 껍질** : 당뇨 합병증으로 인한 시각 장애와 신경 조직 이상을 예방할 수 있는 유효 물질을 추출했다.
- **계피나무** : 장내 이상 반응을 막아 주는 신남알데히드 성분 검출, 신남알데히드는 기존 항생 물질과는 달리 대장균과 같은 세균 성장을 막아 주고, 유산균 발육을 촉진시켜 정장제로 이용이 가능하다.

현대 의학으로 정복되지 않은 질병은 아직도 많다. 누군가 이런 말을 했다. 신(神)은 병과 함께 그 치료 방법도 함께 이 세상에 보냈노라고. 이 말은 인류가 건강을 위해 끊임없이 노력하면 반드시 질병 정복의 길이 열린다는 희망을 주기 위한 말인 것도 같다.

어쨌든 토종식물에서 생약 성분을 찾아내는 노력은 신이 내려 준 치료제를 자연에서 찾는 시도라고도 할 수 있다. 가능성에 대한 신념을 가지고 연구를 거듭한다면 우리 토종 식물이 인류를 구원할 수도 있으며, 그렇게 되면 토종식물이 우리에게 정신적·물질적으로 큰 향토지식재산이 되어 줄 것임은 의심할 바가 없다.

만가닥버섯

예로부터 자연산 버섯은 그 맛이 뛰어나고 건강에 좋은 여러 가지 성분을 지니고 있는 데다, 심심산골 눅진눅진한 나무 등걸에서 나 기생하여 찾아내기 또한 쉽지 않아 그 희귀성으로 고급 식품으로 여겨져 왔다. 아직도 인공 재배를 못 하고 자연산 채취에만 그 공급을 의존한다는 송이버섯의 경우, 아버지가 아들에게도 그 서식지를 알려 주지 않는다고 할 정도로 귀한 식품으로 여겨지고 있다.

참나무 토막에 홀씨를 뿌려 인공 재배를 하는 표고버섯. 버섯을 수확한 후 참나무 토막을 살펴보면 겉은 아직 멀쩡한 아름드리 장작인데, 불쏘시개로 쓰기도 허망할 정도로 속의 진액이 다 빠져 있다. 참나무가 가지고 있던 진액들, 즉 참나무가 몸체를 유지하려고 저장했던 영양분을 버섯이 속속들이 다 빨아들인 것이다. 그 영양분을 버섯이 고스란히 지니고 있을 것은 당연한 얘기다. 버섯은 콜레스테롤이 없는 건강식품, 농약을 치지 않은 안전식품, 고단백 저칼로리의 다이어트 식품, 신토불이식품이다.

우리나라에서 자라는 버섯은 헤아릴 수 없이 그 종류가 많다. 버섯의 경우 종류에 따라서는 먹으면 인체에 해를 끼치는 버섯도 있어 새 품종을 개발하여 먹을거리로 만드는 작업은 여간 조심스러운 일이 아니다. 그러나 먹을 수 있는 버섯으로서 새 품종을 개발하고, 거기에서 건강에 도움이 되는 성분을 발견해 훌륭한 먹을거리임을 사람들에게 알려 주는 작업은 꾸준히 계속되어, 더러는 예상치 못했던 쾌거를 거두기도 한다.

연암축산원예전문대 원예과 연구진은 '만가닥버섯'의 실험 재배에 성공했다. 이 버섯은 동전만한 뿌리 하나에서 수많은 가닥이 뻗어나 자란다고 해서 '만가닥'이라는 독특한 이름을 얻었다. 만가닥버섯은 참느타리버섯과 비슷한 향과 맛을 지녔고, 삶거나 조리를 해도 만가닥의 모양이 그대로 유지된다. 씹는 맛은 쫄깃쫄깃하고, 영양과 효능 면에서 느타리버섯·팽이버섯·표고버섯보다도 고급하다고 한다. 뿐만 아니라 항암효과, 강심 작용, 비만 억제, 성인병 예방 등 모두 13가지의 효능을 지닌 완전식품으로 평가되고 있다.

한편, 만가닥버섯의 효능이 뛰어나다는 사실은 인식되었으나 조리법이나 활용법이 알려지지 않으면 널리 확산될 수 없기 때문에 유통점이 버섯요리 시연회를 열기도 했다. 만가닥버섯 요리시연회에서는 술안주용으로 만가닥 초무침과 버섯실파회, 어린이 간식용으로 모듬버섯잡채와 버섯튀김, 반찬용으로 만가닥버섯 재첩국을 선보였다. 먹을거리로서의 토종의 개발은 품종개발뿐 아니라 조리법의 개발도 함께 이루어져야 대중화에 성공할 수 있다는 사실을 모범적으로 알려준 예다.

홍게 껍데기의 키토산

저녁 무렵 사람이 많이 다니는 번화가나 아파트 단지 입구 등에서 찐홍게를 수북이 쌓아놓고 파는 상인을 가끔 볼 수 있다. 그 게들이 정말 전량 영덕에서 왔는지는 모르겠으나 사람들은 흔히 홍게를 '영덕 게'라고 부른다. 그만큼 영덕을 중심으로 한 동해안 일대에서 나는 홍게가 맛도 좋고 영양가도 높다는 증거일 것이다.

이 홍게를 유명하게 한 것은 게살의 맛뿐만 아니라 그 껍데기에 다량 함유된 '키토산'이라는 성분이다. 키토산은 게나 새우 껍데기에서 추출한 천연 다당류. 일종의 동물성 섬유소인 '키틴'을 인체에 흡수되도록 가공한 물질로, 과학적으로 입증된 그 효능은 외상이나 화상에 의한 상처를 빨리 아물게 하고, 지혈 작용도 있다는 것이다.

또, 인체의 면역 체계를 자극해 면역력을 증가시킨다는 연구 보고가 있고, 혈압과 콜레스테롤을 떨어뜨려 비만과 심혈관계 질환의 예방과 치료에 효과가 있다는 실험 결과도 발표되어 더욱 관심을 집중시키고 있다.

중요한 것은 양질의 키토산을 함유한 홍게의 세계 최대 어장이 우리나라 동해바다라는 점이다. 먹고 버리는 줄로만 알았던 껍데기에 기적의 약효를 지닌 성분이 함유되어 있다는 사실의 발견은 품종의 새로운 개발보다 더 큰 의미를 지닌다. 이제껏 고품질 키토산을 수입 외국산에 의존해 왔기 때문이다.

이전에도 동해 영덕 게에서 추출한 키토산이 세계적으로 우수한 품질임을 알고는 있었다. 그러나 원료를 개발하는 기술이 없어 영덕 게를 수출한 후, 외국에서 추출한 키토산 원료를 비싼 값에 되사다 썼던 것이다.

버려졌던 게 껍데기도 알고 보면 향토지식재산

키토산의 효능에 대해 알려진 후, 그 함유 상품은 앞을 다투어 쏟아져 나왔다. 키토산 쌀부터 시작해서 키토산 껌, 키토산 스낵까지 나올 정도로 그 함유 상품은 매우 많다.

- 키토산 쌀 : 농협 대구·경북 본부가 개발한 것으로, 영덕 게의 껍데기에서 추출한 키토산을 농약이나 비료 대신 뿌려 재배한 쌀이다. 키토산 쌀은 일반미에 비해 밥의 찰기가 훨씬 높고 맛도 뛰어나다. 쌀 외에도 토마토나 느타리버섯 등 농작물에 키토산을 뿌려 재배한 결과 병충해 발생이 줄고 수확량이 늘어나 앞으로 채소나 과일 농사에 적극 활용이 기대된다.
- 간암 치료제 : 동화약품은 방사성 동위원호 홀뮴166과 키토산 착화합물을 혼합시켜서 만든 새로운 간암 치료제인 'DW166HC(상품명 미리칸주)'를 개발, 상품화하고 있다. 초음파 영상으로 간암을 관찰하면서 주사침으로 이 약품을 암 부위에 투여하면 강한 베타선을 방출하여 짧은

시간에 암세포를 죽일 수 있다고 한다.

- 건강보조식품 : '건강보조식품군'의 하나로 보건복지부의 인정을 받아 수요가 확산되었고, 칼슘·스쿠알렌에 이어 3대 건강보조식품으로 인기를 얻고 있다. 풀무원의 '풀무원 키토산', 김정문 알로에의 '키토베스', 영진건강식품의 '키토자임 골드'·'신기력 골드'(일본에 수출), LG생활건강의 '키토산 베타', 유한큐후드의 '유한 키토산 플러스', 태평양의 '키토산 플러스' 등이 시판되고 있는 키토산 건강보조식품들이다.

- 키토산 화장품 : 토종 화장품 '카오리온'을 만들어 외국에 수출하고 있는 기업은 '카오물산'. 카오리온의 주성분은 '키틴 리쿼드'인데, 키틴 리쿼드는 키토산 성분의 30등급 가운데 가장 비싸고 고급한 성분이다. 스킨과 로션, 아스트린젠트를 하나로 묶은 무색·무취·무알코올의 키토산 로션을 비롯한 키토산 화장품은 보온·보습력과 피부 재생 효과가 탁월하여 피부 노화나 잔주름을 예방해 준다. 또, 세포 활성화 작용 및 신진대사를 촉진시키고, 민감성·문제성 피부를 생기 있게 가꿔 주는 제품이다.

토종 가축

우리나라 토종 흑염소 중 백혈병 치료제로 쓸 수 있는 흑염소가 태어나고, 한국과학기술원은 사람의 백혈구 증식인자(GCSF)를 대량으로 생산해 낼 수 있는 흑염소(애칭 '메디')를 개발했다. 메디는 흑염소의 난자와 정자를 체외 수정시킨 수정란에 사람의 GCSF 유전자를 삽입한 후 어미 흑염소의 자궁에 이식하여 태어난 새끼다.

GCSF는 사람 몸에서 백혈구 생산을 촉진하는 물질로, 백혈병·빈혈 치료에 사용되는 아주 비싼(1g당 약 11억 원) 의약품 원료다. 연구팀에 의하면 메디가 어미로 성장하는 1년 후부터는 연간 300g 안팎의 GCSF를 젖과 함께 분비할 것이라고 한다. 메디와 같이 이런 물질을 생산해 내는 동물의 개발은 세계에서도 처음이었다.

혹염소가 아니더라도 우리나라에는 토종 가축이 많은 편이다. 또, 가축의 경우 토종이라야 더 대접을 받는다. 쇠고기만 해도 한우 고기의 값은 수입 쇠고기 값의 2배 이상이다. 닭도 토종닭이 더 맛있다고 한다. 토종 돼지고기를 파는 음식점 중에 토종 돼지와 외래 돼지를 외모를 통해 식별하는 방법까지 써 붙여 놓은 곳도 있다.

그러나 이렇게 가치 있는 토종 가축은 정말 어떻게 알 수 있는가? 우리나라에서 태어나고 성장했다 해서 외래종이나 개량종이 토종이 될 수는 없을진대, 간혹 외래종이 토종으로 둔갑하는 일이 일어난다. 토종이 더값이 나가기 때문이다. 그래서 농림축산부와 지방자치단체를 중심으로 토종 가축의 브랜드화가 추진되었다.

강원도는 토종 식품의 신뢰 회복과 품종 보호를 위해 토종 가축의 상표 개발과 등록을 추진하고 있다. 이미 홍천, 양양 등에 조성되어 있는 향촌 토종 마을에서는 닭과 돼지, 벌, 염소 등 네 종류의 토종 가축을 함께 기르게 된다. 이들 마을에서 생산되는 토종 가축은 강원도가 생산 농가와 판매 업소를 지정하기 때문에 신뢰도를 확보할 수 있어 유사 상품과 차별화하고 있다.

또, 농림축산부는 꿩과 인삼 한우·토종닭·토종오리·토종돼지 등 각 지역 토종 가축의 고유 브랜드를 개발하고, 사육 시설과 전문 판매점 개설, 상품 개발 사업비 등 비용을 지원하고 있다.

전통차 '청태전'

장흥군에 따르면 2015년 8월 세계녹차협회 주최로 일본 시즈오카 현에서 열린 '2015 세계녹차콘테스트'에서 (주)청태전연구소의 '청태전'이

금상을 수상했다고 밝혔다. 청태전은 지난 2008년 처음 세계녹차콘테스트에 참가해 '최고 금상', 2011년 '금상', 2014년 '최고 금상', 2015년 '금상'을 수상하여 명실공히 세계적 명차로 우뚝 서는 쾌거를 이루었다.

청태전

청태전은 둥글고 넓적한 모양 가운데에 구멍이 있고, 푸른빛을 띠는 것에서 이름이 유래한다. 동전 모양과 비슷해 '전차', 또는 '돈차'라고도 부르는 덩어리차, 떡차이다. 청태전은 우리 고유의 전통차로, 삼국시대부터 근세까지 장흥, 남해안 지방을 중심으로 존재했던 유일한 세계적인 차로, 오늘날 중국·한국·일본 등의 차문화 및 제다 발달사의 역사적 근간이 되고 있다. 육우(陸羽)의 『다경(茶經)』에 보이는 병차(餠茶)의 영향을 이어 받은 유습으로 평가되고 있다.

현재 전남한방산업진흥원은 장흥 청태전(靑苔錢) 산업자원화 클러스터 육성 사업을 통해 청태전의 항염증 효능을 구명하고, 7건의 블렌딩 차 제품을 개발했다.

품질의 차별화

이미 시장이 형성되어 있는 상품을 팔아 남보다 높은 소득을 올리려면 일단 '튀어야 한다'는 것은 누구나 다 알고 있는 사실이다. 물론 같은 제품을 가지고 마케팅 측면에서 뛰는 방법도 있겠다. 그러나 가장 확실히 뛰는 방법은 품질 면에서 차별성을 띠는 것이다. 남과는 뭔가 다르고 또 다른 바로 그 점이 소비자가 바라는 바라면, 앞서 시장을 차지하고 있는 경쟁자를 제치고 그 앞으로 나서는 것은 시간문제가 된다.

품질 차별화의 문제는 우리나라에서 생산되는 모든 산물에 다 해당한다. 인공 부화기로 깐 노란 병아리 한 마리가 1,000원이라면 병아리에 분홍 물감을 들여 1,500원에 파는 세상이다. 이미 팔리고 있는 그 어떤 상품이라도 순수 국산이고 남과 다른 획기적인 장점을 갖게 된다면 향토지식재산으로 손색이 없게 된다.

특수 사료를 먹인 한우

옛날 어른들께서는 "여름 소는 맛이 없다."는 말씀을 하시곤 했다. 여름 쇠고기와 겨울 쇠고기의 맛이 다르다는 것이다. 그때는 냉동, 냉장이 시원찮아 여름에 잡은 쇠고기는 여름에 먹어 치워야 했으니 '여름 소', '겨울 소' 얘기가 나올 수밖에 없던 시절이다.

여름 소는 죽기 직전에 생풀을 먹고 지냈기 때문에 건초를 먹는 겨울 소에 비해 맛이 없다고 했는데, 그 이유는 정확히 알 수가 없다. 어쨌든 지금은 '여름 소', '겨울 소'가 따로 없다. 여름에 잡아서 냉동 보관을 하기 때문이다. 또, 무엇보다 요즘 소들은 봄, 여름, 가을, 겨울을 막론하고 사료만 먹기 때문이다.

그런데 요즘엔 특수 사료를 먹여 남의 집 소와 다른 소로 키우는 예가 많아졌다. 이른바 '기능성 사육'이라는 것이다. 특수 농약이다 해서 말썽이 많을 때는 그 상황이 더 심각하다. 사료에는 별별 것이 다 있다. 술이며 양파며 해초며, 심지어는 한약을 먹고 자라는 소나 닭도 있다. 이들이 추구하는 기능이란 주로 부드러운 맛과 고혈압, 비만 등 성인병 예방이다. 다른 축산 농가 생산품과 품질에서 다른 점이 눈에 띄니, 소득 면에서도 차별화가 가능한 것은 당연한 이야기다.

술 먹인 한우, 양파 먹인 한우, 녹차 먹인 돼지

• 강진 맥우 : 전라남도 강진군의 강진맥우작목반은 특수 사료를 개발해 한우에 먹이고 있다. 특수 사료란 맥주보리와 밀가루로 만든 막걸리에 두충, 감초, 갈근 등 10여 종의 한약재를 첨가한 '알코올 액상 사료'로, 이 사료를 먹고 자란 소는 육질이 부드럽고 쇠고기 특유의 냄새가 나지 않는다. 강진맥우작목반은 사육기술 면에서도 차별화를 시도했다. 먼저 한우 개량 단지에서 순수한 혈통의 송아지를 구입해서 질 좋은 건초를 먹여 위와 뼈대를 키운다. 한약재가 들어간 액상 사료는 보통 시장에 내보내기 200여 일을 앞두고 물에 풀어 매일 먹인다. 일반 볏짚 사료를 먹이면 쇠고기가 잔류 농약으로 오염될 염려가 있으므로 직접 재배한 양질의 건초를 먹이고 있다.

• 양파 한우 : 전라남도 무안군 무안 축협이 개발한 쇠고기. 비타민 덩어리인 양파와 우리밀기울(소맥피)을 섞어 만든 '양파 여물'을 먹여 키운 소의 고기다. 시장 출하 6개월 전부터 한우에게 하루 3.6kg씩 이 여물을 먹인다. 양파 한우에는 성인병 예방 효과가 있는 불포화지방산이 일반 한우보다 많이 들어 있고, 지방산 함유율도 5배 이상 높아 고기가 부드럽고 맛이 좋다. 원래 무안군은 양파 산지로 유명한 곳. 전국 생산량의 25%를 차지하던 무안군의 양파가 파동으로 인해 땅에 묻혀 버릴 위기에 처했을 때 축협과 군청, 농업기술센터가 함께 머리를 맞대고 연구하여 얻어 낸 결실이다. 위기를 기회로 바꾼 대표적인 예라 할 수 있겠다.

• 해초 한우 : 경상남도 거제시가 개발한 해초 한우는 해초로 만든 사료와 발효 술, 물 등을 혼합한 알코올 사료를 먹고 자란다. 고기에는 미네

랄과 요오드 성분이 다량 함유되어 있다.

- **솔잎 한우** : 경상북도 영주시와 건국대학교가 공동으로 개발. 솔잎, 황토 등 자연 부산물과 특수 성분을 첨가한 사료를 먹인 고급 한우. 이 쇠고기는 콜레스테롤이 적고 고혈압 예방 효과가 있는 오메가 지방산을 함유하고 있다.
- **약초 한우** : 경상북도 안동, 예천, 봉화 등지에서 사육하고 있는 한우. 인공 사료 대신 당귀 등 한약재나 무공해 청정 풀, 발효 톱밥 등 특수 배합 사료를 먹여 육질을 고급화하였다. 이들 한우 고기를 지역 고유 상표로 등록하여 '봉화 한약우', '안동 황우', '예천 참우' 등으로 불리고 있다.
- **낭천닭** : 강원도 화천군 농촌지도소가 개발한 한약 찌꺼기를 먹인 닭. 두뇌 발육 및 학습 능률 향상, 노인성 치매 예방 효능이 있는 것으로 알려진 DHA 성분을 다량 함유하고 있다.

우리나라 사람들은 토종 가축의 고기, 특히 한우에 대한 집착이 무척 강한 것 같다. 한우 고기의 값이 수입 쇠고기 값의 2배 가까이 되는데도 한우 전문점은 늘어만 갈 뿐 줄어들지 않는다. 더구나 요즘처럼 걸핏하면 수입 식품이 세균이다, 방부제다, 농약이다 해서 말썽이 많을 때는 그 상황이 더 심각하다.

그런 이유로 한때 '한우'의 정의가 무엇인가라는 의문이 제기되었다. 토종 누렁이는 물론 한우일 것이고, 우리나라에서 태어나 우리나라의 풀과 공기를 먹고 자라난 젖소의 고기는 과연 '한우' 고기라 할 수 있을까? 만일 아니라면 수입 쇠고기라 해야 하는가? 외래종과 개량종이 판을 치는 지금의 상황에서는 순수 재래종 누렁소의 고기라는 점만 가지고도 제품의 차별화가 충분히 이뤄질 것 같다.

토종 재료 소시지

30여 년 전까지만 해도 '소시지'라 하면 어묵에 '벌건 물'을 들인 것이 고작이었다. 그래도 그 시절에는 도시락 반찬으로 달걀을 입혀 노릇노릇 구운 소시지가 최고였고, 어린 아이라면 누구나 소시지 구이를 가장 좋아 하는 반찬으로 꼽았다. 우리나라에서도 생선살이 아닌 진짜 돼지고기나 쇠고기로 소시지를 만들기 시작한 것은 불과 30여 년 전부터다. 그러나 기존 소시지의 재료는 설탕과 소금을 제외하고는 모두 수입품이었다. 가 공도 삶거나 훈제 등의 열처리 방법을 사용한 것이 전부였다.

국내의 토종 소시지는 열처리를 하지 않은 발효 소시지로, 독특한 맛 이 특징이다. 재료도 솔잎, 쑥, 칡, 생강, 마늘 등 국내산 재료만을 사용하 여 각각 맛이 다른 소시지를 만들어 냈다. 또, 김칫국물을 첨가해 새콤한 맛이 나는 제품도 있다. 기존 소시지는 고기를 너무 잘게 갈아 씹히는 맛 이 없었던 것에 비해, 토종 소시지는 쫄깃쫄깃 씹는 맛도 일품이다. 고기 입자가 밥알 크기만 해 육질을 그대로 느낄 수 있다는 것이다.

순수 돼지고기만을 원료로 사용하고, 21일간 발효 숙성시키는 동안 수 분의 함량을 40% 선으로 떨어뜨릴 수 있다. 수분이 많이 함유된 기존 소 시지보다 육질이 더 단단해지고, 미생물 활동으로 인한 변질 위험도 줄어 든다. 따라서 유통기간도 상온 저장 3개월로, 저온 저장 1개월이었던 기 존 소시지보다 길다.

식품의 귀화－토종 재료 가미 소시지

발효 소시지는 장내 세균 및 유해 미생물의 증식 억제에 큰 효과가 있 고, 솔잎·쑥 등 기능성 향신료가 들어 있어 건강에도 도움이 된다고 한다.

다른 제품으로 김치 소시지가 있다. 김치 소시지는 호텔현대경주 조리 부에서 개발한 것으로, 고기와 김치의 비율은 10 대 5 정도. 상온 10℃의 냉장실에서 20일 동안 숙성시켜 신맛이 막 배어나오기 시작하는 상태의 김치를 사용한다. 소시지 본래의 향이 살아 있으면서도 김치의 매콤하고 톡 쏘는 맛이 별미다. 또, 시금치와 미역 소시지도 있다. 이들은 재료를 뜨거운 물에 익혀 낸 뒤 갈아서 육류와 고루 섞어 소시지로 만든 것. 이때 영양소 파괴를 막기 위해 끓는 물이 아닌 섭씨 70℃ 정도의 물을 사용한다.

이 밖에도 토종 재료로 만든 소시지는 여러 가지가 있다. 소시지라는 식품 자체가 고기에 무슨 재료를 섞느냐에 따라 종류와 맛이 달라지므로 종류의 다양성을 꾀하자면 한이 없는 식품이다. 그러나 당연히 우리가 주목할 것은 우리 입맛에 맞는 재료의 가미(加味)다.

평소 서양 음식을 좋아하는 사람도 1주일 정도만 계속 양식을 먹으면 '물렸다'고 한다. 그러면서 찾는 음식은 대부분 김치와 된장찌개다. 그만큼 우리나라 사람의 입맛은 김치나 된장찌개로의 회귀성이 강하다. 우리 민족은 절대로 김치나 매콤한 맛에 대한 향수를 버릴 수 없고, 그렇기 때문에 김치 맛 등 우리 고유 입맛에 맞는 '맛'의 가미는 식품 중 차별화의 필수 조건이기도 하다.

여기서 한 가지 중요한 사실은 '한국의 맛'에 서양인들도 관심을 갖기 시작했다는 것이다. 우리 입맛에 맞는 재료를 가미한 다양한 종류의 소시지, 그 제조 방법은 외국에서 들어왔지만 소시지가 '한국의 맛'을 세계에 역수출하는 향토지식재산으로 다시 자리매김할 날이 멀지는 않은 것 같다.

다른 상품과의 결합

음식에도 궁합이 있다고 한다. 궁합이 잘 맞으면 곁들여 먹었을 때 보약이 되고 궁합이 맞지 않는 음식을 함께 먹으면 안 먹느니만 못할 수도 있다는 것이다. 그래서 가끔은 같이 먹어 좋은 식품끼리, 즉 궁합이 맞는 식품끼리 하나의 상품으로 만들어졌으면 하는 생각이 들기도 한다.

비단 식품에서만의 이야기는 아니다. 어떤 제품이든 간에 궁합이 잘 맞는 제품을 서로 결합시켜 하나의 상품으로 만들어 낸다면, 그 가치와 편의를 몇 배로 상승시킬 것이다. 외래 식품에 우리 원료를 접목해 성공을 거둔 경우 주목할 만한 지식유산이 될 수 있다.

양산박의 박 요리

우리나라의 박 이야기 중 가장 유명한 것은 역시 〈흥부전〉이다. 원래 흥부 내외는 제비가 주고 간 박씨를 심어 박이 열리면 곱게 타서 박속으로 아이들의 허기진 배를 불려 볼 심산이었다. 그런데 그 탐스런 박에서 금은보화가 쏟아져 나오는 바람에 '박속'은 곧 잊혀지고 말았다.

박속은 산모의 부기 내리기용 식품으로 잘 알려져 있고, 일본에서는 다이어트 식품으로 선풍적인 인기를 끌고 있는 영양 식품이다. 그런데 박 요리의 원조인 우리나라에서는 박 요리가 여러 형태로 개발되고 대중화하지 못한 실정을 간파하고, 경북 양산에서 '양산박'이라는 기업의 대표 한경수 씨가 박 요리 개발, 보급에 착수했다. 본래 한경수 씨는 박공예가인데, 공예품 제작 후 버려지는 박속을 먹을거리로 만드는 방법을 연구하기 시작한 것이다.

첫 제품인 '양산박 햄버거'는 박고지를 넣어 만든 햄버거로, 1993년 독일 베를린식품박람회에서 호평을 받았다. 이후 '양산박 버거', '양산박 샌드위치' 등으로 제품을 개발해 일본과 독일에 수출도 했다.

양산박은 박 가공 식품의 가치를 세계적으로 인정받은 뒤 국내에 박 요리 가족점 사업도 벌여 박 요리 보급에 힘쓰고 있다. 양산박 박 요리 가족점에서는 박수제비, 박국수, 박냉면, 박장아찌, 박낙지전골 등 박을 이용한 각종 요리를 선보이고 있다.

녹차 혼합 식품

녹차와 아이스크림, 언뜻 보면 궁합이 잘 맞지 않을 것 같다. 그러나 일본에서는 미국 아이스크림 업체인 하겐다즈의 신상품 녹차향 아이스크림이 선풍적인 인기를 끌고 있다. 하겐다즈가 녹차의 본고장 일본에서 녹차 아이스크림으로 성공하고 있는 이유는, 녹차 향 중에서도 수백 년 동안 일본의 전통의식 등에 상용되어 온 고급 녹차인 '마차'의 맛이 나도록 만들었기 때문이다. 선진 아이스크림 기술과 일본인의 입맛이 잘 조화된 데서 오는 성공이었다.

우리나라에서도 전통 원료를 이용한 식품은 불황을 잘 타지 않기 때문에 업계에서는 전통 원료를 접목한 새 제품을 만드는 데 힘을 기울이고 있다.

고려당은 차 잎을 그대로 섞어 만든 '차 카스테라'를 개발했다. 제과업계는 녹차 성분을 함유한 각종 껌 제품을 내놓고 시장 쟁탈전을 벌이고 있고, 우유 업체와 청량음료 업체들도 차를 이용한 '녹차우유', '차사이다', '차냉커피' 등의 개발 연구에 돌입했다.

녹차든 죽염이든 솔의 싹이든, 이 첨가물들의 공통점은 '몸에 좋은 식품'이라는 점이다. 이런 종류의 첨가물이 든 식품을 즐겨 찾는 사람들은 건강에 대한 기본 욕구를 가지고 있을 것이라 추측된다. 또, 전통의 맛을 원하거나 색다른 맛을 찾는 사람들일 가능성도 높다. 사람들이 가지고 있는 심리나 기본 욕구를 이리저리 잘 조합하면, 서로 다른 식품을 결합하여 새로운 향토지식재산으로 만들어 낼 만한 여지는 얼마든지 있다.

김치스파게티

서양 음식과 김치를 결합하면 어떤 맛이 날까? 김치는 이제 우리나라 뿐 아니라 세계인의 식품이 되었다. 따라서 김치의 소비량을 늘리고 다양한 방법으로 김치를 먹을 수 있게 하기 위한 각종 식품의 개발은 식품업계의 필수 과제가 되었다고도 할 수 있다.

롯데호텔 이탈리아 식당 '베네치아'에서 근무하는 김송기 씨는 '김치스파게티'를 개발했다. 스파게티의 주 원료가 마늘·고추·올리브유로, 김치와 색깔과 재료가 비슷하다는 점에서 착안했다. 다진 양파와 마늘, 베이컨을 올리브유에 볶다가 어느 정도 익으면 주사위 모양으로 썬 김치를 넣고 양송이 토마토소스, 바지락 국물을 넣어 맛을 낸다. 바지락 국물이 느끼하지 않으면서 스파게티 특유의 진미를 그대로 전해 주는 비결이라 한다.

김치아이스크림도 있다. 정말 안 어울릴 것 같은데 의외로 김치의 새콤한 맛과 아이스크림의 달콤한 맛이 잘 어울린다고 한다. 제주 홀리데이인 레스토랑 '바카렛'에서 충분히 발효된 신 김칫국물로 아이스크림을 만든다. 김칫국물을 끓여 맛을 가라앉힌 후 소량만 쓰기 때문에 빨갛거나 매운맛은 나지 않는다. 그러나 실제로 '김치 맛'은 살아 있다. 김치아이스크림은 버리는 김칫국물의 재활용도 가능할 뿐 아니라, 김칫국물에 든 젖산이 소화를 촉진해 디저트로서 아주 훌륭한 아이스크림이다.

또, 노보텔 앰배서더는 '김치케이크'를 내놓았다. 김치케이크는 김치를 잘게 잘라 말린 후 특수 반죽법으로 밀가루와 합쳐 만든 것으로, 외국인 고객들에게도 인기가 높다. 호텔 롯데도 '김치빵'을 만들었다. 한국을 찾는 외국인, 특히 김치를 우리보다 더 좋아하는 일본인 관광객들을 판매 대상으로 개발한 상품이다.

인삼 코냑

프랑스산 코냑과 충청남도 금산에서 재배되는 수삼을 어우른 고급 인삼주가 시판되고 있다. 이름은 '고려삼비주'. 소주에 인삼을 우린 기존 인삼주와는 달리, 프랑스에서 3년 동안 숙성된 코냑 원액에 4년짜리 금산 수삼을 넣고 다시 6개월을 숙성시킨 새로운 개념의 술이다.

우리나라는 인삼의 본고장이고, '고려인삼'은 최고급 인삼으로 세계로부터 인정을 받고 있다. 우리네 가정에서도 말간 병에 수삼을 넣고 소주를 부어 놓은 '인삼주'를 흔히 담가 먹는데, 인삼주 시장은 생각보다 활발히 형성되지 않았다. 인삼은 그 쌉쌀한 맛이 다른 과실과는 달리 술을 달착지근하게 만들지 않아 술 담가 먹기에 알맞은 재료인데도 말이다. 그 이유는 뭘까? 이제까지는 바로 가정에서 '흔히' 담가 먹는 그 술맛과 차별화한 술맛을 만들어 내지 못했기 때문이다.

고려삼비주는 집에서 담근 인삼주와 우선 맛에서 차별화를 성공시켰다. 인삼의 쌉쌀한 맛과 코냑의 은은한 맛이 뒤섞여 부드러운 맛을 낸다. 알코올 도수는 45도. 크리스털 타입의 고급 병에 담아 포장도 기존 인삼주와 차별화했다. 또, 아직 인삼주를 맛보지 못한 외국인들에게는 인삼의 뛰어난 효능과 새로운 맛으로 기존 양주와는 달리 접근하게 될 것이다. 맛이 다른 만큼 인기도 큰 차이를 보일 것이라 기대된다.

중요무형문화재 116호 화혜장 황혜봉과
스페인 165년 가죽 명가 로에베(Loewe)

우리의 향토지식재산인 중요무형문화재 116호 화혜장 황혜봉 선생님과 스페인 165년 가죽 명가 로에베의 결합은 어떠한 모습일까?

'화혜장'이란 전통 신을 만드는 장인으로, 조선시대 신목이 있는 신발인 화(靴)를 제작하는 '화장(靴匠)'과 신목이 없는 신발인 혜(鞋)를 제작하는 '혜장(鞋匠)'을 통칭한 것이다. 전통 신 제작은 가죽을 주재료로 하여 수십 번의 제작 공정을 거쳐 이루어질 만큼 고도의 기술과 숙련된 장인의 솜씨로 완성된다. 조선시대에는 이러한 장인 및 신과 관련된 각종 문헌이 등장하며, 이를 통해 당시 생활 모습을 짐작해 볼 수 있다. 이러한 점에서 화혜장은 역사적 가치뿐만 아니라 제작 기술에 대한 학술적 연구 가치도 크다.

　스페인 전통문화를 패션에 접목시켜 새로운 디자인으로 재탄생시킨 165년 전통 스페인 가죽명가 '로에베'는 1905년 스페인 국왕 알폰소 13세부터 스페인 왕실 납품 업체로 발탁되어 스페인 왕가에 납품하며, 1908년에는 영국 왕실도 로에베의 제품을 납품 업체로 선정, 유럽 왕실들이 인정한 최고급 브랜드로 자리 잡았다. 로에베의 장인들은 평균 20~30년의 경력을 자랑하는 숙련된 기술자들로, 가죽 선별에서 제품 생산까지 모든 기술을 도제방식으로 전수한다. 또한 로에베에는 30년 동안 가죽만을 전문으로 선별하고 관리하는 가죽 장인이 있다. 일반인들은 육안으로 식별할 수 없는 가죽의 작은 흠집까지 찾아내고, 최상의 가죽을 찾아 전 세계를 돌아다니는 가죽 장인과 대부분의 공정을 수작업으로 한 땀 한 땀 만들어 내는 장인들의 정성이 로에베의 성공 비결이다.

화혜장의 화혜 제작 모습

청자만년필 '명공(Myongong)'

청자만년필 '명공'은 전통 도자기술을 응용하여 명품화에 성공한 대표적인 사례이다. 2006년부터 전남지역 도자기 벤처기업과 개발에 착수하여 약 3년여 만에 청자명품만년필 시제품을 개발하는 데 성공하였으며, 청자만년필 명공이 영국 해러즈백화점 필기구 코너에 입점해 세계적인 명품 만년필들과 판매 경쟁을 하였다.

대량생산의 시기를 지나 산업이 고도화될수록 콘텐츠와 결합한 산업이 고부가가치 산업으로 등장하고, 고부가가치 제품에는 스토리와 국가 고유의 브랜드화가 필요하다. 만년필 핵심 부품 펜촉과 클립은 몽블랑 부품 회사에 OEM으로 제작 중이며, 국내 최고의 브랜드 전문가의 도움을 받아 '명공' 브랜드를 개발하여 틈새시장에 대한 집중화 및 특화, 정부 지원사업과 연계한 끊임없는 기술개발 및 투자, 우리 고유의 전통 기술 세계화를 통한 가능성을 보여 준 대표적인 사례이다.

국가브랜드 차원에서 접근하여 세계화 추진 중이며, 우리만이 아닌 세계 시장에서 긍정적 평가를 받은 향토지식재산을 산업화하는 것이 필요하다.

새로운 수요의 창출

무(無)에서 유(有)를 창조하는 것은 정말 가능할까? 물론 가능하다. 아니 그것보다는 영원한 무(無)는 없다고 봐야 할 것이다. 세상은 자꾸 변하고 지구는 자꾸 좁아진다. 얼마 전까지만 해도 서양인이나 일본인들이 우리의 매운 김치를 즐겨 먹으리라고 누가 생각이나 했을까? 김치의 수요가 국내에서 외국으로 넓어진 것이다. 김치에 한해서는 외국 시장이란 아예 없었는데, 수요를 새로 만들어 낸 것이다.

국내의 어떤 수프 회사는 광고에 수프 먹는 방법을 여러 가지 제시한 적이 있다. 김밥도 찍어 먹고, 팝콘도 말아 먹고 하는 식으로 말이다. 또한 마요네즈 회사는 오징어를 마요네즈에 찍어 먹는 광고를 낸 적도 있다. 이런 방법을 시작으로 해서 새로운 수요는 창출된다. 수요는 만들면 만들어진다. 우리의 것을 외국에서, 혹은 불모지에서 싹틔우고 확산시킬 수 있다면 두부도, 거친 빵도 향토지식재산이 될 수 있다.

일본의 두부스테이크

중국의 문화혁명을 다룬 영화 〈부용진〉을 보면 주인공 내외는 거리에서 두부집을 열고 있다. 영화는 그 두부집을 중심으로 펼쳐진다. 문화혁명에 휩쓸려 주인공이 탄압받고 다시 정부 방침이 바뀌어 탄압하던 사람이 탄압받게 되고, 그러다 보니 두부집은 가게를 열었다 닫았다, 손님이 북적이다 한산하다가를 영화 내내 되풀이한다. 중국 영화에서 두부집 나오는 걸 우리는 당연하다 생각하지만 미국 영화의 배경이 두부집이라면 아마 조금은 생소하다고 느끼게 될 것이다.

우리나라 사람도 예부터 두부를 만들어 먹었다. 중국도 두부를 먹는 나라이고 일본도 두부를 먹는다. 그러나 미국을 비롯한 서양 사람들은 어떤가? 두부가 콩으로 만든 최고의 식품임은 틀림없으나 동양 요리와 달리 서양 요리에서는 두부를 좀처럼 찾을 수가 없었다.

그런데 일본 교토의 두부집이 미국으로 진출하여 성공했다. 단백질 덩어리인 두부의 가치를 알지 못하고 두부를 먹을 줄조차 모르던 미국인들에게 두부를 어떤 식으로 권할 수 있었을까? 교토 단백회사가 미국인들에게 내건 명제는 "두부로 지구를 구한다."는 것이었다. 그들이 말하는 '세계인이 두부를 먹어야 하는 이유'는 다음과 같다.

오늘날 배고픔의 괴로움을 당하는 사람은 전 세계 인구의 4분의 3이나 되며, 곡식 생산의 기반인 토지는 농약, 화학 비료, 화전 농업으로 급속히 황폐해지고 있다. 인간이 곡식으로 가축을 기르고 그 가축의 고기와 유제품을 먹는 경우, 곡물을 그대로 먹는 경우보다 16배나 영양소를 더 섭취한다. 더구나 많은 영양소를 섭취한 사람들은 비만과 콜레스테롤 등 건강에도 문제가 생긴다. 미국의 고기와 유제품 소비가 반으로 줄면 전 세계의 기아 인구를 구할 수 있다. 곡물에서 직접 단백질을 섭취하는 두부를 먹으면 미국인의 건강은 물론, 기아 문제 해결에도 큰 도움이 된다.

원재료는 미국의 농가에서 계약 재배한 무농약 콩을 쓴다. 응고제는 일본에서 들여오고, 물은 미국의 수돗물을 걸러 사용한다. 대부분의 재료는 미국 것인데, 제조 방법만 일본에서 가져간 셈이다. 이 경우 그래도 두부는 일본 것이 되고 만다.

'두부로 지구를 구한다.', 얼마나 그럴듯한가! 이 두부의 광고를 본 미국인이라면 누구나 한 번쯤은 두부를 사 먹게 되고, 두부라는 기적의 식품을 한 번 먹어본 사람은 다음에 반드시 또 찾을 테니, 시장은 계속 팽창하게 될 것이다.

교토 단백회사는 미국인들에게 더욱 친근한 요리인 '두부스테이크'를 만들어 시장을 공략하고 있다. 미국인이 두부 요리를 더 많이 먹게 되는 이유는 지구를 구하기 위해서일까, 아니면 스테이크로 만들었기 때문일까? 두 가지 요소가 서로 지지대 역할을 했음은 의심할 여지가 없다.

현재 두부 제품은 미국에 많이 보급되었고, 우리나라와 일본이 시장 다툼을 벌이고 있다. 중요한 것은 미국인의 입맛에 맞는 두부 제품을 얼마나 잘 개발할 수 있느냐는 문제다. 두부와 스테이크에서 보듯, 소비자가 자연스럽게 접근할 수 있는 제품이 결국 새로운 수요를 창조하여 향토지식재산의 부가가치가 더욱 높아진다는 사실을 알 수 있다.

유태인의 베이글

현대인의 가장 큰 적은 칼로리와 콜레스테롤, 지방과 같이 각종 성인병을 일으키는 요소다. 현대인은 성인병을 예방하기 위해, 특히 비만을 해결하기 위해 갖은 노력과 시간과 돈을 투자한다. 그래서 저칼로리 음식, 저지방 음식, 다이어트 음식이라면 그 자체가 혐오감을 주지 않는 한 인기를 독차지하고 있는 상황이다.

베이글의 특징은 바로 저지방, 저칼로리 식품이라는 것. 원래 베이글은 지금으로부터 2,000여 년 전 유태인의 식탁에 등장했던 빵으로, 음식의 외양보다는 맛과 실용성을 따지는 유태인의 검박한 민족적 특성이 잘 드러난 음식이다. 베이글의 주원료는 밀가루, 이스트, 물 등으로 처음에는 거칠고 딱딱한 빵이었다. 경제가 발전하고 생활이 나아지면서 부드러운 것을 선호하는 사람들의 특성상 빵에 들어가는 첨가물은 다양해졌다. 빵을 부드럽고 영양 많게 해 주는 재료로 버터, 달걀, 우유 등을 넣게 되었다. 그리고 뚱뚱한 몸이 부의 상징이 되었다. 그 후로도 사람들은 식빵에 버터, 우유 등을 넣는 일을 당연시하였다.

그러나 지금은 판도가 달라졌다. 사회 전체가 빼빼 마른 사람을 원하고 있고, 미(美)의 기준도 말라깽이에 맞춰져 있다. 그런 상황에 처한 현대인을 위한 민첩한 사람들은 거칠고 담백한 빵을 다시 만들어 내기 시작했다. 그것이 바로 베이글이다. 그 새로운 수요를 창출해 낸 나라는 유태인의 이스라엘이 아니라 현대 문명이 최고로 발달한 나라 미국이었다.

베이글은 저지방, 저칼로리의 건강식이라 이를 찾는 고객의 70% 정도가 20~30대의 여성이다. 보통 빵보다 당분, 지방의 사용이 적어 소화가 잘 된다고 대도시의 직장인들도 즐겨 찾는다. 또 쫄깃쫄깃하고 담백한 맛도 인기 비결 중 하나다. 도넛 모양의 반죽을 굽기 전에 섭씨 100℃의 끓는 물에 넣어 겉을 익히고 다시 오븐에 굽는 것이 특징이다. 질기고 단단한 재래의 베이글보다 껍질은 바삭바삭하고 속은 부드러우면서도 쫄깃쫄깃하게 만들기 위한 방법이다. 유태인의 식탁에서 시작된 베이글은 미국에서 다시 태어나 지금은 우리나라 사람들의 식탁에도 오르고 있다.

향수(鄕愁) 상품의 개발

현대인은 고향에 돌아가고 싶어 한다. 고향이 없는 사람이라면 과거로라도 돌아가고 싶어 한다. 도시화와 산업화가 최고조에 달할수록 사람들은 그토록 열망하던 도시와 문명을 버리고 자연으로, 시골로 가고 싶어 한다. 왜? 산업화가, 문명화가 진행될수록 고향하고는 멀어지므로 인간은 불안을 느끼게 되기 때문이다. '귀소 본능', 자신이 태어난 어머니 자궁으로 돌아가고 싶은 본능, 더 원천적으로 말하면 흙으로 돌아가고 싶은 본능의 발로다.

향수 상품은 인간의 본능을 자극하는 상품이다. 문명사회가 영위되는 한 무한히 발전할 사업이기도 하다. 히트가 될 만한 향수 상품을 개발한다면 이는 곧바로 향토지식재산이 될 수 있다. 향토지식재산의 재창조란 새로운 시각으로 '리메이크'할 수 있는 우리 것을 찾아내자는 말과 밀접하게 통하기 때문이다.

일본의 고향 정보산업

'고향'이란 과연 무엇을 말하는가? 무엇이길래 그 수많은 사람을 눈물짓게, 혹은 설레게 하는가? 자신이 태어난 곳인가, 혹은 자라난 곳인가?

부모님이 계시는 곳인가? '고향'다운 고향이 되기 위해서는 '자연환경', '부모님', '어릴 적 친구', 이 세 가지 중 하나는 갖춰야 한다고 본다. 그래서 이 세 가지 중 한 가지라도 자극하면 고향을 잃는 현대 도시인의 관심을 끌 수 있게 된다.

일본에서는 최근 추억과 향수를 주제로 한 업종이 늘고 있다. 일본 사람들은 돌아가 편히 쉴 만한 고향을 그리워하고 있고, 이런 현상은 특별히 고향이 있는 사람은 물론 고향이 없는 사람에게도 마찬가지로 나타나고 있다.

원래 향토의식이 강한 우리 민족, 특히 2,000만 명이라는 실향민을 안고 있는 우리나라에서는 더욱 번창할 수 있는 상품들이다. 우리나라에서도 최근 한복 붐이 일고 있고, 향토 요리 전문점이 번창하고 있다. 요즘의 상황과 맞물려 향수산업은 일본의 이야기가 아닌, 곧 우리나라의 이야기가 되는 유망한 사업 분야다.

- **고향 정보 플라자** : 자기가 태어난 고향의 상황을 알려 주는 곳. 전국 각지의 지방자치단체가 발행한 홍보 책자와 관련 비디오 등 고향의 현재 상황을 알 수 있는 모든 자료를 준비해 놓고, 그 정보를 찾고자 온 사람들에게 열람시키고 있다. 일본에서도 최근 귀농을 원하는 사람이 부쩍 늘어났다. 그러나 정작 실행에 옮기기 쉽지 않은 것은 우리나라나 일본이나 마찬가지다. 과연 농촌의 생활 여건에 적응할 수 있을까, 생계 수단은 무엇으로 삼아야 하는가 등은 누구에게나 어려운 문제이기 때문이다. 이런 사람들을 위해 고향 정보 플라자가 운영되는 것이다. 고향 정보를 데이터베이스로 만들어 다양한 부대사업을 겸할 수 있다. 고객 데이터베이스를 이용하여 고향을 모르는 어린이들이나 고향을 떠나온 어른들을 상대로 '고향 방문 캠프' 등도 운영할 수 있다.

- **고향 주제 이벤트 사업** : 지방자치제가 잘 발달되어 있는 일본에서는 각 지역마다 수익사업을 하기 위해 자기 고향을 효과적으로 홍보하는 이벤트 사업을 벌이고 있다. 각 지역의 특산물을 홍보하는 어린이 토산품학교, 온천과 전통 축제 등을 이벤트의 대상으로 활용하고 있다.
- **고향 여행 프로그램** : "어린이를 자연과 함께", "자라나는 신세대에게 고향을 잊지 않게 하자" 등의 표어를 내걸고 일본 여행사들이 고향 나들이를 부추기고 있다. 일본의 학부모들은 이러한 고향 여행 프로그램을 통해 자연과 친하게 되고, 뿌리를 찾을 수 있는 기회로 여겨 적극적으로 지원하고 있다.

위의 예들에서 본 바와 같이 고향을 주제로 한 사업에는 지방자치단체의 정보 정리와 보급 등 정부나 지방자치단체의 후원과 협조가 전적으로 필요하다. 아니 그보다는 지방자치단체들이 적극적으로 나서서 벌이면 바로 그 자체가 향토지식재산의 발굴이요, 활용이 되는 '보람도 있고, 돈도 벌리는' 사업이 될 것이다.

추억의 상품 재현

요즘 TV를 보면 유명했던 옛 노래를 현대 감각에 맞게 부르는 〈불후의 명곡〉 프로그램이 많은 인기를 끌고 있다. 어느 나이 어린 가수가 〈낭낭 십팔 세〉라는 옛 노래를 현대 감각에 맞게 만들어 불러 젊은층의 인기를 얻었다. 장년 이후의 기성세대도 '그 노래가 저렇게 변할 수 있구나.' 하는 놀라움 반 신기함 반으로 관심을 보내고 있다.

전통의 맛과 문화를 현대화한 상품이 인기를 끌고 있다. 이른바 '리메이크 붐'. 리메이크 붐은 패션의 복고풍 유행이나 대중가요 분야에만 한한 것은 아니다. 상품 개발이 늘 신세대 위주로 '새롭고 튀는' 쪽으로만 치닫다가 어느 날 실제 돈을 지불하는 장년층 이상이 소외되고 있다는 사실을 깨달은 후부터 모든 소비재에 나타난 현상이다.

추억 상품은 중장년층에게는 그들의 어린 시절이던 70~80년대를 떠올리게 하고, 신세대에게는 색다른 분위기와 맛을 주는 상품들로 신·구세대 모두에게 인기를 얻고 있다. 큰 인기 속에 종영된 〈응답하라 1988〉과 같은 드라마가 그러하다.

추억 상품으로서 히트를 한 대표적인 제품으로 누룽지탕, 보리건빵 등을 들 수 있다.

- **누룽지탕** : 무쇠솥으로 밥을 짓던 시절, 솥바닥에 눈 누룽지의 고소함은 기성세대에게는 잊을 수 없는 맛이다. 이 같은 기성세대의 향수를 겨냥해 만든 누룽지탕. 현재 고급 레스토랑에서 별식으로 제공되고 있다.
- **보리건빵** : 1960년대 군대의 비상식량으로 해태제과가 군납하던 건빵이 다이어트 붐을 타고 일반 소비자 곁으로 돌아왔다. 가난하던 시절 일반인에게는 값싸고 양 많은 과자로 인식되었던 건빵. 장년층에게는 추억의 상품으로, 청소년층에는 담백한 맛으로, 여성들에게는 다이어트 식품으로 각광받고 있다.

이 밖에도 전통 옹기, 솥뚜껑 프라이팬, 제과점의 술떡·개떡 등 한동안 사라졌거나 제 대접을 받지 못하다가 우리 곁으로 돌아와 새로운 '돈벌이 수단'이 된 상품은 무수히 많다.

향토지식재산의 사업화 유형 및 사례

한스타일형

'한스타일형'이란, 향토지식재산과 현대적 재해석을 통해 한국적인 공간 및 리빙 제품화가 가능하게 한 유형으로, 최근 향토지식재산의 현대적 재해석을 통해 한국적인 공간 및 리빙 제품들이 다양하게 개발되고 있다. 대표적으로 전통 한옥, 전통 가구, 전통 한지 창 등을 들 수 있다.

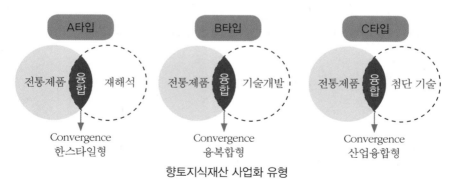

향토지식재산 사업화 유형

전통 한옥은 단순한 건축물이 아닌 철학을 담고 있는 생활공간으로, 그 의미와 구조적 연구를 통해 현대적 생활공간으로 표출되고 있다. 사업화를 위해서는 전통 한옥의 현대적 생활공간 적용 가능한 디자인 요소 및 구조 해석, 상업 공간·일반 주택·사무 공간 등으로 구분하여 매뉴얼화, 전통 한옥의 기능성을 현대적으로 적용하는 실증 연구, 전통 한옥의 재해석으로 공간 배치 및 시스템화 연구 등이 필요하다.

실제 'LH공사'는 한국적 정서를 담은 한국형 LH 주택을 개발하였고, 대림산업은 한국의 전통문화와 자연 친화적인 디자인을 도입한 e-편한 세상을 시도하였으며, 우리 파렌하이트도 다양한 한옥형 디자인을 적용한 바 있다.

전통 한옥의 한스타일

또한 '이건창호'는 전통 한옥의 구조를 현대적 감각과 실용성을 강조하여 대중화 촉진에 성공한 '한식 시스템 창호'라는 개념하에 완자살·용자살 등 전통 한식 창호 디자인을 재해석하여 적용하고, 유럽식 시스템 창호 기술을 접목시켜 기능성도 겸비한 제품 개발을 한 바 있다.

또한 'LG 하우시스'는 전통 한지 창에 친환경 한지, 천연나무 느낌의 창틀, 현대적 패턴의 격자를 활용한 내창과 복층 유리가 적용된 외창이 있는 이중창 형태의 제품을 개발하였다.

가구전문업체인 '한샘'은 우리나라는 식탁을 사용했던 서양과 달리 평

전통 한옥의 구조화, 한식 시스템 창호

전통 한지 창

좌식 주거 공간에 알맞은 소반을 사용한 것에 착안하여 전통적인 우리의 개다리소반 탁자의 디자인 및 형태를 활용하여 현대화 촉진, 이를 현대적 감각으로 한 소위 '개다리소반 식탁'을 개발하였다.

나아가 최고급 주방가구인 한샘의 '키친바흐'는 기존의 서양식 부엌 가구에 한국의 전통 좌식 문화인 전통 마루를 적용하여 한국의 전통적인 좌식 식탁문화를 현대적으로 해석하였다고 평가받고 있다.

개다리소반 식탁

서양식 부엌 가구에 한국 전통 좌식문화를 접목시킨 '키친바흐'

융복합형

융복합형은 향토지식재산에 기술개발을 통해 다양한 형태의 제품을 개발 사업화하는 유형으로, 국내 융합형과 해외 융합형을 나누어 살펴 볼 수 있다. 우선 국내 향토지식재산제품에 다양한 기술개발을 통해 융복합 된 사례로 한지 응용제품 등이 있으며, 한지의 응용제품으로는 항균 성분 을 추출하여 아토피 치료 등에 유용한 제품을 개발하는 등 다양화를 시 도하고 있다. 이 외에도 향토지식재산제품 및 콘텐츠를 서비스 상품화한 사례들도 다수 있다.

대표적으로 한지는 산업 간 융합 연계가 가능한 제품으로 1차 산업은 닥나무 식재사업 · 자동화 재배 및 펄프화 등, 2차 산업은 섬유제조업 · 한 지제조업 · 의료용 및 인테리어용 등, 3차 산업은 패션 · 디자인 등에 활용 되는 연계 서비스 상품화 등이 있다.

한지에 첨단 기술을 접목해 항균성, 조습성, 통풍성을 강화하여 전통적 용도 이상으로 활용 제품 영역을 확장한, 소위 기능성 한지 개발 사례와

기능성 한지

향토지식재산 콘텐츠 디자인 제품화

관련하여 한국화학연구원은 기능성 한지 3종을 개발하였는데, 전통 한지에 저렴한 해초(홍조류) 섬유를 배합하여 천연 색상과 무늬를 가진 자연친화적 벽지, 옻칠의 성능을 가진 천연도료를 적용하여 유해 성분이 없고 항균·방습·방청 등이 우수한 한지 장판지, 기능성 해초 섬유와의 복합화로 인쇄 적성을 개선한 한지 등 다양한 제품을 개발한 바 있다.

기타 융복합 사례로 들 수 있는 것은 소위 '향토지식재산 콘텐츠(디자인) 제품화'하는 유형으로, 한국의 문화·정서를 대변하는 문양·색상·형태에 현대적 감수성을 가미하여 디자인의 모티브로 응용, TV·냉장고·휴대폰·자동차 등 제품 등에도 향토지식재산의 전통 문양을 접목한 상품도 소비자에게 큰 호응을 일으키고 있다.

역 해외융합형으로는 서양의 소재나 콘텐츠를 한국적으로 해석하고 한국적인 시각으로 표현하는 형태로서, 예를 들어 대장금도 서양의 신데렐라의 신분 상승의 모티브를 우리의 것으로 전환한 것이라고 보는 시각도 그러한 방향이라고 할 수 있다.

산업융합형

산업융합형은 향토지식재산의 소재(물질)와 첨단 기술과의 융합화가 가능한 형태를 의미한다. 최근 한국의 향토지식재산의 전통 소재(물질)와 첨단 기술(IT 등)과의 산업융합을 통한 다양한 제품 개발 및 서비스가 창조되고 있다.

이러한 사례로는 국내 벤처기업 '하스'가 전통 세라믹(도자기)과 서비스 융합화로 새로운 기술사업화 모델을 개발한 것을 들 수 있는데, 이 사례는 도자기의 소재로 활용되는 원료인 글라스세라믹으로 심미용 치아 블록 제품 개발 이외에도, 이를 IT(CAD/CAM) 시스템을 활용하여 의료 치과 관광 상품과 연계한 서비스화에 성공한 사례라 할 수 있다.

세라믹 소재인 '글라스'는 치과에서 고객들이 가장 선호하는 심미용 치아를 블록 제품으로 개발되어 이를 가공(CAD·CAM 시스템)하여 서비스를 제공하는 기술사업화 모델로, 기존에 기공소에서 수작업할 경우에는 약 9시간 이상 걸리던(1~2일 소요) 공정 시간을 2시간으로 단축하기 위해 치과 내(IT 시스템을 도입)에서 가공 설계 및 서비스 체제를 구축하면서 최적의 경쟁력을 갖춘 기술개발(제품) 서비스 융합화로 의료 치과 관광 상품으로 연계한 새로운 비즈니스를 창조한 사례이다.

또한 이러한 향토지식재산의 전통 소재인 글라스는 스마트 유리 등에도 다양한 제품이 개발되면서 응용 소재로도 활용되고 있다.

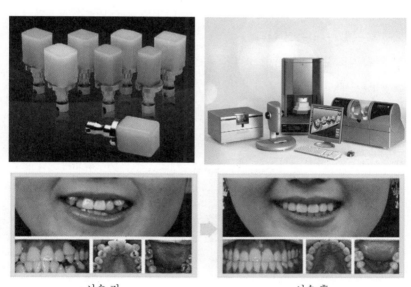

시술 전 　　　　　　　　　　시술 후

향토지식재산 소재(도자기) 제품화 및 서비스 융합화

활용 목적에 따른 사업화 유형

향토지식재산의 사업화는 향토지식재산의 특성에 따른 다원적 기능에 따라 위에서 분류한 산업적 활용 이외에도 문화(관광)적 활용, 복지적 활용, 교육적 활용에 따른 사업화 유형을 나누어 볼 수 있다.

첫째, 향토지식재산의 산업적 활용은 그 대상의 특성과 조건에 따라 크게 명품화로 독립적 사업전략, 즉 한스타일형으로 발전시키거나 기존 산업이나 기술들과의 융복합형 내지 산업융합형을 통한 대중화 전략으로 나아갈 수 있다.

둘째, 향토지식재산의 문화(관광)적 활용은 지역만의 차별적 지식문화 보존 형태의 사업이나 복합적인 지역연계사업인 소위 6차 체험관광사업으로 발전할 수 있을 것이다.

셋째, 향토지식재산의 복지적 활용은 앞에서도 사례를 든 '소금장수, 우산장수의 세 모자'의 경우처럼 '지역 함께 만들기 사업'을 통해 노령의 어머니도 지역 노인들과 함께 훌륭한 체험학습 기능인으로서 참여하게 되

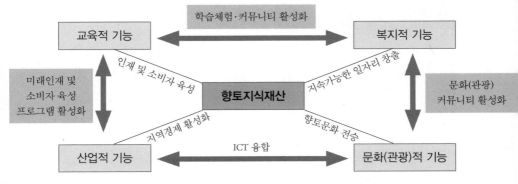

향토지식재산의 다원적 기능에 따른 사업화 유형

어, 건강과 경제적 수익과 보람을 모두 얻게 되는 사회경제적 사업을 의미한다.

넷째, 향토지식재산의 교육적 활용은 향토지식재산은 사회·경제 환경에 따라 지속적으로 적응, 발전하지 않으면 스스로 도태되지 않을 수 없다는 절대적 명제 하에 특정인이나 기업 및 단체만이 보유한 지식, 기술이라 할지라도 향토지식을 이어 가고, 새로운 사회 환경에 적응할 수 있는 다양한 창발적 상품을 통해 세계로의 진출과 창조적 발전을 이루기 위한 적극적인 청장년 일자리를 위한 지식전수체계 구축은 물론, 미래세대 육성과 더불어 소비자 소통을 위한 프로그램 활성화가 지속 가능한 필수 사업일 것이다.

4

특히 주목해야 할 향토지식재산,
그 현황과 개발

향토지식재산은 여러 각도에서 다양한 형태로 발굴하고 육성할 수 있다. 새로운 제품의 개발도 중요하지만 기왕에 우리가 가지고 있던 가치 있는 물건들의 새로운 재창조도 이에 못지않게 중요하다. 어떤 의미에서 보면 오래전부터 가지고 있던 것, 그러나 흙속에 버려져 있던 진주를 갈고 닦아 명실상부한 보배로 만들어 내는 것이 '향토지식재산' 형성을 위해 더 빠르고 가치 있는 일이 될 것이다.

향토지식재산의 재창조를 '너무나 익숙해져 가치를 알지 못하던 것들에 대한 재발견'이라고 볼 때, 그 재창조를 위해서는 주위를 새삼스럽게 둘러보고, 익숙해진 것들을 새삼스럽게 살펴보려는 노력이 필요하다.

이 장에서는 그동안 그 가치를 인정받지 못하거나 혹은 우리 자신으로부터도 외면당해 온, 그러나 뛰어난 가치를 지닌 향토지식재산—김치, 한과(漢菓), 두부, 민속주, 장류, 삼계탕, 한지, 온돌, 한산 모시와 안동포, 옻칠, 천연염료, 도자기와 옹기, 토종작물, 토종품종 등—을 살펴보고, 그 우수성과 세계적 상품으로의 개발 가능성, 현황 등을 알아보기로 하자.

되찾은 우리 향토지식재산,
김치

　김치는 우리나라를 대표하는 향토지식재산인 고유 식품이지만, 현재 김치를 생산하는 세계 최대 김치공장이 있는 곳이자 수출하고 있는 곳은 한국이 아닌 중국이다. 이러한 배경에는 2001년 전까지 김치산업을 중소기업 고유 업종으로 묶어둔 정부의 근시안적 정책도 한몫했다고 볼 수 있다. 또한 김치의 국제식품규격(CODEX)화 준비에 대한 우리의 무관심, 무방비가 결국 일본의 'kimchi', 한국의 '김치', 중국의 '절임김치'가 함께 인정되게 되었다. 뿐만 아니라 고급 김치는 일본의 전 세계 스시 집을 중심으로 빼앗기고, 대중김치는 중국의 세계 최대 김치공장에 의해 우리나라는 최대 김치 수입국이 되어 급기야 지금은 우리나라 김치 무역 수지적자가 사상 최대가 되었다 한다.

　이제는 김치라는 제품 판매만으로는 경쟁하기 힘들다. 지역과 결합하여 상생하면서 스토리 있는 김장문화를 산업화해야 한다. 김장은 지역과 세대를 초월해 광범위하게 전승되고, 한국인들이 이웃과 나눔의 정을 실천하며 결속을 촉진하고, 한국인들에게 정체성과 소속감을 준다. 이러한 점과 비슷한 천연 재료를 창의적으로 이용하는 식습관을 가진 국내외 다양한 공동체들 간의 대화를 촉진함으로써 무형유산의 가시성을 제고하는 데 기여했다는 점을 인정받아 만장일치로(2013년 12월 5일) 유네스코 인류무형문화유산에 등재되었다.

'김치'가 '기무치'를 이겼다

김치는 1984년 미국 로스앤젤레스 올림픽 때부터 각종 국제대회에 공급되기 시작했다. 1988년 서울 올림픽에 이어 1996년 미국 애틀랜타 올림픽 때도 우리나라에서 공식 김치 공급업체가 나온 데 이어, 프랑스 월드컵대회의 공식 식품으로도 지정되었다. 또 에어 프랑스 기내식에도 한국 김치를 납품하고 있다. 뿐만 아니라 일본인, 중국인을 비롯한 전 세계인 대다수도 '김치의 종주국은 한국'이라고 인정하고 있다.

김치는 성인병을 예방하는 건강식품

우리 민족은 언제부터 김치를 담가 먹었을까? 『삼국지』의 「위지 동이전」에 "고구려에서 채소를 먹고 있었으며, 그들은 소금을 사용하였고, 식품의 발효 기술이 뛰어났다."라고 기록된 것으로 보아, 삼국시대에도 김치의 원형 식품을 만들어 먹은 것으로 추정된다. 1592년, 남방에서 고추가 전래된 이후, 젓갈과 채소와 고추가 잘 어울려 현대의 김치와 같은 시원하고도 맛깔스런 향미와 아삭아삭 씹히는 신선한 김치로 발전, 정착했다.

김치는 맛이 일품일 뿐만 아니라 건강상의 효능도 뛰어나다. 김치에는 풍부한 영양소가 듬뿍 들어 있을 뿐 아니라 혈중 콜레스테롤 농도를 낮춰 동맥 경화 예방에 큰 몫을 하고, 항암 효과까지 가지고 있다. 또한 김치에 들어가는 고추, 마늘, 부추 등 부재료가 노화를 막는다.

젓갈의 풍부한 아미노산이 어우러져 김치의 감칠맛을 내는가 하면, 마늘의 시스테인과 메티오닌은 해독작용을, 마늘의 아닐린은 항암작용을 하며, 마늘과 고추의 캡사이신이 성인병을 일으키는 콜레스테롤이나 중성지질을 효과적으로 억제한다. 이 밖에도 김치는 활성산소의 생성을 막고 과산화지질의 생성도 방지하여 노화를 억제할 가능성이 높은 장수식품이다. 또 멸치액젓을 첨가한 배추김치가 고혈압을 유발하는 주요 인자를 억제하는 효과가 크다는 논문도 발표되었다.

그러니 젓갈을 사용하지 않는 일본의 기무치는 김치의 효능을 다 갖고 있다고 볼 수 없다. 건강식품으로서의 제구실을 못함은 물론, 젓갈의 감칠맛과 마늘·생강·고춧가루 등의 향신료가 어우러져 조화될 때 비로소 살아나는 김치의 맛과 향을 제대로 살리지 못하기 때문이다.

재료도 우리 것을 사용해야 '우리 김치'

김치의 우수성이 입증되고, 우리 민족이 김치 없이는 못 사는 민족이라 해도 김치의 산업화에는 많은 어려운 점이 있다. 첫째, 품질의 균일화가 어렵다. 둘째, 배추 등 원재료의 연중 수급이 어렵다. 셋째, 저장가능 일수가 짧아 유통상 어려움이 많다. 넷째, 포장 및 저장 기술이 뒤떨어져 변질 가능성이 높다. 다섯째, 기업 규모가 영세하고 수작업 제조업체가 많아 품질 관리가 어렵다. 여섯째, 전승 기술의 전문화가 이루어지지 않고 있다. 김치산업의 문제점은 이 밖에도 수없이 많다.

또, 국내에서는 아직까지도 김치는 집에서 담가 먹는 것으로 여기고 있어 내수 시장은 그리 크지 못하다. 뿐만 아니라 신세대들은 김치를 즐겨 하지 않아 점점 김치의 소비가 줄고 있는 것도 사실이다. 이런 상황에서 이윤 극대화는 수출에 많은 부분을 의존해야 하는데, 수출품 생산 공장으로 일정 수준을 갖춘 업체는 많지 않다.

또, 김치의 참맛은 각종 부재료까지 국산을 넣었을 때 제대로 나는데, 김치 생산업체들이 원가를 맞추기 위해 수입 마늘과 수입 고추를 쓰고 있는 경우가 많다. 농협 김치공장의 경우만 농협중앙회가 100% 국산 원료를 써야 한다는 운영 방침을 정하고 있을 뿐이다.

외국 원료를 쓰지 않고 국내 원료를 사용, 고품질로 수출시장을 공략하기 위해서는 국내의 안정적인 원료 확보 체계의 구축이 필요하다. 업체와 농가의 계약 재배를 통한 생산, 수매를 해야 하는데, 이때 시장 가격의 변화와 상관없이 계약을 이행하는 등 농가와 업체의 의식 전환도 따라야 한다.

김치의 시어지는 속도를 늦추는 것이 연구 핵심

김치를 더욱 과학적으로 발전시켜 우리의 뛰어난 향토지식재산으로 만들고 세계화를 실현하기 위한 연구는 여러 곳에서 활발하게 이루어지고 있다. 그중 대표적인 김치 연구기관은 한국식품개발연구원의 김치연구사업단이다. 이곳은 수출 전략상품으로서의 김치를 지향하며 본격적인 연구를 하고 있다.

김치 과학화는 발효 미생물 연구, 표준 가공 기술개발, 포장 및 안전성

연구 등을 중심으로 추진되고 있다. 또, 빨간색이 나면서도 매운맛이 덜한 고추 품종의 개발이라든지, 연중 최고의 맛을 유지하기 위한 숙성, 저장 방법 등 원료에서부터 포장·유통에 이르기까지 김치의 모든 것이 연구 대상이다.

김치가 어느 정도 익었는가 확인하는 포장 기술, 즉 제품을 뜯지 않고도 포장에 붙은 지시계로 김치의 숙성 여부를 확인할 수 있는 기술은 고품질 필름과 탄산가스를 흡입하는 화학 약품, 수소이온농도(ph)에 따라 색깔이 변하는 시약을 이용해 개발됐다. 소비자는 겉포장의 지시계에 나타난 색깔을 보고 김치의 숙성 정도를 알 수 있고, 생산 업체도 생산 및 유통 과정에서 품질 관리를 철저히 할 수 있는 효과가 있다.

김치의 국제화를 위한 연구의 주요 과제는 김치의 시어지는 속도를 늦추고, 장기 보존할 수 있는 방법을 찾는 일이다. 김치가 시어지는 이유는 김치 속에 있는 미생물의 작용 때문이라 보고 유산균, 젖산균 등에 대한 연구가 계속 이어지고 있다. 이들 김치연구가들의 목표는 섭씨 10℃에서 한 달 이상 보존하는 것이다.

김치에 대한 연구는 다른 어느 분야 못지않게 활발하다. 특허와 실용신안은 두산의 종가집 김치를 비롯한 각 업체들이 발효 미생물 연구, 표준 가공 기술개발, 포장 등에서 첨단 기술을 가지고 있다.

다양한 연구 결과 김치가 어떤 방향으로 얼마나 달라질 수 있을까? 김치의 변모는 아래와 같이 예상치 않은 곳에서 나타나기도 한다.

• 어린이 김치 : 경기도 연천의 청산 농협이 개발한 어린이 김치는 고유의 김치 맛을 살리면서도 어린이들이 싫어하는 맵고 강한 맛을 없앤 것이 특징이다. 회원 농가에서 맵지 않은 고추를 수매하여 사용하고, 파인애플 등 과일즙을 넣어 매운맛을 없앴다. 또, 화학조미료 대신 천

연조미료인 다시마 분말을 넣었고, 각종 미네랄과 아미노산 성분을 강화하였다. 부드럽고 새콤달콤한 맛이 어린이들 입맛에 맞아 인기가 있다. 한편, 부산대 김치연구소도 향토 별미 김치 등 다른 9종의 김치와 함께 어린이용 김치를 선보였다. 김치연구소의 어린이용 김치는 사과즙을 첨가, 단맛을 보강했고 칼슘이 많은 멸칫가루를 넣어 영양도 보완했을 뿐 아니라, 어린이의 입 크기에 맞게 잘게 썬 것이 특징이다.

- **학생용 김치 활용 메뉴 개발** : 부산 교육청 산하 학교급식운영위원회는 1996년 부산 지역 급식 학교 영양사를 대상으로 연수회를 갖고, 전통 김치와 김치를 이용한 표준 조리법을 마련, 전시회를 가졌다. 이때 전시된 김치 종류는 가지김치 · 고구마김치 · 과일동치미 · 굴깍두기 · 깻잎김치 · 오이소박이 · 오징어 무말랭이 김치 등 전통 김치 19가지이며, 김치어묵국 · 백김치 참치샐러드 · 꽁치김치조림 · 김치 야채튀김 · 김치 오믈렛 등 12가지 응용 음식도 선보였다.

- **장박사 김치** : 우리나라 최초의 김치박사 장상근 씨가 만든 김치로, 장박사는 서울 올림픽 때의 포장 김치 선풍과 1995년 김치의 ISO 9002 인증에 큰 역할을 했던 김치 이론가이다. 김치의 고급화를 위해 직접 생산에 나섰다. 장 박사의 김치공장은 첨단 과학으로 김치의 품질과 위생을 철저히 관리하고 있으며, 정수시설 · 살균기 · 분석기 · 저장 기기를 갖추고 있다. 식물 뿌리, 해초 등 천연물을 배합한 '발효 지연제'를 첨가해 시간이 지나도 처음 담갔을 때처럼 사각사각 씹히는 맛을 유지하도록 한 것이 특징이다.

- **김치 양념소 표준 배합비 개발** : 농촌진흥청의 한귀정 박사가 개발한 것. 한꺼번에 많은 양념소를 만들어 냉장 보관하였다가 필요할 때 꺼내서 사용하면 기존의 방법에 비해 30~40% 조리 시간을 단축할 수 있을 뿐 아니라, 일정한 김치 맛을 즐길 수 있다. 한귀정 박사는 김치의

표준화를 위해 배추김치, 열무김치, 깍두기, 깻잎김치 등 5종의 종합 양념소를 개발하여 특허 출원했다. 김치 양념소가 상품화할 경우 김치를 담그기 위해 고춧가루·마늘·젓갈 등 양념을 따로 살 필요가 없으며, 김치 담그기에 자신이 없는 주부들도 양념의 적정 배합에 대한 고민을 덜 수 있게 된다. 또, 미리 만들어 놓은 양념소로 필요한 양의 김치를 수시로 담그면 늘 신선한 김치를 먹을 수 있게 된다.

깊고 진한 맛의 김치를 원하는 세계인

우리나라 김치 수출의 역사는 비교적 길다. 1960년대 후반 월남전 당시 주월 한국군에게 김치 통조림 납품으로 시작한 수출이 1970년대에는 중동에 근무하던 한국인 근로자들에게 공급하기 위한 수출로 바뀌었지만, 주로 해외 체류 한국인 대상의 수출이었다. 외국인을 상대로 한 본격적인 수출은 1980년에 이르러 시작되었다. 그때도 주 수출 대상국은 일본이었다.

김치는 통상 마찰의 우려도 없고, 우리 문화까지 함께 수출하는 상품이어서 어려운 경제 속에서도 효자상품 노릇을 톡톡히 해 왔다.

그러나 수출은 지난 1995년을 정점으로 내리막길을 걷고 있고, 일본의 경우 한국식 김치의 자체 생산력을 강화하고 그 품질도 향상되고 있어 우리 김치의 수출을 늘리는 데는 한계가 있었다.

• **순천농협 남도김치** : 맵지 않게 맛을 바꾼 일본식 김치가 아니라, 고춧가루나 마늘 함량을 전래 방식대로 유지한 정통 한국식 김치. 주로 일본에 수출하고 있다. 또 에어 프랑스 본사의 네 차례에 걸친 품질 검

사에 합격하여 기내식으로 오르고 있다. 기내식으로 공급되는 김치는 60g들이 배추 포기김치로, 한국 김치의 우수성을 홍보할 수 있는 좋은 기회가 되고 있다.

- **청산농협 청산김치** : 일본 나가노 동계올림픽 때 외국 선수들에게 최고의 인기를 끌었던 김치. 일본 바이어들의 요구에 따라 일본 사람들 입맛에 맞게 변형한 김치. 젓갈·고춧가루 배합비·마늘 함량·염도 등을 조절해 맛을 순화한 제품으로, 유럽과 일본에 수출하고 있다.

김치는 우리 것,
김치 시장도 우리 것이어야 한다

앞에서 본 바와 같이 향후 김치산업이 발전하려면 넘어야 할 벽이 많고도 높다. 우선 전래의 가공 기술이 '기술'로서 제대로 전승되는 한편, 야채의 절임, 세척, 김치의 숙성방법, 제품 포장 등 구체적인 분야에 대한 기계화, 자동화 설비도 필요하다. 배추 등 야채는 계약 재배에 의해 안정적으로 공급되어야 하고, 부재료의 가격 안정도 중요한 문제가 된다.

김치의 매운맛을 수출 대상국에 맞게 조정하고 각 나라에서 재배되는 채소류에 우리 김치 담그는 법을 접목시켜 그들 재료와 입맛에 맞는 김치를 개발해 내야 함은 물론, 김치소스, 김치잼, 김치 스파게티 등 서구인의 입맛에 맞는, 김치를 이용한 각종 가공식품의 개발과 보급에도 힘을 기울여야 한다. 또, 무엇보다도 김치 문화에 대한 범국가적 홍보가 계속되어야 한다.

향토지식재산을 부지런히 발굴하고 재산으로서 갈고 닦고 우리 자신이 향토지식재산의 창조적 계승을 할 수 있어야 함을 극명하게 보여 주는

예가 바로 김치의 경우다. 우리의 것이 남의 손에 의해 엉뚱한 이름을 달고 시장으로 나가 판치는 것을 막기 위해 우리는 지속적인 향토지식재산의 창조적 계승을 하지 않으면 안 된다.

　또한 깨인 의식으로 애정을 가지고 우리 지역사회를 잘 찾아보면 김치의 경우처럼 이제라도 다시 창조적 계승이 가능할 귀한 향토지식재산이 보이리라. 또, 우리가 보호하고 재창조하지 않으면 앞으로 사라지거나 다른 경쟁국에 빼앗길지도 모를 것이다. 이들을 우리가 먼저 찾아내 보호하고, 우리의 향토지식재산으로 창조적 계승을 하자는 것이 바로 향토지식재산을 바라보는 참뜻이다.

중국산에 밀려난 전통 한과

약과나 강정이 중국 과자인가, 우리 과자인가? 요즘의 어린이들에게 물어보면 딱부러지게 "우리 과자"라고 대답하는 아이의 수가 그리 많지 않을 것 같다. 한과는 그 정도로 우리 민족과 멀어졌다. 실제로 국내 유통되고 있는 한과의 재료인 잣이나 깨·콩 등은 거의 중국산이고, 중국제 완제품 한과도 다량 수입되고 있다. 이러한 상황에서 '우리 향토지식재산'이란 과연 무엇을 의미하는가.

한과는 이름 그대로 한민족의 과자다. 그러나 우리나라 사람이면 밥과 찌개, 느끼하지 않은 반찬을 먹고 산다는 말은 당연한데, 왠지 우리의 고유 과자, 즉 한과는 우리 한국인의 일상생활과 너무도 멀리 떨어져 버린 듯하다.

이제 한과는 직접 만들어 먹는 집도 흔치 않을 뿐더러 '한과'라 하면 선물용으로나 생각될 정도로 우리와 멀어지게 되었다. 제과점 숫자에 비해 한과 전문점의 수는 터무니없이 적고, 학교 교과 과정에 서양 과자 만들기는 있어도 한과 만들기는 거의 없다.

우리는 한과에 대해 얼마나 알고 있는가? '김치', '된장', '두부' 하면 최소한 어떤 재료로 만들고 어떻게 생긴 것이라는 정도는 알고 있는데, 한과는 그 이름과 모양을 서로 연결 짓지 못할 만큼 우리로부터 멀어져 갔다. 우선 한과에 대한 이해를 해야만 다음 이야기를 풀어가기가 수월할 것 같다.

한과는 김치, 식혜와 같은 발효식품이다. 우리 고유의 발효제인 엿기름을 따뜻한 물에 하루정도 담가두면 엿기름이 당화(糖化)하여 단맛이 난다. 한과는 설탕을 사용하지 않고 엿기름을 사용해 단맛을 내야 제격이다. 그 은은한 단맛 덕분에 많이 먹어도 싫증이 나지 않는 것이다.

한과는 성인병 예방 효능을 지닌 발효식품

한과는 본래 불교가 국가적으로 번성하여 육식을 금지하였던 고려시대에 만들어져 널리 퍼진 것이라 한다. 밥상이나 술상을 물린 후 차와 함께 곁들여 먹던 일종의 후식이었다. 발효식품으로서의 한과는 육식을 많이 하는 사람들에게 체내 영양 균형을 맞추어 줘 비만과 같은 성인병 예방에도 효과를 보인다고 한다. 그 종류는 만드는 법과 쓰이는 재료에 따라 아래와 같이 크게 일곱 가지로 나누어진다.

- 강정(姜飣) : '유과'라고도 하는 강정은 결혼식 후 신부집에서 신랑집으로 보내는 이바지 음식의 솜씨와 정성을 가늠하는 척도였다. 찹쌀가루를 반죽하여 익힌 것을 말려 두었다가 기름에 튀겨 내어 꿀을 바르고 고물을 입힌 것이다. 고물로는 튀밥, 깨 튀긴 나락, 잣가루 등이 쓰인다. 모양에 따라 산자·빙사과·연사과·세반강정 등으로 불리고, 고물에 따라서도 각각 다른 이름을 갖고 있다.

- 유밀과(油蜜果) : 밀가루에 참기름, 꿀, 술 등을 넣어 반죽하여 기름에 튀겨 낸 과자. 약과가 대표적이다. 밀가루를 소금과 생강즙에 반죽한 매작과(매엽과)는 비교적 만들기가 쉬운 유밀과다.
- 숙실과(熟實果) : 밤, 대추, 생강 등 과실을 익혀서 만든 과자. 이름 끝에 '초' 자가 붙으면 과실을 제 모양대로 꿀에 넣어 조린 것(밤초, 대추초)이고, '란' 자가 붙으면 과실을 삶거나 쪄서 으깬 후에 다시 제 모양으로 빚어 낸 것(율란, 조란, 생강란)을 말한다.
- 과편(果片) : 신맛 나는 앵두, 모과, 살구 등의 과육을 꿀과 녹두 녹말을 풀어 넣어 조려서 그릇에 붓고 묵처럼 굳힌다. 모양이 굳으면 네모지게 썰어서 먹는다.
- 다식(茶食) : 깨, 콩, 찹쌀, 송화 등의 가루를 꿀로 반죽한 후 모양 틀에 찍어 낸 과자. 다식을 찍어 내는 모양 틀에는 수(壽)·복(福)·강(康)·녕(寧) 등 복을 비는 글자나 꽃무늬, 완자무늬 등의 문양을 새겨 다식에 모양을 냈다.
- 정과(正果) : 연근, 생강, 모과, 무 등 식물의 뿌리나 열매를 꿀이나 물엿으로 쫄깃쫄깃하고 달착지근하게 조린 과자. 끈적끈적하게 만든 진정과와 버석버석할 정도로 마르게 만든 건정과가 있다. 술안주로 흔히 쓰이는 편강은 생강으로 만든 대표적인 건정과이다.
- 엿강정 : 들깨, 참깨, 콩, 호두, 잣, 땅콩 등 곡식이나 견과류를 엿기름에 삭혀서 곤 엿에 버무려서 단단하게 굳힌 과자

기계로 만들어도 제맛을 내야 대중화 가능

한과가 대중화되지 못하는 가장 큰 요인은 만들기가 까다롭다는 점이

다. 한과의 제맛을 내려면 대량기계 생산은 어렵고 일일이 수작업을 해야 한다. 그럼에도 불구하고 한과의 활발한 보급을 위해서는 기계화를 통한 대량생산을 꾀해야 한다는 진퇴양난의 어려움이 한과의 대중화 앞에 놓여 있다. 그런 이유에서인지 한과에 대한 연구는 기계화해도 제맛을 낼 수 있는 방법을 찾는 데 집중되어 있다.

그 한 예가 유과연구에 매달리고 있는 류기형 교수(공주대학교 식품공학과)의 경우다. 그는 미국 유학을 마치고 돌아온 직후부터 연구동 지하 창고에 유과연구 실험실을 차렸다. 대량생산이 가능한 가공 기술을 개발하기 위해서였다.

우선, 압출성형기에 원료인 찹쌀가루를 넣어 중간재에 해당하는 반죽 덩어리(반대기)를 대량으로 뽑아내는 압출성형법을 생산 공정에 접목시켰다. 찹쌀가루를 찌고, 반죽하고, 모양 만드는 과정을 고온 고압의 압출성형기에서 해결해 공정과 시간을 단축한 것이다. 유과 특유의 바삭바삭하면서 부드러운 조직감은 액화 이산화탄소 주입법으로 전통 방식과 거의 똑같은 기포를 만들어 냄으로써 살릴 수 있었다. 이 밖에도 반대기 건조 시간 단축, 인공 발효를 통해 찹쌀을 물에 불리는 '골마지' 과정 시간 단축 등 단계 단계의 문제를 극복해 나가고 있다.

유통 면에서도 이제까지 한과를 대중화하려는 시도가 전혀 없었던 것은 물론 아니다. 몇몇 업체에 의해 한과는 꾸준히 만들어져 시장에 보급되고 어렵게 어렵게 그 명맥을 이어 왔다.

한과를 제대로 만들려면 계약 재배한 국내산 원료를 사용하고, 원료의 껍질을 벗기고 잡티를 제거하는 등 고도의 수작업이 필요한데, 판매 기한은 짧고 수요는 적어 값이 비싸질 수밖에 없다. 대중화를 위해 값을 내리려면 부득이 원료를 질 낮은 중국산에 의존해야 하는데, 그러면 맛이 제대로 안 나는 악순환을 되풀이하게 된다.

한과가 세계시장에 본격적으로 나아가는 데 가장 큰 걸림돌은 대부분 기름에 튀기고 방부제를 거의 쓰지 않는다는 한과 제조상의 특성이다. 이 때문에 유통기간이 길어지고 온도가 맞지 않으면 과자가 산패해 버린다. 따라서 거리가 멀어 유통기간이 길 수밖에 없는 유럽 수출은 어려워진다. 물론 냉장 운반을 하면 변질 없이 납품이 가능하나, 한과는 부피가 커 냉장비용·물류비용 증가에 따른 원가 상승을 무시할 수 없다.

한과가 국내에서는 대표적인 과자로, 외국에서는 인기 있는 과자로 그 자리를 잡으려면 다음의 몇 가지 문제가 해결되어야 한다.

첫째, 현대인, 세계인의 입맛에 맞는 제품의 개발이다. 전통 입맛만 고집해서는 안 된다. 세계인은 고사하고 한국인의 입맛마저 변하고 있다는 사실을 잊어서는 안 된다. 이미 초콜릿을 입힌 한과가 나오고 있다.

둘째, 새로운 용도의 개발이다. 소비자들이 명절에 차례 상에나 올리는 음식으로 인식하게 만들어서는 안 된다. 세제(洗劑)를 집들이 선물로, 식칼 세트를 결혼 선물용으로 자리 잡게 하듯, 현대인의 라이프스타일에 맞는 용도를 개발해 소비자의 구매 욕구를 불러일으켜야 한다.

셋째, 고품질 저가 공급이 가능한 대량생산, 기계화를 위한 연구는 필수 사항이다.

넷째, 장기간의 보관, 유통도 반드시 필요한 요건이다. 그래야만 유럽, 미국 등 동양의 문화를 늘 동경하는 사람들, 동양의 자극적인 음식에 익숙지 못한 서양인들에게 우리의 한과를 수출할 수 있기 때문이다.

이 밖에도 지금처럼 대부분 세트로만 판매할 일이 아니라, 일부 이루어지기는 낱개 판매를 더욱 활성화하여 소비자가 더욱 손쉽게 한과를 접하게 하려는, 작지만 절실한 시도도 꾸준히 이루어져야 한다.

모양만 약과니 강정이니 하고 갖췄다고 으레 국산 한과려니 하는 생각은 큰 착오다. 시장에 나와 있는 명절 차례상용 한과의 대부분이 중국산

우리나라 전통 한과

완제품 한과이기 때문이다. 우리 재료로 만들어야 제맛이 나는 한과, 손
으로 만들어야 제맛이 나는 한과. 모두 어려운 일이라고 여기고 외면하
는 이 순간에도 우리 재료를 이용하여 제맛을 살리면서도 대량화, 기계
화를 도모하고 값을 내려 대중화하려는 연구를 계속하는 사람들이 있다.
그들이 있기에 우수한 향토지식재산은 그나마 사라지지 않고 육성될 수
있는 것이 아닐까?

이 시대 최고의 영양식품, 두부

　콩을 일컬어 우리는 오래전부터 '밭에서 나는 쇠고기'라고 했다. 이 가운데 '밭에서'라는 말은 비교적 손쉽게 얻을 수 있음을 말하는 것이고, '쇠고기'라 하면 양질의 신진 대사원인 단백질을 말하는 것이다. 전해 오는 이 말로 미루어 보면 쇠고기가 단연 윗길로, 더 좋은 음식으로 여겨진 것이 틀림없다.

　그러나 쇠고기가 고혈압과 비만 등 성인병을 가져다주는 콜레스테롤이 많이 든 음식으로 밀려난 지금에는 식물성 단백질인 콩이 '콩' 그 자체로 최고급 식품원의 자리를 차지하였다. 더구나 최근 들어서는 항암 효과가 있다고 알려져 콩은 갈수록 많은 사람의 관심을 끌고, 콩에 대한 연구 또한 날이 갈수록 더 활발해지고 있다.

　우리나라에서 전통적으로 콩을 요리해 먹는 방법은 다양했다. 우선 콩을 밥에 두어 먹는 콩밥이 있는데, 이는 콩에 담긴 영양분을 많이 섭취할 수 있는 손쉬운 방법이다. 콩을 깍지 그대로 쪄서 먹기도 하고, 콩가루를 만들어 떡고물로 쓰기도 했다. 콩나물을 길러 먹기도 하고 두부, 두유, 비지 등으로 요리를 해 먹기도 했다. 콩을 발효시킨 식품으로는 간장·된장·고추장·청국장 등이 있는데, 이들 장류는 우리나라의 음식을 만드는데 없어서는 안 되는 기본 조미료들이다.

콩으로 된 식품 가운데서도 가장 신비스러운 것은 역시 두부다. 두부는 고단백 저칼로리 음식으로 고혈압, 당뇨병 등 각종 성인병 예방에도 탁월한 효과가 있으면서 그 맛 또한 뛰어나다. 그뿐만 아니라 다양한 요리를 만들어 먹을 수 있다. 전래의 의약서인 『본초강목(本草綱目)』에도 두부가 급성 장염의 회복에 도움이 될 뿐 아니라, 고혈압 등에도 효험이 있다고 적혀 있다.

두부 요리는 우리나라, 중국, 일본에서 주로 발달해 왔다. 두부를 만들려면 우선 콩의 선택이 중요한데, 해콩이라야 더 고소함은 말할 것도 없다. 콩을 잘 씻어 물에 불렸다가 맷돌에 곱게 간다. 베보자기로 싸서 두유를 짜내 응고제를 첨가하여 굳힌 것이 두부고, 여기서 남은 것이 비지다. 두부가 충분히 굳으면 두부를 잠시 물에 담가 두어 여분의 응고제를 모두 빼내야 두부 맛이 좋아진다. 연두부는 물을 완전히 빼지 않고 굳힌 것으로, 매우 부드럽다.

두부 종(鐘)은 없어도
냉장고 없이는 두부장수 못 한다

몇 년 전만 해도 두부는 두부판에 통째로 얹혀 시장에 나왔다. 또 두부장수는 리어카에 두부판을 싣고 다니며 딸랑딸랑 종을 흔드는 특유의 방법으로 호객을 했다. 소비자가 "두부 한 모 주세요."라고 하면 상인은 그 자리에서 칼로 두부를 잘라 봉지에 넣어 주었다.

또, 두부는 그 변치 않는 인기 때문에 석회를 넣어 응고를 시킨 두부가 시판되고 있다는 등 온갖 스캔들에 시달려 왔다. 이런 두부와 차별을 선언한 업체가 몇 곳 있다. 그 차별화의 대표적인 유형은 포장하여 상표를 붙여 파는 것인데, 마케팅 방법도 다양하다.

선물용 두부, 배달 두부

강릉 '초당두부'는 강릉시 초당동에서 100여 년 동안 그 맥을 이어 내려오는 두부로, 강원도 동해안의 청정 해수로 만들어 담백한 맛을 자랑한다. 초당두부는 두부가 원래 쉽게 상하기 때문에 강원도에서 생산한 두부를 널리 보급하지 못하는 점을 개선하기 위해, 이른바 선물용 두부를 개발했다. 강원도에 찾아와서 사 먹고 가는 것에 그치지 말고, 사 들고 가서 먹기도 하고, 다른 사람들에게도 선물하라는 것이다. 선물용 두부는 공장에서 갓 생산해 낸 두부를 급랭시킨 다음, 비닐 포장해서 아이스박스에 담았기 때문에 장거리 수송이 가능하다.

이 초당두부가 수도권에서는 배달 두부로 소비자의 호응을 얻고 있다. 매일 오후 5시쯤 본사에서 생산된 제품을 서울과 인근 지역의 총판 및 영업소로 싣고 와 다음 날 새벽 2~6시에 각 가정에 배달해 준다. 새벽마다 배달되는 신선한 두부라는 점에서 확실한 차별성을 가지고 있다.

포장 두부

포장 두부 업계의 선두주자는 단연 '풀무원'이다. 풀무원은 맛과 위생 상태를 보존하는 급속 냉각방식으로 두부를 만든 후, 냉장 상태로 유통시킨다. 두부 배송 차량의 뒷부분이 창고의 제품 적재 통로와 같은 크기로 꼭 들어맞기 때문에 공장에서 막 빠져 나온 두부는 냉장 창고, 배송 차량, 판매점에 이르는 동안 외부 공기에 거의 노출되지 않는다. 섭씨 30℃

를 웃도는 한여름에도 주부들의 장바구니에 들어가기 전까지는 5℃ 이하의 냉장 상태를 유지하기 위해, 냉장 판매대를 갖추지 않은 매장에는 아예 제품을 공급하지 않는다.

두부를 한 모 한 모 포장해 상품명과 제조원을 밝히고, 유통기한을 표시하는 '이름 붙여 파는' 전략을 구사했다. 풀무원의 이름을 단 제품이 신선하고 순수 토종 원료로 만든 식품이라는 사실이 알려지기까지는 오랜 시간이 걸리지 않았다.

풀무원은 두부류와 면류에 대해 ISO 9002 인증을 획득했다. ISO 9002는 제품의 생산 및 품질 보증 체제 전체를 평가, 구매자에게 품질에 대한 신뢰감을 확인해 주는 일종의 '품질보증서'다.

풀무원이 큰 비중을 차지하고 있는 포장 두부 시장에는 대관령 식품의 '대관령 두부', 정농원의 '촌두부' 등의 제품들이 서로 경쟁하고 있다.

즉석 두부 전문점

말 그대로 즉석에서 두부를 만들어 파는 곳이다. 물론 제조 과정을 눈으로 직접 확인할 수 있다. 즉석에서 만든다니 맛과 영양이 살아 있음 또한 분명하다.

'두부애비'는 즉석 두부 전문점의 체인 사업을 벌이는 업체다. 또 '두부마을'은 100% 강원도산 우리 콩과 화학 응고제가 아닌 자체 개발한 순수 간수를 이용하여 만든 40여 가지의 두부 요리만을 전문적으로 취급한다. 이곳에서 개발한 메뉴는 두부 정식, 맷돌 두부, 두부 버섯전골, 두부 철판구이, 두부 두루치기, 두부 보쌈 등 다양하다. 특히 다른 음식점에서는 볼 수 없는 쑥두부와 약두부, 약초두부도 선보이고 있다. 약두부는 시력이나 간 기능 강화에 좋은 약콩을 원료로 했고, 약초두부에는 결명자·오미자·천화분 등 각종 한약재를 넣었다. '즉석'과 '신선'을 강조하는 의미에서 주방의 모습이 고객에게 공개되어 있다.

고급화한 두부

가공 두부 업체인 '나미식품'은 두부에 햄, 명태 고깃살, 야채 등을 첨가한 '햄두부'와 '어육두부' 등 3종의 가공 두부를 선보였다. 또, '동양식품'은 섭씨 120℃에서도 파괴되지 않는 특수 비타민 C를 첨가한 '비타민 C 두부', 알칼리 이온수를 사용한 '알칼리 이온 두부'를 개발하였다.

'풀무원'도 고농도 두유를 젤리 상태로 압축, 탈수하여 만든 '급랭 생연두부', 연두부에 생달걀을 혼합한 '계란 연두부', 두부를 튀겨 만든 '튀김두부', 당근과 감자 등을 첨가해 완자 형태로 튀긴 '두부 완자' 등 다양한 두부 제품을 만들어 시장에 내놓기도 했다.

'도후'에 빼앗긴 '두부'의 자리

최근 들어 두부를 먹지 않던 서양인들이 두부에 관심을 갖고 '동양의 치즈'라며 즐겨 찾기 시작했다. 미국의 초등학교에서 두부 급식이 실시되고 있고, 클린턴 대통령도 두부를 간식으로 먹는다는 사실이 알려져 화제가 되었었다. 두부가 세계인으로부터 고단백, 저칼로리의 건강식품으로 인정받은 것이다. 이에 우리나라의 두부 회사가 외국 수출에 눈을 돌리게 됨은 당연한 일이다.

그러나 세계시장에서는 이미 일본 두부인 '도후'가 두부의 원조 노릇을 하며 잘 팔리고 있었다. 물론 '도후'가 두부라는 한자어의 일본식 발음임은 더 말할 나위가 없다.

두부가 만들어지기 시작한 때와 장소가 기원전의 중국이라는 것에는 동양 3국이 모두 의견을 같이한다. 그러나 그 요리법이 발달한 것은 한반도에 건너와서라는 설이 지배적이다. 또, 일본에서는 임진왜란 후에나 우리나라에서 전래된 요리법으로 두부 요리를 즐기기 시작했다고 한다. 특히 두부의 원료인 대두(콩)의 원산지가 동북아시아, 곧 고구려의 옛 영토라는 것을 봐도 일본은 두부의 종주국 싸움에서는 할 말이 없는 것이다.

그런데도 세계시장은 한국의 '두부'보다는 일본의 '도후'에게 그 선두 주자 자리를 내주었다. 이는 어찌 보면 당연한 일로, 마치 토끼와 거북이의 경주와도 같은 이치였다. 우리는 '기무치'에게 '김치 시장'을 빼앗긴 어처구니없는 일을 다시 한 번 겪을 수밖에 없었다.

미국 로스앤젤레스(L.A.)에 일본의 히노이치 도후가 진출하여 한국 교민도 울며 겨자 먹기로 80% 이상 도후를 사 먹었다. 그런데 1995년 무렵 한국의 풀무원이 L.A.에 두부공장을 세워, 현지에서 포장 두부를 생산, 판매하기 시작한 후로부터는 판도가 달라졌다. 풀무원 두부는 이미 L.A. 교민 시장에서 70%가 넘는 점유율을 보이고 있다. 최소한 교민들 식탁에서는 도후를 밀어낸 셈이다.

풀무원은 L.A.에서 부침용·찌개용·순두부 등 3종의 포장 두부를 생산, 판매한다. 한국의 풀무원 두부가 미국 시장에서 단기간에 정착한 이유는, 엄격한 품질 관리와 위생 처리에 의한 제품 생산과 급랭 처리와 냉장 유통 시설을 이용한 유통 기한 단축으로 맛과 신선도를 유지했기 때문이다. 변질이 특히 심한 콩 제품 두부의 생산에서 유통까지의 신선도를 유지하는 데 성공한 것이다.

오래전부터 흔하게 먹어 온 두부, 그러나 생산에서 유통에 이르는 전 과정을 차별화하면 국내에서든 국외에서든 성공의 길은 얼마든지 열리게 마련임을 풀무원은 여실히 보여 준다.

전통문화와 함께 발전하는
민속주

　중국에는 9대 명주(名酒)가 있다고 한다. 미국의 닉슨 대통령이 공산국가 중국을 방문한 역사적인 자리에 올랐던 술이라 해서 일약 세계적인 술이 된 '마오타이지우'를 비롯하여 즈예칭지우, 펀지우, 공푸지아지우 등도 9대 명주 가운데 하나다. 4,500여 종의 중국 전통주 가운데 국가와 지방자치단체가 인정한 술은 196종이다. 이 술들은 이른바 '전국 명주', '전국 우질주', '지방 명주', '지방 우질주'의 명칭을 가지고 있다.

　우리나라 전통주에도 국가기관이나 지방자치단체가 인정한 다음과 같은 일련의 분류가 있다.

　민속주는 전통문화의 전수 및 보전에 필요하다고 인정해 문화관광부 장관이 추천해 주류 심의회의 심의를 거친 주류이다. 농수산물 가공 산업 육성 및 품질 관리에 관한 법률 제6조의 규정에 따라 농림축산부 장관이 '주류 부분의 전통 식품 명인'으로 지정하고, 국세청장에게 추천해 주류심의회의 심의를 거친 주류에 대한 명칭이다.

　현재 민속주로 지정된 술은 모두 31종으로, 이 가운데 무형문화재로 지정돼 전승, 보존되는 것은 모두 17종이다. 이 중 국가 지정 무형문화재는 서울의 문배주, 면천의 두견주, 경주의 교동법주 등 3종이며, 시·도가 지정한 지방 무형문화재는 서울의 송절주·삼해주·향온주, 경기도의 계명주(탁주)·부의주(동동주), 충남의 한산 소국주·계룡 백일주·아산 역섭주, 전북의 송순주·이강주, 경북의 김천 과하주·안동 소주·문경 호산춘, 제주도 성읍 민속마을의 오메기술 등이 있다.

무형문화재인 민속주는 향토색과 예술성이 현저히 뛰어나고 술에 담긴 유래나 전설, 또는 제조 기법이 문헌을 통해 검증되는 것에 한해 문화재 전문위원회의 심의를 거쳐 지정되었다.

이 밖에도 관광진흥 차원에서 민속주로 추천 시판 중인 술은 국화주·황금주·옥미주·칠선주·율무주·유자주·감자술·제주 토속좁쌀약주·강냉이술·전주 과하주·송죽 오곡주·사삼주·청주 대추술·추성주 등이 있다. 그러나 이 술들은 '관광 토속주'라 별칭으로 불리어 전통 민속주와 차별되도록 해야 한다는 의견도 있다.

『삼국지』의 「위지 동이전」 등의 옛 문헌을 따르면 우리나라에서는 삼국시대부터 본격적인 술 문화가 형성된 것으로 보인다. 고려·조선시대에 이르러서는 300여 종의 술이 전래되었다. 우리는 어느 민족 못지않게 다양하고 맛깔스런 고유의 전통주를 가진 민족이다. 그러나 기록과 기술 이전에 인색했던 우리 주가(酒家)의 특성과 주류 제조를 천시했던 사회 풍조, 거기에 각종 규제로 탄압했던 정책으로 전통주는 보존, 유지될 수 없는 지경에 이르렀다.

갑작스런 인구 증가로 식량이 부족했던 조선시대 전 기간에 걸쳐 금주령이 시행되었고, 일제가 1909년 '주세법'을 시행해 제조를 금지하거나 제한한 데다, 서양 술이 들어오면서 우리의 술은 대부분 사라지거나 일부 집에서 담가 먹는 정도로만 그 명맥을 유지해 왔다. 그런데 그나마도

1963년 '양곡관리법' 시행 등 각종 통제로 민속주가 설 땅은 아예 사라져 버렸다. 고사 위기에 섰던 민속주의 운명이 다시 바뀐 것은 1980년대 후반, 쌀이 남고 올림픽 등 국제 행사가 열리면서 상황과 인식이 바뀌고, 이에 민·관이 힘을 합쳐 전통술을 살려 내어 오늘에 이르고 있다.

일제강점기 이후 끊긴 전통주의 명맥

우리나라 전통주는 크게 탁주, 약주, 소주의 세 가지로 나눌 수 있다. 쌀농사 문화권인 우리나라의 술은 거의 쌀을 이용한 술로, 쌀과 누룩으로 발효시켰다. 술밑을 맑게 여과한 것을 '약주'라 하고, 술밑을 증류한 것을 '소주', 약주를 거르고 난 찌꺼기를 물에 섞어 거른 것을 '탁주'라 한다.

조선시대 금주령이 내려진 가운데서도 질병을 치료하기 위한 약용주의 제조는 예외적으로 허용했으므로 멀쩡한 사람이 술을 마시기 위한 편법으로 술을 약주라고 부르기 시작한 것에서 유래하여, 오늘날에는 여과한 술도 '약주'라 하고, 또 모든 술을 '약주'라고 부르게 되었다. 여기서 말하는 약주는 술 담그는 과정에서 제일 먼저 걸러지는 맑은 술을 일컫는 것이다.

일제강점기 이후에는 전통주의 명맥이 거의 끊기다시피 하였으므로 현재 남아 있는 우리의 전통주는 거의 조선시대의 술이라 할 수 있다.

술은 문화상품이라는 인식 필요

현재 전통 민속주를 만들어 내고 있는 업체는 수없이 많다. 그 가운데 대량생산의 기반을 마련하고 제조법과 술 문화에 대한 깊은 연구를 거듭하여 산업화하고 수출까지 한 업체의 사례를 소개해 본다.

㈜문배술 양조원

문배주는 원래 평양 지방의 전래 민속주로, 분단 이후 그 명맥이 끊어졌으나 평양에서 양조원을 운영하다 월남한 고 이경찬 옹이 제조법을 되살려 중요무형문화재로 지정받았다.

김포군 양촌면 마산리에 소재한 '㈜문배술 양조원'은 문배주 제조업체다. 인간문화재인 이기춘 사장은 고 이경찬 옹의 아들이다. 그가 1994년 김포에 정착한 이유는 좋은 술의 필수 요건인 '좋은 물'을 찾아 전국을 헤매다가 좋은 물, 즉 지하 300m의 암반수를 발견했기 때문이다.

김포의 물과 강원도 영월의 찰옥수수 및 메줍쌀로 빚은 문배주는 첨가물을 사용하지 않은 순곡 증류주로, 알코올 도수가 40도다. 조금 독한 듯하지만 희석식 소주와 달리 숙취가 전혀 없다.

문배주가 한국의 대표적인 술이자 외교(外交)술로 데뷔한 것은 1990년 북한 방문단이 서울에 왔을 때다. 강영훈 당시 국무총리와 북한의 연형묵 총리의 만찬 테이블에서 문배주가 동이 나 북한 방문단이 묵은 호텔 숙소 냉장고에 문배주를 채워 준 것이 계기가 되어 우리 정부의 의전주(儀典酒)로 채택되었다. 이후 남북 교류가 있을 때마다 문배주는 1,000병 이상씩 판문점을 넘나들었고, 대통령이 해외 순방할 때는 태극기와 방문국 국기를 새겨 특수 제작한 문배주가 따라다녔다.

이로부터 문배주는 '한국의 술'로 뿐만 아니라 '세계의 술'로 알려지기 시작했다. 고르바초프, 옐친 러시아 대통령이나 미야자와 전 일본 총리도 문배주의 맛을 극찬했다고 한다. 이렇게 외교의 술로 자리를 잡은 덕택에 문배주는 별다른 홍보 없이 미국으로, 일본으로, 중국으로 속속 수출되고 있다.

국내 일부 백화점의 매출 기록에서는 민속주 가운데 판매 1위를 차지하고 있으나, 전체 판매량을 볼 때 명절의 제수용이나 선물용으로만 주로 구매될 뿐 일반 소비로까지 이어지려면 아직도 그 길이 먼 듯하다.

국순당

국순당이 만들어 화제를 모으고 있는 술은 '백세주'라는 약주다. 구기자, 인삼, 오미자, 감초, 육계, 황기 등 10가지 한약재와 찹쌀을 넣어 '약주(藥酒)'로서 손색이 없다. 또 재료의 열 변화 과정에서 생기는 두통과 숙취유발 물질을 없애는 데 성공했는데, 이 약주의 제조 신기술은 '생쌀 발효법'이다. 술을 빚을 때 밑밥을 쪄서 고두밥을 만들고, 여기에 효소를 넣어 발효시키는 경우가 대부분인데, 이 제조법은 밑밥을 찌지 않고 생쌀을 가루 내어 물에 담가 발효시킨다.

국순당은 고려·조선시대의 명주 백하주가 생쌀 발효법으로 제조되었다는 옛 문헌의 기록을 보고 1986년 기술 재현에 성공, 1993년에 백세주를 만들어 냈고, 1994년에는 이 기술로 국내 식음료업체로는 처음으로 국산 신기술 인증(KT) 마크를 획득했다.

이는 누룩 공장을 운영하던 배상면 회장이 오랜 동안의 실험을 통해 얻어 낸 국순당만의 노하우 덕분이다. 국순당은 백세주 외에도 생쌀 발효법으로 만든 캔 막걸리 '바이오탁' 역시 맛이 부드럽고 숙취가 없어 찾는 사람들이 계속 늘고 있다.

김천 민속주

경상북도 김천 지방의 민속주인 '과하주'는 본래 알코올 도수 16도의 술이었다. 그러나 찹쌀로 빚은 순수 곡주로서 장기 보관이 어려워 지금까지 주문 생산에만 의존해 왔다. 그런데 경상북도 금릉군에 소재한 기업 김천 민속주는 최근 과하주를 증류시켜 도수 30도의 소주로 생산, 시판하고 있다. 투명한 황갈색을 띠며, 옛날 궁중에 진상했던 술인 과하주는 경상북도 무형문화재이기도 하다. 김천 민속주는 1994년부터 과하주를 일본에 수출해 왔다.

배상면주가(酒家)

술을 팔기보다는 전통술 문화를 연구하고 상품화하는 기업이다. 배영호 사장은 국순당을 창업한 배상면 회장의 차남으로, '더욱 분발하라.'는 부친의 채근으로 분가해서 새로운 회사를 차렸다. 현재 배상면주가가 심혈을 기울이는 분야는 흑미주, 천대홍주 등 5대 상시주(常時酒)와 계절마다 빚는 세시주(歲時酒)의 재현이다. 일반인을 대상으로 전통술에 대한 올바른 이해를 돕기 위해 '술 음식 축제' 등 행사도 개최한다.

또, 배상면주가에는 술 박물관도 있다. 고객이 찾아오면 우선 국내 유일의 술 박물관에 안내하여 전통술에 관련된 고문헌·유물 등을 보여 주고, 술 빚는 과정을 직접 견학할 수 있게 한다. 시음도 가능하며, 식당에서 술지게미를 이용한 음식과 '백하주', '청감주', '흑미주' 등 전통술을 함께 마실 수도 있다.

배상면주가의 배영호 사장은 전통술 확산을 방해하는 각종 규제의 철폐에도 힘을 기울이고 있다. 올바른 술 문화, 건전한 음주 문화 정착에 함께 노력한다면 술을 만드는 회사도 문화 기업이 될 수 있음을 보여 주는 사례다.

술 만드는 회사도 벤처기업

현재 국내에서 전통주 산업에 가장 큰 걸림돌이 되는 것은 각종 규제라고 많은 사람들이 입을 모은다. 도수의 규제, 판매 지역의 규제, 우편 판매에 대한 규제, 신규 면허 허가의 규제, 판매 업소의 규제 등 그 규제의 종류는 그 어느 음식보다 다양하다. 더구나 다른 품목에 없는 세금(주세)이 더 부가돼 소비자와는 점점 멀어질 수밖에 없는 현실이다. 또 대부분의 업체가 엄청난 홍보비용을 부담할 수 없어 좋은 술을 만들어 놓고도 그 소식을 소비자 대중에게는 입에서 입으로 전파하는 데서 그치는 실정이다.

전통술의 제조와 유통에 대한 정부의 규제는 하나씩 풀려 현실화하고 있는 중이다. 앞으로의 업계 발전을 위해서는 전통술 제조업자들 간의 기술 및 정보 교류와 협동 체제가 반드시 필요하다.

국순당은 최근 독특한 전통주 제조기술로 벤처기업 인증을 받았다. 술을 만드는 회사도 신기술로 벤처기업이 될 수 있다는 사실이 신선한 충격으로 받아들여지고 있다. 그러나 혼자만 뛰어서는 안 된다. 각각의 전통주를 더욱 독특하고 순도 높게 제조하기 위한 분석 및 측정법과 연구 과정에 최신 과학기법을 동원하기 위한 공동 연구소나 정보교류센터의 설립도 시급하다.

총체적으로 주류 관련 대기업이 소신을 가지고 전통주 사업에 나서 전통주의 개발, 유통의 현대화를 통한 국내시장 확산, 수출 판로 개척을 통한 전통주의 세계화에 힘써 주지 않는다면 전통주가 옛날의 자리를 되찾기는 쉽지 않을 것으로 보인다.

없어서는 안 되는 조미료,
간장·된장·고추장

옛말에 "집안이 망하려면 장맛부터 변한다."라는 말이 있다. 그만큼 장은 우리 조상들의 식생활을 지탱하는 뿌리와도 같은 식품이었다. 또 가난해 반찬이 없으면 간장에 보리밥을 비벼 먹기도 하고, 그도 없으면 맹물에 간장을 타서 마셨다는 걸 보면, 아무리 가난해도 간장은 담가 먹고 살았음을 알 수 있다.

간장이 없으면 국은 물론, 나물이고 무침이고 간에 제대로 해 먹을 수 있는 반찬이 없으니 당연한 일이다. 간장을 담그면 그 하나로 간 맞추기에, 조미료에, 색깔 내기에 두루두루 쓰였고, 그 부산물로 맛깔스러운 된장까지 나왔으니, 간장 담그기란 가난해도 해 볼 만한 1년의 농사나 다름없었다.

된장, 간장은 콩으로 만든 우리나라의 대표적 발효식품이다. 콩의 우수성은 고단백 저칼로리 식품이며, 성인병 예방에 효능이 있다는 사실 하나만으로도 충분히 입증된다. 특히 된장에는 항암 물질과 항체 생성을 증가시키는 물질까지 들어 있고, 간 기능 회복과 해독 작용에 탁월한 효과를 보인다 하니, 이제 된장·간장은 더 이상 단순한 조미료가 아닌 셈이다.

장독대는 없어져도 장 없이는 못 산다

몇 년 전만 해도 우리 고유의 국간장과 된장, 고추장 등 장류는 반드시 집에서 담가야 하는 것으로 알고 있었다. 그러기에 집안 살림의 솜씨가 장 맛에서 비롯된다는 말도 나올 정도였다. 그러나 언제부터인가 간장과 된장, 고추장은 직접 담그기 거추장스럽고 복잡한, 그래서 사 먹어야 하는 식품으로 바뀌어 버렸다. 주부들이 가사 외의 일로 바빠졌을 뿐 아니라 주거 형태가 아파트 등 공동주택으로 바뀌면서, 메주를 띄우거나 항아리에 간장을 담그는 등의 작업은 현실적으로도 어려운 일이 되고 말았다.

한때 일본산 장류의 수입이 증가하여 우리 입맛의 변화에 대한 우려의 소리가 높아진 일이 있었다. 그러나 냄새가 구린 듯하면서도 음식에 넣으면 고기 국물보다 더 훌륭한 맛을 내는 우리의 국간장을 들큰한 기코망 간장이 어찌 흉내 낼 수 있을 것이며, 텁텁한 된장찌개를 끓이는 데 밍밍한 일본 된장을 넣을 수 있을까? 더욱이 우리나라의 수많은 업체들이 전통의 훌륭한 맛을 재현한 각종 장류를 앞다퉈 생산해 내고 있는데 말이다.

가정의 필수품이었던 장독대가 자취를 감추고, 각종 장류가 사 먹어야 하는 식품으로 인식되면서 장류를 생산 판매하는 업체는 몇 년 새 급속하게 늘어났다. 장류의 현황을 각각 살펴보면 다음과 같다.

간장

한국인의 간장 총 소비량 가운데 절반 가까운 양이 공장 생산 간장으로 채워진다. 간장은 국간장과 양조간장·산분해간장·혼합 간장으로 분류되는데, 우리 전통의 간장인 국간장은 아직도 가정에서 많이 담그며, 공장에서는 나머지 세 가지 형태의 간장이 주로 생산된다.

양조간장은 곰팡이를 이용해 6개월간 숙성시킨 것으로, 향과 맛이 뛰어나다. 산분해간장은 2~3일 만에 숙성이 가능하고 단맛, 구수한 맛은 강하지만 향과 맛이 떨어진다. 혼합 간장은 양조와 산분해간장을 일정 비율로 섞은 간장이다.

원래 우리나라의 간장 시장은 산분해 및 혼합 간장이 90% 이상을 차지했다. 그러나 간장의 원료인 탈지대두를 물, 염산과 혼합해 산분해하는 과정에서 탈지대두에 남은 미량의 지방이 염산과 반응하여 생기는 MCPD라는 물질이 남성의 불임을 유발한다는 연구 결과가 나와, 이른바 '간장 파동'을 일으킨 후부터 양조간장의 소비가 늘었다. 국내 간장 업체는 30여 개인데, 그 가운데 양조간장을 만드는 곳은 샘표식품, 몽고간장, 오복간장, 대상, 삼화간장, 옹가네 등 7~8개 업체다.

최근 들어 풀무원, 대상 등 대형 장류 업체가 재래 메주를 발효시켜 만드는 전통 국간장의 상품화에 뛰어들었다. 국간장 제품은 국내 간장 시장에서 국간장 상품의 생산이 활성화하지 못한 틈새를 겨냥한 것이다. 풀무원의 '찬마루 한식간장'과 대상의 '햇살담은 시리즈 간장'이 대표적이다.

한편, 기능성 간장과 가미 간장들도 속속 시장에 출현하여 식염 함유율이 8~12%인 '저염 간장'과 '반염 간장'이 나왔고, 메밀국수나 튀김장용 '국시장국'이 선을 보였다. 다시마와 올리고당, 효모 엑기스 등을 가미한 '햇살 담은 조림간장'(대상), 마늘 엑기스를 첨가한 '삼화 마늘 간장'(삼화간장)이 나왔고, 조림·구이 등 요리별로 특화한 간장도 선보이고 있다.

된장

된장은 장류 가운데 가장 으뜸가는 건강 유지 식품으로 사랑을 받는다. 속이 더부룩하니 소화가 안 되다가도 멀건 된장국물에 밥을 말아 먹으면 속이 편해진다고 한 우리 옛 어른들의 말씀을 빌리지 않더라도, 요즘 들어 된장이 몸에 좋다는 속설들이 과학적으로 속속 증명되고 있다. 알칼리 식품으로 콜레스테롤을 저하시키고, 미네랄이 풍부하여 노화 방지에 효능이 있다는 등의 얘기다.

그러나 된장의 상품화는 다른 장류에 비해 소비자들을 만족시키지 못하고 있는 것 같다. 공장에서 나오는 제품이 재래의 된장 맛을 제대로 살리지 못한다는 것이다. 지금은 CJ, 풀무원, 동원식품, 사조물산, 삼호물산 등 종합식품회사들이 앞다퉈 된장을 만들어 내고 있으나, 된장에 한해서는 개인 농원에서 만들어 내는 제품이 더 화제와 인기를 모으고 있는 실정이다.

이른바 손으로 메주를 만들고 재래의 커다란 항아리에 담아 햇볕 아래서 숙성을 시켜야 제맛이 난다는 믿음 때문이 아닐까? 어떤 요인이 소규모 농원의 된장을 이야깃거리로 만드는지 살펴보자.

- **양평 장독 된장** : 경기도 양평군 지제 농협이 직접 만들어 시판한다. '양평 장독 된장', '양평 장독 간장'이다. 메주는 한강 주변에서 재배한 해콩만을 엄선, 용문산 지하 150m에서 나오는 맑은 물로 빚는다. 이 메주를 전통 제조 방법에 따라 1,800여 개의 옹기 독에서 자연 상태로 6개월 이상 숙성 발효시킨 뒤, 간장·된장·청국장을 만든다.
- **황씨네 된장** : 충청남도 홍성군 홍동면 운월리의 장연구가 황연하 씨가 만드는 된장. 고등학교에서 화학을 가르치다 지난 10년간 장맛을 연구해 왔다. 화학 조미료에 밀려 고유의 맛이 사라지는 것을 안타깝게 여겼기 때문이다.

황씨네 장류는 인근 농가와 계약을 맺어 재배한 유기농 우리 콩만을 원료로 사용한다. 황씨네 장의 맛은 재래 메주의 단점을 보완한 데 그 비결이 있는 것 같다. 메주 덩어리가 크면 공기와 접촉이 안 되는 안쪽은 썩게 마련인데, 썩은 부분이 함께 들어간 메주는 아플라톡신이라는 유해 성분을 가지고 있다. 황씨네 메주는 콩 한 알 한 알을 종균 배양시켜 썩지 않은 상태로 단백질이 분해된다. 황씨네는 메주를 섭씨 37℃의 온도, 80~90%의 습도를 유지해 3~4일 동안 띄운다. 바람이 잘 드는 곳에서 말린 메주와 120m 깊이에서 끌어올린 무공해 암반수로 장을 담근다. 1,000여 개의 전통 옹기 항아리에서 1년간 자연 분해돼 숙성된다. 제품 이름은 '늘푸른 소나무'다.

- **농진원 된장** : 경상북도 농촌진흥원은 장 담그기가 어려운 도시 가정을 위해 우리 콩으로 농가에서 직접 담근 전통 된장, 간장을 주문 판매하고 있다. 영주, 문경, 의성, 김천, 봉화, 안동 등 도 내 10개 지역 50여 농가가 만드는 된장과 간장은 100% 우리 콩으로 만든 메주와 맑고 깨끗한 물로 빚어 옛 맛이 그대로 살아 있다. 또, 주부들이 원하면 자신이 신청한 지역의 농가를 직접 방문하도록 농촌진흥원이 차편을 제공하여 농촌 주부들과 함께 장을 담그면서 전통 비법을 배울 수도 있다.

- **인천 영종도 된장** : 인천광역시 영종도 주부 20여 명이 구성한 '우리 농산물 단순가공협회'가 주문을 받아 만드는 된장. 직접 메주를 띄워 담그는데, 된장을 사면 간장도 함께 준다.

고추장

전라남도 순창에는 '고추장연구회'라는 모임이 있다. 고추장연구회는 『옥천골 순창의 자랑』이라는 책자를 통해 고추가 고려 때 중국으로부터 건너와 임진왜란 때 일본으로 전해졌다고 주장했다. 일본으로부터 우리에게 건너왔다는 종래의 주장을 뒤엎은 새로운 주장이다. 고추장연구회는 "조선시대 학자 이재위의 저서인 『몽유』에 고추가 북호(北胡)에서 전래되었다는 기록이 있고, 일본의 문헌에도 임진왜란 때 조선으로부터 고추가 전래되었고, 당시 전쟁에서 무기로 쓰였다는 기록이 있다."라고 밝혔다.

고추장에 대한 학술적 체계를 세워 나가기 위해 고추장연구회까지 만들었다는 순창 사람들. 고추장에 대한 그 애정에 힘입어 고추장의 상품화는 순창 지방이 단연 독보적이다.

순창의 처녀가 다른 지역으로 시집을 가서 친정과 똑같은 재료와 방법으로 고추장을 담가도 제맛이 나지 않는다고 하는데, 그 이유를 두고 순창 사람들은 기후와 물이 좋기 때문이라고 말한다. 순창고추장은 조선의 이태조가 스승인 무학대사가 있는 순창군 구림면의 '만일사(萬日寺)'에 가던 중 어느 농가에 들러 고추장에 밥을 비벼 점심을 맛있게 먹은 후, 그 맛을 잊지 못해 해마다 왕실에 진상하도록 하면서 유명해진 것으로 전해진다.

순창에서는 다른 지역보다 빠른 8~9월(음력 7월경)에 메주를 쑤고, 음력 섣달 이후 고추장을 담가 6개월간 숙성시킨다. 햇볕에 말린 태양초만을 쓸 뿐만 아니라 순창 지역에서 생산되는 순 곡물만을 그 원료로 사용한다. 전북보건환경연구원의 분석 결과, 순창고추장은 다른 지역의 고추장보다 감칠맛을 내는 아미노산인 글루타민산과 이스타닉산이 많은 대신 쓴맛을 내는 이소류신, 류신 등이 적은 것으로 나타났다.

순창군은 1996년 전통 고추장 특산 단지를 겸한 민속마을을 순창읍 백산리 참새뜰마을 일대에 2만여 평 규모로 조성하였다. 순창군은 전통 한옥 양식의 민속마을 1만 2,000여 평에 60가구를 입주시켜 고추장과 장아찌 작업장을 설치하고, 8,000여 평에는 민속문·장승·전통 담장·물레방아 등 민속물과 고추장 제조 과정을 한눈에 볼 수 있는 전시 판매장도 갖췄다.

또, 순창군 순창읍 가남리 농공단지 안에 세워진 순창농협은 대규모

고추장 공장 시설을 갖추는 한편, 품질을 유지하기 위해 재료 생산 단계에서부터 관리에 나서 찹쌀·고추콩·장아찌용 무·더덕·도라지·오이·감 등을 계약 재배해 수매한다.

순창농협은 김경순 씨 등 순창군으로부터 전통 고추장 기능 보유자로 지정받은 할머니를 고용하여 맛을 내고 있고, 전북대학교 식품공학과 교수를 고문으로 위촉, 맛과 성분에 대한 자문을 받고 있다.

순창고추장 외에도 고추장 맛의 차별화를 통해 시장을 개척하고자 하는 노력은 계속 이루어지고 있다. 맵지 않은 고추장의 개발, 한국식품개발연구원이 개발하고 청풍농협이 판매하는 '생홍고추장', 재영물산의 '사과고추장', 키토산을 전통 순창 고추장에 첨가하여 독특한 맛과 기능을 살린 '키토산 고추장'의 개발 등이 그 예다.

장류와 함께 수출할 전통 음식이 개발되어야

우리의 전통 장류를 수출하는 일에는 우선 선결 과제가 있다. 장류 자체가 요리된 음식이 아니기 때문에 장류를 이용해 만들 수 있는, 그래서 장류의 진수를 맛볼 수 있는 전통 음식의 전파가 바로 그것이다. 된장만 수출할 것이 아니라 된장찌개가 수출되어야 하고, 고추장 수출과 함께 매운탕·비빔밥 등도 외국인의 입맛에 맞게 개발, 수출할 방법을 모색해야 한다. 좀처럼 수출 품목에 끼이기 어려울 것 같던 전통 장류, 가장 한국적인 맛인 장류를 수출하고 있는 사례는 다음과 같다.

순창고추장
순창고추장은 1994년부터 외국에 수출되고 있는데, 그해 미국의 국제

식품박람회와 일본의 농산물전시회, 오스트레일리아의 국제식품박람회 등에서 좋은 반응과 계약 성과를 올린 바 있다. 고추장뿐만 아니라 된장, 쌈장, 청국장, 장아찌 등의 거래 상담도 꾸준히 이어지고 있다.

또한 순창고추장을 넣은 음식 중 대표적인 메뉴로 비빔밥을 개발하여 일본에 수출한다. 순창군은 일본에서 열리는 한국물산전에서 순창고추장을 넣은 비빔밥의 시식회를 갖고 일본인의 식성을 조사한 후, 고추장과 뽕잎절임 · 매실 · 싹기름 채소 · 검정참깨기름 · 고급 한우고기 등 비빔밥 재료의 본격 수출에 나서고 있다.

오복간장

간장, 된장, 고추장, 쌈장 등을 생산하는 오복식품은 1994년부터 러시아 블라디보스토크에 간장을 수출하기 시작, 한국적인 맛의 세계화 가능성을 보여 주고 있다.

안동고추장

안동농협이 쌀과 콩, 청결 고춧가루를 섞어 만든 안동고추장이 중국으로 수출되었다. 이 고추장들은 베이징 시내 호텔과 음식점 등에 주로 공급되었다.

영월고추장

영월농협의 '영월 정든 보리고추장'이 타이, 싱가포르, 캐세이 퍼시픽 등 외국 3개 항공사 기내식 기호식품으로 납품되고 있다. 영월농협은 20g 소포장 기계 등 생산 라인을 갖추고 1998년 초부터 제품을 생산, 납품하고 있다.

아직도 장은 집에서 정성스럽고 위생적으로 담가야 한다는 인식이 지배적인 우리나라에서 장류산업이 활성화하려면 대량생산 제품에 대한 소비자의 신뢰를 얻어내는 것이 첫째 과제다. 이는 변화하는 소비자의 욕구를 충족시킬 제품 개발과 끊임없는 연구로 가능하리라 본다. 맛과 향을 결정하는 우수 미생물의 개발부터 생산 시설의 자동화, 과학화에

영월 보리고추장(찌개용)

이르기까지 다양함과 고급화를 이루어야 한다는 것이다. 또, 수출의 활성화를 위해서는 용기의 차별화, 포장의 고급화로 소비자의 수준을 맞춰 나가야 한다.

전통을 전통 그 자체로 지켜 나가는 작업과 동시에 다른 한편에서는 전통을 재창조하는 과정을 통해 전통의 산물을 널리 퍼뜨리는 작업이 이루어져야 한다. 된장찌개는 뚝배기에 담겨야 제맛이지만 "뚝배기보다는 장맛"이라는 말이 있듯이, 장맛을 더욱 많은 사람이 즐기게 하려면 뚝배기는 과감히 포기해야 하는 것처럼 말이다.

여름을 이기는 보신 음식,
삼계탕

　예로부터 사위가 처가에 찾아가면 장모님이 씨암탉을 잡아 준다고 했다. '백년손님'이라는 사위에게 줄 씨암탉을 이용한 요리는 무엇이었을까? 흔히 말하는 닭볶음탕이나 통닭구이이기보다는 아마도 가마솥에 넣고 푹 고은 백숙이 아니었을까? 여기에 가세가 조금 넉넉한 처가에서는 찹쌀을 넣어 찰기도 보충하고, 좀 더 여력이 있다면 인삼이라도 몇 뿌리 넣었을 것이다. 삼계탕, 본래는 어린 닭으로 만드는 '영계백숙'이지만 사위를 위하는 마음에 씨암탉이라도 아끼지 않고 내놓는다는 장모님의 정성이 드러나는 이야기다.

　왜 하필이면 닭이었을까? 옛날에는 잔치 때 아니면 쇠고기나 돼지고기를 풍성하게 먹을 수가 없었기 때문에 비교적 구하기 쉬운 단백질 보충원이 닭이었을 것이다. 그런데 왜 백숙을 먹어야 하는 대상이 '아들'이 아니라 '사위'였을까? 두말할 것 없이 '사위의 원기가 딸의 행복을 좌우한다.'고 생각했기 때문이다. 그만큼 삼계탕은 보양, 보신 음식으로서 그 효과는 예로부터 인정되고 있다.

삼계탕을 만들려면 우선 내장을 꺼낸 닭의 배 속에 깨끗한 헝겊으로 싼 찹쌀, 마늘, 대추 등을 넣고 물을 넉넉히 부은 후 솥에 푹 삶는다. 고기가 충분히 익은 후 닭을 건져 내고, 그 국물에 인삼을 넣고 푹 고아 인삼 성분이 우러나면 소금으로 간을 맞춰 먹는다. 즉, 고기 따로 국물 따로 먹어 고기 맛은 따로 즐기고, 보양은 보양대로 한다는 것이다. 이때 닭 삶은 국물의 비릿하고 역한 냄새는 인삼의 쌉쌀한 맛이 없애 주니, 삼계탕에서의 인삼은 보약인 동시에 맛의 원천이 되는 셈이다.

인스턴트 삼계탕으로 대량 수요 창출

국내에 삼계탕을 전문으로 파는 음식점은 부지기수로 많다. 이 음식점들에 닭을 공급해 주는 전문 업체도 있다. 전국에서 소비되는 삼계탕용 신선육(일명 삼계)의 대부분을 공급하는 중견 육가공 업체, 한 업체에서 나가는 닭의 수만도 성수기에는 하루 10만 마리에 육박한다. 내장을 뺀 무게 400~500g 크기의 삼계들은 인근 8개 시, 군 130여 농가에서 30~40일을 키운 영계다. 이 업체는 농가들과 계약을 맺고 사육하고 있다.

그러나 삼계 생산 전문 업체들은 국내 삼계탕집에 원료격인 닭만 공급해 주는 데서 만족하지 않는다. 더 많은 삼계탕의 판매를 위하여, 더 많은 닭의 판매를 위하여 그들이 끊임없이 추구하는 분야는 삼계탕의 인스턴트 식품화이다. 그래야만 소비자들은 식당을 찾지 않고 간편하게 삼계탕을 먹을 수 있으니 그 수요가 늘어날 것이고, 특히 수출을 통한 대량 판매가 가능하기 때문이다.

실제로 통조림, 레토르트 파우치 등 즉석 삼계탕을 비롯하여 쉬운 구매, 간편하고도 빠르게 조리할 수 있는 음식을 찾는 현대인의 기호를 거냥한 인스턴트 삼계탕의 종류는 통조림과 냉동품을 비롯해 레토르트 파우치와 레토르트 트레이, 즉석 볶음탕 등 8종이나 된다.

가공 삼계탕은 주문 사육한 삼계에 3년근 금산 인삼과 찹쌀, 대추, 마늘, 밤, 양파 등 정선된 원료를 쓰는 데다 기름기를 제거해 맛이 담백하다. 특히 최근 개발된 레토르트 트레이는 즉석 어묵과 같이 전자레인지로 5분 정도 데우면 따로 그릇에 옮기지 않아도 삼계탕을 즐길 수 있는 제품이다.

이들 삼계탕 제조업체들은 물론 내수에만 만족하지는 않는다. 현재 삼계탕의 수출 대상 국가는 일본, 홍콩, 타이완, 싱가포르, 오스트레일리아, 바레인, 사우디아라비아, 네덜란드 등 수십 개 나라에 이르고 있다. 외국인용 삼계탕은 깡통에 담겨 수출된다. 45일 정도 된 영계를 공장의 대형 솥에서 인삼과 대추, 마늘, 찹쌀과 함께 넣어 푹 삶은 뒤 지름 10cm, 높이 15cm 정도의 강통에 넣어 진공 포장한다. 이 깡통채로 뜨거운 물에 넣어 몇 분 동안 데우면 바로 먹을 수 있다.

그러나 삼계탕의 수출 역시 다른 음식과 마찬가지로 수많은 장벽을 넘어야 했다. 특히 유럽 국가들은 세계적으로 독특한 상품이고, 유럽 내 수입 통관 실적이 없으며, 제품의 가공 방법, 성분, 효능 등에 대한 자료가 없다는 이유로 수입 통관을 막았다. 이에 농수산물유통공사가 삼계탕에 대한 가공 절차와 성분 분석 등 검역에 필요한 요구 자료를 제공하고, 해당 국가의 검역관을 우리나라에 초청, 가공 공장을 직접 둘러보게 하는 등 다양한 노력을 펼친 결과 수입 검역 규제 해제의 개가를 올렸다.

삼계탕은 세계가 인정한 보신 식품

농수산물유통공사는 수출하는 삼계탕을 현지인의 입맛에 맞도록 성분

변경하고, 거리가 먼 유럽의 경우 현지 생산을 추진하고 있다. 유럽과 동남아 시장에 삼계탕을 정착시킨 후 미국 등지에도 수출의 길을 놓을 예정이다.

포장 문제, 위생 문제, 유통기한 문제, 계절 제한 문제 등 여러 가지 장벽을 극복하고 수출에 일단 성공한 대표적인 경우로 다음 네 업체를 들 수 있다.

㈜하림

1994년 오스트레일리아로부터, 1997년 네덜란드와 싱가포르로부터 위생검사를 면제받는 삼계탕 수출업체로 승인받아 일본 등에 이어 유럽과 오세아니아 주에도 삼계탕을 수출하게 되었다. 육류 수입을 규제해 온 네덜란드가 우리나라 삼계탕에 문을 연 때는 1997년. 전라북도가 주최한 주한 외교사절 초청행사 이후다. 도지사의 요청에 따라 하림의 공장을 방문한 네덜란드 농무부 관계자는 도계장과 삼계탕 공장의 생산 공정 및 위생 상태를 점검한 후, 이 업체를 수출 작업장으로 인정했다. 하림은 연간 6,000만 마리의 닭을 부화에서부터 가공에 이르기까지 처리하는 동양 최대의 닭 가공공장으로, 국내 닭고기 수요의 30~40%를 공급하는 업체다.

림스상사

튀김 닭 전문점 '림스치킨'을 운영해 온 업체. 림스상사는 인삼, 마늘, 생강을 비롯한 12가지 재료를 사용한 삼계탕 '림스진생치킨'을 개발해 'LGC(Lim's Ginseng Chicken)'란 브랜드로 수출을 도모하고 있다. 림스상사는 1997년 말레이시아 쿠알라룸푸르의 개인사업자와 매출액의 3%의 로열티를 받는 것을 조건으로 대리점 개설 계약을 맺기도 하였다. 또, 독

일에서 열린 식품박람회에 참가해 여러 나라 바이어들의 관심을 끌기도
했다.

금산식품(주)

인삼으로 유명한 충청남도 금산군 진산면
파초리 소재. 1996년 4월부터 삶아서 포장한
인스턴트 삼계탕 '인삼골 삼계탕'을 개발해
월평균 1만여 개를 파는 실적을 올리고, 일
본·타이완 등에도 수출한다. 4년근 30g짜리
인삼과 삼 뿌리로 우려낸 국물이 특징이며,
끓는 물에 통째로 넣어 10~15분 정도 끓이거
나 전자레인지에 데워 간편히 먹을 수 있게
만들었다. 전통 삼계탕의 맛을 재현한 것으
로 평가되어 농림축산부로부터 전통 식품으
로 지정받았다.

인삼골 삼계탕

천년이 지나도 변치 않는 종이, 한지

　우리나라 전통 한지의 우수성은 종이로 가공하는 기술뿐만 아니라 원료인 닥나무에서도 찾아볼 수 있다. 종이를 만드는 기술은 610년경 중국에서 들어와 삼국시대인 775년경에 우리 나름대로의 제지기술로 발전하였다. 이 제지기술은 지금까지 이어 내려왔는데, 20세기에 이르러 양지(洋紙)가 들어오면서 한지는 사양화하여 현재는 창호지, 화선지 등을 한정적으로 생산하는 데 그치고 있다.

　전통 한지는 주로 닥(저피), 삼지닥(삼아피), 산닥(안피) 등의 수피(樹皮)에 해당하는 인피(靭皮) 섬유를 펄프화하여 사람 손으로 한 장 한 장 뜨는데, 목재의 목질부를 기계적·화학적 방법으로 펄프화하여 연속적으로 생산하는 양지와 구별된다. 전통 한지와 양지는 다음과 같은 차이점을 갖고 있다.

　첫째, 닥나무의 인피 섬유는 길이가 보통 20~30mm이고, 목재 펄프는 침엽수인 경우 3.5~4.0mm, 활엽수의 경우 0.5~2.3mm로 매우 짧다. 인피 섬유는 조직 자체 강도도 뛰어나고 섬유 간 결합도 강해 월등히 질긴

종이를 만들 수 있다.

둘째, 목재 펄프로 만드는 종이는 방습성을 높이기 위해 로진과 황산 알루미늄을 첨가하여 산성 종이가 되고, 100년이 지나면 사용하기 어려울 정도로 분해되고 만다. 반면 한지는 알칼리성인 잿물 등 천연 자숙제(원료를 끓일 때 쓰는 약품)를 사용하여, 종이의 강도도 높이고 내구성과 보존성이 높은 종이를 만들 수 있다. 양지의 최대 보존 기간이 200년 정도인데 비해, 한지가 1,000년 이상이 되어도 그 품질을 유지할 수 있는 것도 이 때문이다.

우리의 전통 한지는 양지뿐만 아니라 당지(唐紙) 등의 중국 전통 종이나 일본의 화지(和紙)에 비해서도 그 품질이 뛰어나다. 그 우수성은 닥나무와 종이를 뜨는 기술에서 차이가 나는데, 특히 닥나무는 일교차가 큰 우리나라의 기후에서 더 좋은 종이의 원료로 성장하기 때문이다.

우리나라에서는 닥나무를 고려시대 이후부터 최근까지도 집약적으로 재배해 왔지만, 현재는 집약적 재배가 거의 없어졌다. 뿐만 아니라 국내 인피 섬유가 세계적으로 찾아보기 드물 만큼 우수한데도 닥나무 재배가 거의 되지 않아 외국산 인피 섬유를 수입하여 한지를 만들고 있는 실정이다. 수입 인피 섬유는 당연히 국산보다 품질이 떨어지고, 이는 다시 한지 자체의 품질도 떨어뜨리며, 국내 닥나무 농가의 소득을 떨어뜨리는 악순환을 불러오고 있다.

한지산업의 어려움과 극복

원료인 닥나무도 우리나라 것이 가장 우수하고, 가공기술 또한 과학적이고 합리적인 데다가 한지 또한 세계 어느 종이와 비교해도 뒤지지 않을 정도로 뛰어난 제품이다. 한지산업, 순수 우리 원료를 가지고 우리 기술로 세계 수준의 상품을 만들 수 있는 완벽한 우리 산업. 그리고 향토지식재산으로 고부가가치를 지닌 한지. 그러나 우리나라에서 한지 분야의 산업화가 활발히 이루어지지 않는 이유는 무엇일까?

한지산업이 사양화하는 가장 큰 이유는 수요가 거의 없다는 사실이다. 현재 국내에서 종이가 가장 많이 사용되는 분야는 역시 여러 가지 책과 신문 등 인쇄물의 제작이다. 그러나 그 많은 인쇄물은 거의 모두 양지로 만든다. 한지는 다만 흔치도 않은 한옥의 창호지, 붓글씨를 쓰기 위한 화선지, 포장지 등으로 극히 일부에서만 쓰이고 있다.

수요가 거의 없다면 생산을 하겠다는 기업이 사라지고, 종이 생산자가 없어지면 원료를 재배하겠다는 사람이 줄어드는 것은 당연한 일이다. 또, 원료를 구하기 힘드니까 원료의 값이 올라가고, 원료 값이 올라가니 가공 생산하는 사람은 대중적인 가격으로는 많은 이윤을 내지 못해 당연히 공장 가동을 피할 수밖에 없다. 이런 어처구니없는 악순환이 우리의 훌륭한 향토지식재산을 사라지게 하고 있다. 따라서 한지산업 활성화의 열쇠는 다양하고도 새로운 수요를 창출해 내는 일이다.

현재 한지의 개발·생산이 가장 활발히 이루어지고, 한지에 대한 다양한 연구와 관심을 아끼지 않는 고장은 단연 전라북도 전주이다. 전주는 예로부터 한지를 만드는 전통 기술이 전승되는 고장일 뿐 아니라 닥나무의 집산지이기도 해, 1990년 무렵까지만 해도 전국 한지의 70% 이상을 공급해 온 고장이다. 그러나 외국산 닥나무와 질 낮은 중국산 한지의 수입으로 현재는 전국 공급량의 30% 정도로 시장이 줄어들었다.

이에 전주와 전라북도는 이 지역의 중요한 향토지식재산인 전주 한지의 명성을 되살리기 위해 다양한 사업과 연구 활동을 하여 왔다. 전라북도는 한지의 원료인 전주 닥나무 묘목을 채취해 도 내 각 지역에 닥나무 재배 지역을 넓히는 일부터 시작하였다. 원광대학교 제지학연구센터와 한지 활성화에 대한 협약을 맺어 재배 기술의 개량 및 작업의 기계화 등 기술을 개발, 생산성을 향상시키고, 원가를 절감해 수익성을 높이는 방안도 강구하였다.

또한 전주시 덕진구 팔복동 전주 1공단에 '전주한지협동화단지'를 조성하여 전주시 주변에 흩어져 있던 공장들을 통폐합했다. 이 단지에는 개별 작업장 말고도 폐수 처리 시설·전기 시설·용수 시설 등 공동 이용 시설을 갖췄으며, 초지기 등 기계 설비를 현대화하였다. 이에 따라 원료 구입부터 제품 판매 등이 모두 공동으로 이루어지고, 사무 인력 등이 일원화하여 생산 원가를 크게 줄임으로써 한지 생산 활동의 활성화를 기대하였다.

이 밖에 한지 생산업자, 대학 교수, 서예가 등 한지 관련 전문가로 구성된 '한지문화연구회'를 발족하고, 이를 통해 한지의 우수성을 국내외에 적극 홍보하는 등 판로 개척에도 많은 노력을 하였다. 그러나 오늘날 전주 한지는 한지 생산과정에서 발생한 폐수 처리 문제로 인한 협동화단지로의 이주와 그 과정에서 발생한 이해관계자들의 분열 등으로 정부의 다양한 지원에도 불구하고 스스로 한지의 정체성과는 멀어진 많은 문제점을 노출시키고 있다.

한지에 대한 새로운 자각 필요

국내 종이 시장은 이미 양지가 자리를 거의 다 차지하고 있다. 한지로는 무엇을 만들어야 할 것인가? 한지산업을 보호한다고 현재 대량생산 시설도 못 갖추었는데 느닷없이 그 많은 책을 한지로 만들자고 할 수도 없다. 그렇다고 한지의 사양화를 그대로 보고만 있을 수도 없다. 어찌 되었든 수요는 만들어 내야 한다. 수요가 폭발하면 생산 공장도 부리나케 기계화, 현대화하여 대량생산의 채비를 차릴 것이다.

일본의 경우 오랫동안 보호해야 하는 도서에 한해서는 한지와 같은 종이를 쓴다고 한다. 우리나라에서도 도배에 사용하는 벽지나 장판지로 한지를 쓰기 위한 다양한 상품이 개발되고 있다. 한지의 뛰어난 통기성·유연성·방음성·단열성·습도 조절 기능 등을 이용하여 고성능 스피커폰 용지, 특수 방음 패널, 전자파 장애 차폐지 등 공업용 용도로도 사용하고자 연구 중이다.

한지산업의 발전을 위해 한지공예를 활성화시키자는 움직임도 일고 있다. 한지 공예품은 외국인에게도 인기가 높으니 일석이조 아닌가! 국내에서 포장지·편지지·부채 등 한지 특유의 질감과 빛깔을 살린 상품을 만들어 팔고 있는데, 이들을 세계적인 상품으로 만들어 보자는 이야기도 나오고 있다.

다른 상품과 마찬가지로 한지 자체나 그 관련 상품을 세계적 문화상품으로 만들기 위해서는 과학적인 연구와 정책지원이 필요하다. 물론 기업의 소신과 신념 있는 투자, 학계의 특별한 노력도 필요하다.

그러나 한지가 우리나라의 향토지식재산으로 제 구실을 하기 위해서는 일반 소비자들의 애정과 관심이 특별히 더 필요한 것 같다. 한지의 경우만 더욱 특별한 이유는, 한지산업은 기술의 수준이나 제품의 품질이 이미 뛰어난 경지에 이르러 있으므로 수요 창출에 의한 기계화, 대량생산화만 이루어지면 산업의 활성화는 곧 달성될 수 있기 때문이다.

우리의 종이 한지가 사용하기 좋은 종이이고, 창호지가 아니더라도 펜이 필요로 하는 종이로서 양지 못지않은 구실을 할 수 있다는 인식, 더구나 한지의 보존을 위한 수요는 우리가 만들어 내야 하며, 그런 이유로 웬

만하면 우리가 먼저 한지를 즐겨 써야 한다는, 바로 우리나라 사람의 인식이 한지산업을 살리기 위한 가장 시급하고도 확실한 처방이다.

은근과 끈기를 상징하는 온돌

우리나라 전통 난방 형태인 온돌은 불을 때기 시작한 후 금세 더워지지는 않지만, 한 번 달궈지면 그 온기가 오래간다 해서 우리 민족의 특성인 '은근과 끈기'에 자주 비유된다. 그러나 우리의 기질과도 같던 온돌은 서양식 가옥 구조와 편리함을 찾는 생활풍조 탓에 일상생활에서는 거의 잊혀지고 있다.

몇몇 뜻있는 사람들을 제외하고는 웬만해서는 온돌이 사라져 가는 것을 아쉬워하는 사람은 없다. '구들학회'나 '온돌을 사랑하는 사람들의 모임'과 같은 연구 모임을 발족하고, 전통 온돌을 학문적으로 체계 있게 연구하여 온돌 종주국으로서 자리를 지켜 나가자고 외칠 만큼 온돌에 대해 남다른 애착과 관심을 가진 사람들도 있다.

그러나 구들을 이용한 전통 온돌은 현대에는 사용하기 불가능한 '구시대의 유물' 정도로나 여겨지는 게 보통이다. 심지어는 '은근과 끈기'의 상징 온돌이 점차 자취를 감춰감과 동시에 우리 민족의 특성도 점차 '조급과 안달'로 바뀌어 가는 것이 아닌가 하는 아쉬운 생각마저 들게 한다.

그렇지만 아무리 서구 문명이 우리 생활 대부분을 지배하고 있다고 해도 어김없이 검은색 머리에 노란 피부를 가진 아이들이 태어나듯이, 우리 민족의 몸속에 흐르는 기본적인 신체 조건은 변함이 없는 듯하다. 아무리 호화로운 침대를 가지고 있어도 가끔은 방바닥에서 다리를 쭉 뻗고 눕고 싶어지고, 심지어 '설설 끓는 아랫목에 허리를 지져야 몸이 개운하다.'는 생각에 '찜질방' 같은 업소를 일부러 찾는 것은 온돌문화권에 살아온 우리 민족 고유의 정서이며, 시대가 바뀌어도 변치 않는 기본 욕구인 것 같다.

그런 이유로 최근 들어 부쩍 온돌에 대한 사람들의 열망이 커졌고, 그에 따라 제품 개발도 많이 되고 있다. 우리 민족의 신체적·정서적 욕구를 만족시켜 주는 난방 형태 온돌, 그 원형은 물론 건강에 대한 효능으로까지 연결되는 과학적 원리 등 전래 기술은 향토지식재산으로서 적극적으로 연구되고 보호되어 발전 방안이 마련되어야 할 가치가 충분한 분야다.

병 치료 효과와 정서적 장점까지 지닌 '구운 돌'

온돌은 본래 '구운 돌'에서 온 '구들'의 한자식 말이다. 따라서 온돌의 핵심 요소는 구들과, 더운 기운이 고루 퍼져 구들장을 달구는 '고래'의 구조다.

우리의 전통 온돌은 방바닥을 덥힘으로써 방 전체에 온기가 퍼지게 되므로, 바닥은 따뜻하고 위 공기는 시원하게 유지되어 방 안의 공기를 쾌적하게 해 준다. 하나의 불구멍으로 취사와 난방을 겸할 수 있고, 위생과 병 치료 효과 등 여러 가지 장점을 가지고 있다. 또, 방 안에서도 아랫목·윗목의 온도 차이가 있어 가족 간의 서열 관계도 엄격하게 지킬 수 있었고, 노약자와 연장자에 대한 보호나 예우를 생활화하는 데 도움이 되었다는 정서적 장점까지 찾을 수 있다.

전통 온돌이 하나씩 자취를 감추기 시작한 가장 큰 이유는 연료의 부족과 '연탄'이라는 대체 연료의 보급 때문이었다. 1950년대 이후 연탄을 주 연료로 사용하다가 우리는 연탄가스 중독이라는 재앙과 맞닥뜨리게 되었다. 정부와 민간 모두 한동안 연탄가스 중독으로부터 벗어날 방도 찾기에 힘을 쏟았고, 그 결과 대부분의 난방 시스템이 불구멍과 사람이 잠자는 방을 멀리 떼어 놓는 '보일러'라 불리는 온수 온돌로 바뀌었다. 그 후 난방 시스템은 눈에 띄게 달라졌고, 아파트 등 고층 주거 지역이 늘어나면서 불기운이 바로 구들장을 덥히는 전통 온돌은 더욱 더 우리와 멀어졌다.

우리가 아무리 온돌에서 살고 싶어 하고 우리 몸이 온돌을 원해도, 이제는 현재 집에 함부로 온돌을 놓을 수 없는 현실적인 이유가 몇 가지 있다. 우선 2층 이상의 집에는 온돌을 설치하기 어렵다는 사실이다. 그 밖에도 여름에 난방을 하지 않을 경우 바닥에 습기가 찬다거나 아궁이가 있어야 하기 때문에 화재의 위험성이 있다는 것도 난점이다. 또, 연료로 나무를 사용할 경우 연기 때문에 도시에서는 사용할 수 없고, 구들이 규격화하지 않아 설치도 어렵다.

그러나 정작 전통 온돌 분야가 산업화하는 데 어려운 점은 더 근본적인 데 있다. 그 첫째는 수요가 거의 없다는 사실이다. 아파트를 비롯해 주거 양식의 집단화나 난방 에너지의 변화에 따라 급속히 수요가 줄고, 경제성이 없어졌다. 현재 전통 온돌에 쓰이는 구들장을 생산하는 곳은 전국에 서너 군데밖에 없다. 그나마 주문에 의해서만 생산을 한다. 그도 그럴 것이 전통 온돌은 문화재를 복원하는 경우나 전통 보존 가옥, 사찰 외에는 거의 사용되지 않기 때문이다.

둘째는 전수 및 전래 기술이 사실상 단절되고 개발이 중단되었다는 점이다. 이 분야는 특히 장인으로서의 인정이나 기술 기능의 보전에 대한 인식도 낮아 전통 기술의 전승, 발전은 거의 기대할 수 없는 상태다.

셋째, 전통 온돌에 필요한 자원 및 소재의 공급과 생산이 잘 안 되고 있는 점이다. 수요의 쇠퇴에 따라 구들을 이루는 점판암 석재를 비롯한 거의 모든 주요 소재의 개발과 생산이 중단된 실정이다. 그래서 산업기술정책연구소는 온돌 기술의 산업화 정책을 제시했는데, 추진 방향의 골자는 몇 가지로 요약할 수 있다. 우선, 일반 홍보를 통한 수요의 창출이다. 그리고 전통 온돌 소재 및 재료의 표준화·규격화·정량화 등을 통한 현대 기술로의 정착, 전통 온돌 소재의 첨단 신소재 및 새로운 시공 기술개발을 통한 신기술화 및 세계화다.

온돌방에 눕고 싶은 욕구를 해결하기 위하여

현대 기술과 접목하여 오늘의 소비자 상황에 걸맞은 온돌 제품을 개발해 낸 기업도 아래와 같이 여럿 있다. 전통 온돌의 구들장이나 고래의 원리와 바로 맞닿아 발전한 결과는 아니지만, 아파트 층마다 고래를 놓고 불을 땔 수는 없는 현실에서 온돌방에 누워 자고 싶은 요구를 해결하려는 어쩔 수 없는 선택이기는 하다. 그나마 온돌문화를 잃지 않으려는 우리 민족 고유의 정서를 살리는 실낱같은 희망인 듯도 하다.

발열 콘크리트 온돌
에너지기술연구소와 벽산건설기술연구소가 공동으로 개발한 온돌판용 전기 전도성 콘크리트. 시멘트와 흑연 및 특수 재료를 첨가해서 만든 것으로, 전기 저항을 금속 수준으로 낮춰서 판의 양 끝에서 전기를 가하면 열을 발생하는 원리로 작동한다. 이 콘크리트 온돌은 보일러나 배관이 필요 없고, 심야 전력이나 축열 방식을 통하면 기존 가스보일러보다 난방비는 3분의 1 수준으로, 설치비도 절반 이하로 절약할 수 있다. 전기를 넣으면 50~60초 사이에 표면 온도가 섭씨 10~40℃로 순식간에 올라간다. 콘크리트 판 안에 전선을 내장하지 않았기 때문에 감전의 위험도 없고, 난방을 중단하려면 양 끝에 부착된 콘센트에서 전기 코드만 뽑으면 된다.

맥반석 함유 건식 온돌

진솔에너지는 시멘트를 전혀 사용하지 않은 맥반석 함유 건식 온돌 '맥반석 룸스톤'을 개발하여 시판하고 있다. 기존 시멘트 온돌에 비해 무게는 10%에 지나지 않으며, 강도는 7배 이상 증가된 제품이다. 맥반석 룸스톤은 규사, 맥반석 등을 열처리해 압축한 온돌 상판, 방열 배관재인 열 유도관, 축열 유도관, 습기 차단 및 단열 기능의 바닥 반사 단열재 등으로 구성되었다. 물을 사용하지 않는 공기층 단열 방식, 복사 난방 방식을 채택, 불을 때지 않을 때의 냉기, 습기, 곰팡이가 생기는 일반 온돌의 단점을 해소했다. 또 규격화한 자재를 사용하고 경량화, 표준화로 시공 공정을 단순화한 것도 특징이다.

내균열성 황토 온돌

㈜대동의 기술연구소가 자체 개발한 '내균열성 황토 온돌공법'이 건설교통부로부터 신기술로 인정받았다. 이번에 인정받은 신기술은 황토 제조기술을 비롯해 황토를 이용한 온돌 공법과 건물 바닥 공법 등이다. 이 공법은 전통 재료인 무수축·무균열 특성을 지닌 황토를 이용한 것으로,

원가 절감과 공기 단축의 효과를 가져다준다.

황토 온돌

월인하이테크는 우리 고유의 흙구들 온돌을 첨단 기법으로 현대화한 '룸테크 온돌'을 개발했다. 이 제품은 황토 또는 세라사이트(백토)로 마감하여 전통 흙구들의 장점을 그대로 살린 것으로, 자재가 가볍고 시공도 간편하며, 수명이 반영구적이다. 바이오 세라믹 제품이라 난방뿐만 아니라 인체의 피로를 풀어 주고 신진대사를 촉진시켜 준다. 내장된 축열 유도판은 난방이 정지되어도 6시간 이상 온도를 유지한다.

온돌은 청동기시대부터 우리 민족이 사용해 온 난방 형태다. 그만큼 우리 민족에게 여러 가지로 꼭 들어맞는 난방 시스템이라는 증거다. 우리 몸과 땅이 둘로 나눠질 수 없듯이 우리 몸과 전래의 온돌도 떼어서 생각할 수가 없다. 우리나라의 기후로부터 비롯된 온돌이고, 우리 몸의 생태로부터 비롯된 온돌이며, '은근과 끈기'라는 우리 민족의 근성으로부터 만들어진 온돌이기 때문이다. 이러한 온돌문화는 한반도 기후 환경에 지혜롭게 적응하고 대처해 온 창의적 문화유산으로서 중국 만주지방의 바닥 난방과 구별되는 주거생활상을 담고 한국인들에게 폭넓게 공유되는 관습적인 생활문화임을 감안해 최근 문화재청은 '온돌문화'를 국가무형문화재로 지정하였다.

이제부터는 우리의 대표적인 난방 관련 과학기술인 향토지식재산 온돌이 진정한 그 가치를 발휘하려면 우리 몸으로부터 떼어 놓고 객관화하는 작업이 필요하다. 발전을 위해, 세계화를 위해서는 객관적인 시각으로 우선 먼저 장단점과 실태를 파악하는 것이 선결 과제이기 때문이다.

환경 친화성 옷감,
안동포와 한산 모시

전통 섬유인 삼베와 모시는 모두 마(麻)섬유다. 삼베는 대마를, 모시는 모시풀이라고도 불리는 저마를 그 원료로 쓴다. 우리나라의 대표적인 전통 섬유들로 안동포·한산 모시·영변 무명·덕천 항라·공석의 돌실나이 등이 있는데, 그 이름들은 대개 산지의 지명을 붙인 것들이다.

안동포와 한산 모시가 우리나라에서 만들어지기 시작한 것은 아주 오랜 옛날이다. 안동포가 처음 등장한 문헌은 『삼국사기』로, 신라 선덕여왕 시대 전국적인 길쌈대회 때 안동포의 우수성이 알려져 궁중 진상품으로 선정되기도 했고, 화랑들의 군복으로 활용하기 위해 '마전'이라는 마직물 생산 장려 및 기술개발 기관을 두었다는 기록이 있다. 또, 그 당시 생산된 마직물은 중국이 흉내 내지 못하는 매우 뛰어난 기술이었다는 기록도 나와 있다.

모시가 역사에 등장한 것도 삼국시대다. 모시풀 재배와 모시 짜기는 고려·조선시대의 중요한 농가 부업이었고, 조선 후기에는 모시가 부족해 중국에서 수입해 올 정도로 그 인기가 아주 높았다.

안동포나 한산 모시 둘 다 땀의 흡수가 빠르고 빨리 건조되며, 통풍이 잘될 뿐만 아니라 열전도성이 커서 시원하고, 천연섬유라 인체에 전혀 해를 주지 않는 장점을 가지고 있다. 또, 안동포는 마찰에 대한 내구성이 커서 질기고 수명이 길며, 물에 대한 강도 또한 커서 세탁 시 손상이 적다. 옷의 모양이나 자태가 우아한 느낌도 준다.

특히 한산 모시는 잠자리 날개와 같이 섬세하며, 빨아 입을수록 빛이 바래지 않고, 백옥 같이 윤기가 돌아 항상 새 옷 같은 느낌을 주는 고급 옷감이다. 그러나 안동포나 한산 모시 모두 대표적인 단점은 신축성이 적어 잘 구겨지고, 세탁 후 손질하기가 불편하다는 것이다. 또, 염색이 까다로워 색상이 단조롭고, 기계에 의한 대량생산에는 한계가 있다는 점도 단점이다.

중국 베는 대마 생육 조건부터 다르다

삼베나 모시가 이웃 중국에서도 생산은 되고 있다. 그러나 우리나라의 제품과 중국의 제품은 그 질의 차이가 크다. 대마 생육의 조건이 달라 삼베 원료부터 품질 차이가 크다. 중국 삼베는 날염이나 염색 가공도 활발하나 품질 및 내구성에 여러 가지 문제점을 지니고 있다.

안동포는 직조가 고밀도로 형태 변화가 거의 없으며, 바닥이 까칠까칠하고 힘이 있다. 그런데 중국 삼베는 조직이 일정하지 않고 성글어 형태 변화가 심하며, 바닥이 얇아 힘이 없고 처질 뿐만 아니라 쉽게 헤어진다. 또, 한산 모시도 바닥이 고르고 섬세하며 까칠까칠하고 깔끔한 반면, 중국 모시는 거칠고 매듭이 많다. 한산 모시는 입을수록 윤기가 나고 내구성이 강한데, 중국 모시는 풀이 죽고 연하며 윤기도 없고, 한 번 입고 나면 옷감이 축 처진다.

그러나 아무리 우리 제품의 질이 우수하다 해도 필당 가격이 우리 것의 10분의 1도 안 되는 중국산과 경쟁하려면 기계화를 통한 대량생산을 반드시 이루어야 한다. 한 농가가 수작업으로 안동포 한 필을 짜는 데 1주일 이상 걸리므로 현재와 같은 방법으로는 도저히 생산비를 줄일 수가 없다. 더구나 농사 자체에도 일손이 부족한 요즘에는 농가들이 베나 모시 짜기를 꺼리고, 수요가 많지 않아 원료 재배 농가도 급속히 줄어들고 있다. 전통의 천연섬유의 위상을 지키려면 기계화를 이룰 수 있는 방안을 하루속히 강구해야 하는 것이다.

안동포와 한산 모시 등 전통 천연섬유 생산의 기계화, 산업화가 빠르게 이뤄지지 못하는 이유는 여러 가지다.

첫째, 마를 재배하고 가공하는 원료 작업 및 옷감을 짜는 제직 등 생산 공정을 아직까지도 대부분 수작업에 의존하므로 생산 비용이 많이 든다. 둘째, 상품으로서의 가장 큰 약점인 세탁 후 손질의 불편함이 제품가공 기술개발 등에 대한 연구 부족으로 옛날 제품에서 조금도 나아지지 않았다. 따라서 편리함을 추구하는 현대에는 수요가 늘어나기 어렵다. 셋째, 가공, 직조기술 자체를 길쌈이라 하여 산업보다는 부녀자들의 가사 중 하나로 여기는 의식이 첨단 기술로 발전시키는 데 걸림돌이 되고 있다. 길쌈류의 전통 기술 보유자가 있으나 그들의 기술을 현대 기술로 연결시키지 못하는 것이 하나의 예이다.

그 밖에도 농가 부업 형태로 재배되는 원료 생산의 영세성, 지방 5일장 등을 통해서 판매되는 유통 구조의 낙후, 홍보 부족, 중국산 저가 저품질 제품 수입 등의 이유로 전통 섬유 분야는 산업화로 치닫기는커녕 한동안 그 생산 기반이 급속히 무너지는 실정이었다.

옷감보다는 옷으로 세계화 추구

안동포와 한산 모시가 손질하기 불편하다는, 바쁜 현대에 있어서의 치명적인 단점을 지녔음에도 불구하고 특유의 깔깔함과 탁월한 통풍성으로 사람들에게 개운함과 시원함을 선사하기 때문에 그 수요는 꾸준히 이어지고 있다. 더구나 안동포는 대마섬유 가운데 세계에서 유일하게 의복으로 만드는 데 성공한 제품이고, 한산 모시 역시 세계 최고의 품질과 우아한 자태를 자랑하는 고급 여름 옷감이기 때문이다.

이런 안동포와 한산 모시가 뛰어난 우리의 향토지식재산임은 의심할 여지가 없다. 안동포의 원료인 대마와 한산 모시의 원료인 저마는 각각 우리나라만의 독특한 종자와 재배 조건, 제직 기술 등 고유의 특징을 가지고 있어 그 원료부터 다르다. 따라서 상품의 세계화를 했을 때 무한한 시장 점유가 가능하다.

또한 인류의 건강에 대한 욕구가 커지는 추세에 따라 무공해 자연 섬유의 선호도가 높아지는 반면, 자연 섬유의 소재는 희귀하고 한정되어 있어 천연섬유인 마직물을 잘 개발하면 고부가가치를 올릴 수 있다. 안동포나 한산 모시는 세계 유일의 마직물로 국제시장에서 반덤핑 제소를 당할 일이 없고, 무공해 산업이라 세계 어디에 가공공장을 세워도 수질 오염 등 환경 문제를 일으킬 염려가 없는 철저한 자연 친화성 산업으로, 세계인의 인기를 끌 수 있다.

그러나 안동포나 한산 모시의 세계화가 더욱 철저히 이루어지려면 단순하게 '동양의 멋'이나 호기심의 대상으로 여겨지는 데서 그쳐서는 안 된다. 또, 안동포나 한산 모시 연구자라 해서 직조 기술의 개발에만 관심을 기울여서도 안 된다. 즉, 이 섬유들에 적합한 염색 기술의 개발과 옷감

특유의 질감을 충분히 살릴 수 있는 디자인의 개발도 함께 활발히 이루어져야 한다.

　이 분야의 산업화에서도 진정으로 성공하려면 원료 재배, 가공, 직조의 기계화라는 좁은 틀에 한정할 일이 아니라, 관련 분야와 함께 공동의 목표를 지향해 나가는 지식공유와 협력 네트워크 체제를 갖춰야 한다. 다른 제품도 다 마찬가지겠지만 원료인 '옷감'으로서보다는 완성된 제품인 '옷'으로서가 훨씬 더 높은 부가가치를 올릴 수 있기 때문이다. 또 아름다움에 실용성이 더해진다면 세계 어느 누구든 몸에도, 환경에도 해가 없는 천연섬유를 선택하지 않을 이유가 없기 때문이다.

공예품에서 잠수함 바닥까지, 옻칠

'Japan'이라는 단어를 영어 사전에서 찾아보면 '일본'이라는 뜻 이외에 놀랍게도 '옻칠'이라는 뜻도 가지고 있음을 알 수 있다. 도자기가 영어로 'China'인 것이나 다를 바 없이 세계인들은 '칠기' 하면 곧바로 일본이 떠오르고, '일본은 곧 칠기'로 세계인에게 알려졌기 때문이다.

과연 '옻칠'이 일본의 고유 기술이고 일본이 칠기의 종주국일까? 그건 아니다. 단지 일본인들의 칠기에 대한 유난스러운 애착 덕분에 세계인들에게 옻칠과 일본이 동일시되고 있을 뿐이다.

그럼 과연 일본의 옻칠은 어디서 온 것일까? 두말할 것도 없이 옻칠은 우리나라에서 일본으로 건너간 기술이다. 우리나라 칠기사는 낙랑 칠기로부터 시작한다. 1931년에 발굴된 낙랑 고분에서 칠반명문이 출토되었고, 신라 35대 경덕왕 이전에 '칠전(漆典)'이라는 기관을 두어 각종 기물을 생산하게 하였으며, 신라 칠은 중국으로 가는 인기 수출품이었다. 고려 초, 국가적인 옻나무 심기 권장으로 고려의 '나전칠기'가 부흥을 했고, 이 나전칠기가 일본에 건너가 오늘에 이르게 된 것이다.

일본의 옻칠에 대한 애정은 나가노 동계올림픽에서 옻칠 메달을 사용한 것만 봐도 알 수 있다. 나가노 동계올림픽 조직위원회(NAOC)는 올림픽에서 수여된 500여 개의 금·은·동메달을 지름 7cm의 놋쇠 몸체를 바탕으로 24단계의 복잡한 공정을 거치는 옻칠 메달로 만들었다. 또 600년 전부터 가구 제작에 사용해 온 옻나무의 천연 원액으로 옻칠을 하고, 올림픽 엠블럼과 로고를 새겼으며, 여기에 다시 유약을 덧칠한 뒤 260g의 금·은·동을 표면에 칠한 것이다.

NAOC는, "옻칠 메달은 방수 기능을 갖고 있음은 물론 변색이 안 되며, 100년 이상 부식이 안 되는 반영구적 수명을 유지하고, 기계로 메달을 찍어 낸 과거 대회와 달리 전부 수작업을 거쳐 만들어 낸 가장 일본적인 예술품"이라고 입에 침이 마르게 자랑을 하였다. 이들은 나무 그릇뿐만 아니라 유리, 도자기 등에도 옻칠을 입히기 시작했고, 심지어는 공중전화부스, 변기 등에도 옻칠을 할 정도로 옻칠을 좋아한다.

옻의 진가는 땅 속에 묻혀 있었다

옻은 티베트 고원지대가 원산지로 알려진 난엽 교목 껍질에서 상처를 내면 흘러나오는 수액인 생옻으로부터 만들어진다. 옻나무 수액을 물건에 칠해서 말리면 반투명의 검붉은 색깔이 난다.

나전칠기, 목칠기, 가구 공예 등 전통 공예품에 많이 이용되어 온 옻이 부패 방지와 향균 효과가 뛰어나다는 점은 팔만대장경이 증명하고 있다. 700년의 세월 동안 대장경의 표면이 보호될 수 있었던 것이 옻칠 덕택이었다는 사실은 칠이 벗겨진 부분만 유독 훼손이 심하다는 점에서 확인된다.

옻은 산이나 알칼리, 그리고 높은 열에도 변하지 않는 데다 높은 전기 저항성과 내열성으로 전기 절연용 도료·내산 도료에 쓰이며, 잠수함 밑바닥에도 옻으로 칠해야 굴 등이 달라붙지 않는다. 실제로 국립중앙과학관 과학기술사연구실이 실시한 전통 과학기술 조사연구에 따르면 옻칠은 화학 도료인 페인트·에나멜 등과 달리 산이나 알칼리에 녹지 않으며, 내열·내염성과 방부·방충 효과가 컸다.

또, 봄에 어린 싹을 '칠순채'라 하여 데쳐서 나물로도 먹었고, 강장·위장 어혈·부인병 통경·구충 등 민간약으로 중히 쓰였다. 아직도 머리 염색에 옻을 쓰고 있고, 위장이 약한 사람들은 옻나무 껍질을 물에 넣고 끓여 옻 성분을 우려낸 물에 고은 옻닭을 먹는다.

옻 액에서 항암물질을 뽑아내 화제를 모으기도 했다. 산림청 임목육종연구소 나천수 박사팀이 옻 액의 주성분인 우루시올에서 항암 효과가 뛰어난 MU2 성분을 분리하는 데 성공, 우루시올과 MU2의 분리 방법과 약리 작용에 대한 특허를 획득한 바 있다.

연구진은 이 물질이 기존 항암제 테트라플라틴보다 동물 혈액암세포, 인체 폐암세포 및 위암세포 등의 생장을 억제하는 효과가 훨씬 우수한 것으로 확인되었다고 밝혔다. MU2는 테트라플라틴보다 훨씬 적은 양을 투여해도 똑같이 암세포 생장 억제 효과를 발휘한다는 것이다. 그 밖에도 MU2는 부패 방지와 숙취 해소 기능을 갖고 있는 것으로 밝혀졌다.

이처럼 많은 용도와 재질로서의 우수성이 있음에도 불구하고 화학 도료가 등장하고부터는 수천 년 내려오던 옻칠이 퇴색해 버렸다. 1970년대까지만 해도 국내에서는 제기(祭器) 등 각종 생활용품으로 칠기가 많이 쓰였으나 값이 비싸고 화학 도료에 밀려 주변에서 자취를 감췄다.

또, 생옻의 판매량도 1994년 이후에 현격히 줄어들었다. 주 수출국이던 일본이 값싼 중국산으로 구입처를 바꾸었기 때문이다. 아직도 국내 옻 생산량의 대부분은 일본에 수출되고 있고, 일부는 가구 업자에게, 나머지는 한약상에 팔리고 있을 뿐 더 이상의 대량 구매의 기회는 마련되지 않고 있는 실정이다.

현재의 옻칠 분야가 산업으로 정착되기까지는 여러 가지 문제점이 있다. 가장 시급한 문제는 역시 국내의 수요가 줄면서 생산이 줄고, 생산 감소로 값이 오르며, 국산에 대한 기피가 다시 생산 위축으로 이어지는 악순환을 되풀이한다는 점이다. 둘째로, 그나마 있는 생칠의 수요는 중국산 수입 생칠로, 정제 옻의 수요는 일본산 혹은 일본에서 정제한 중국산으로 바뀌고 있다는 점이다. 셋째, 국내 칠기 생산업체가 소규모 가내공업의 수준에서 벗어나지 못하는 점도 들 수 있다. 넷째, 국내에서는 옻칠을 칠기 생산 이외의 용도로는 사용하고 있지 않다는 점이다.

우리 옻을 살리기 위해

현재 우리나라에서 옻 산업이 가장 활발한 지역은 원주다. 원주 지역에서는 조선시대부터 옻을 재배해 왔다. 1939년 일본이 원주시 판부면에 옻나무 시험 재배를 한 후 대량생산에 성공해, 이를 계기로 옻 채취자 30명이 기술을 전수하여 오늘에 이르고 있다.

원주 지역은 치악산과 태백산이 남북으로 놓인, 대륙성 기후와 해안성 기후의 교차 지점이다. 여름에 단시간 동안 비가 자주 오고, 겨울에는 분지의 특성에 따라 기온이 낮다. 여름철에는 분산적 강우가 많아 지표면에 온기를 적기에 공급해 주는 등 기후적 특성과 지리적 특성이 옻나무의 생육에 알맞은 것으로 나타났다.

이러한 전통적인 이유와 최근 옻 산업에 대한 지방자치단체의 새로운 인식에 힘입어 원주시는 옻 산업을 지역 특산품으로 가꿔나가기로 했다. 우선 원주시는 1992년부터 관래 56ha의 땅에 100만여 그루의 옻나무 묘목을 심어 전국 제일의 옻나무 주산단지로 육성하였다. 옻나무는 묘목을 심고 5~6년이 지난 다음부터 매년 3,000그루에서 38kg의 옻 진을 채취할 수 있어 높은 소득이 기대되는 작물이다.

또한 원주시는 옻 산업을 발전시키기 위해 민간자본과 합작으로 지방공사 또는 조합을 설립하기로 하는 등의 옻 산업 육성 시책을 마련하였다. 또, 칠기공예관을 건립, 고유 기능전승자 발굴육성지원, 옻 상품 품질 인증제도 도입, 옻 연구소 운영 등 다양한 계획을 수립하고 있다.

칠기공예관으로 구룡산 진입로 변에 칠기 전시장 · 칠기 제작공방 · 시연장 · 전시 판매장을 갖추었고, 채칠과 정제 기술 · 도료 · 건강식품 등 옻 관련 제품을 개발하는 연구소 운영에도 중점을 두고 있다. 또, 원주시는 옻 산업을 관광 상품으로 발전시키고자 노력하고 있다.

옻칠 기술은 우리 민족 전통 공예의 정수이며, 대표적인 향토지식재산이다. 그러나 현대에 있어서 생활 칠기 생산에만 힘을 기울여서는 옻칠 기술 발전과 시장 확대에 한계가 있다. 우선 옻칠산업은 분명히 칠기산업과 구분해 생각해야 한다.

금속과의 부착력이 뛰어나 옻칠은 환경 조건의 변화에 크게 영향을 받지 않는다. 따라서 알맞은 도포(塗布) 조건만 찾으면 무공해 천연도료로 개발할 수 있다. 독일, 일본에서는 최근 옻칠을 도료로 응용하기 위한 연구를 활발히 하는데, 옻칠에 관한 유물이나 문헌이 많은 우리는 마음만 먹는다면 그들보다 훨씬 앞선 기술을 개발해 낼 수 있다. 옻을 더욱 체계적으로 연구하여 용도를 찾아내고 고부가가치의 상품을 개발해야 한다는 것이다.

또, 정제 옻의 대량생산을 위해 전통 정제기술을 발굴하여 대량생산에

적합한 신기술로 개발해야 하며, 이 기술개발을 통해 기계화한 정제공장을 건립하고 정제 옻의 대량생산이 이루어져야 한다.

물론 옻칠산업의 육성을 위해서는 역시 옻나무 심는 면적을 지속적으로 넓히는 일도 빼놓을 수 없다. 모든 산업의 기초는 풍부한 원료 공급에서부터 시작하기 때문이다. 우리나라가 옻나무 재배에 적합한 토질과 기후를 가졌다는 사실 하나만으로도 옻 산업은 우리에게 커다란 향토지식산업의 절대 유리한 프리미엄을 얻고 들어간 것이라 할 수 있다.

자연의 색깔을 재현하는
천연염료

화학 염료가 없던 시절 우리 조상들은 어떻게 색깔 옷을 만들어 입었을까? 일반 서민들은 염색하기 어려워 주로 흰 옷을 입고 살았지만 궁중이나 양반집에서는 화려한 색깔의 옷을 만들어 입었는데, 그 염색은 어떤 방법으로 누가 했으며, 그 기술은 오늘날 어찌 변했을까?

우리 선조가 사용해 온 천연염료의 제조 원리가 과학적으로 매우 우수할 뿐더러 개발의 여지가 많음이 최근 밝혀졌다. 국립중앙과학관 과학기술사연구실이 쪽·치자·홍화 등 식물 천연염료를 분석한 결과, 이들의 색소는 제조 과정에서 지하수에 녹아 있는 미량의 금속 등과 결합하여 화학 염료가 흉내 낼 수 없는 청아함과 아름다움을 표현하는 것으로 나타났다. 또 매염제 역할을 했던 석회(굴, 조개를 태운 가루), 잿물 등은 고온에서 화학반응을 일으켜 자연 색상이 잘 나타나도록 그 역할을 충실히 했음도 밝혀졌다.

우리의 전통 염료는 주로 자연 원료에서 추출하였기 때문에 그 색 자체도 자연과 어울리는 고운 때깔을 가진 것이 특징이다. 은은한 느낌의 색조는 화려한 색깔보다 옷의 아름다움을 돋보이게 한다.

우리 민족 특유의 품격 있는 색상으로 국제 경쟁력을 발휘할 수도 있지만, 천연염료의 가장 돋보이는 장점은 그 원료 자체가 자연의 일부인 천연물이므로 화학 염료와는 달리 무공해 염색이 가능하다는 점이다. 더구나 세계가 환경 보호를 위해 자연 친화적 상품에 훨씬 큰 점수를 주는 오늘날에는 천연염료 산업이 미래 산업으로 각광을 받게 되리라는 사실은 자명하다.

그러나 천연염료 제조가 이렇게 확실한 기술 산업인데도 불구하고, 정작 우리나라에서는 천연염료에 대해 관심도 크지 않고 산업화도 활발하지 않은 실정이다. 현재 우리나라의 천연염료 기술개발과 산업화 현황은 어떤지 살펴보자.

천연염료의 재료 가운데 우리나라 문헌에 나타난 식물의 종류는 50여 종이지만, 매염제와 염색 방법에 따라 100여 가지의 색깔을 낼 수 있다고 한다. 식물 염료의 원료로는 식물의 꽃과 잎·열매·뿌리 등이 이용되는데, 오늘날에는 쪽·홍화·치자·감·석류 피 등이 많이 쓰인다. 같은 원료로도 여러 가지 색을 내게 하는 매염제로는 잿물, 석회, 명반, 백반, 막걸리, 식초, 술, 아교 등이 주로 사용된다.

50여 종 식물로 100가지 이상의 색상 창조

일반적으로 식물 염색은 원료 수급·염액 제조·염색·후처리의 공정을 거치는데, 그 기술은 주로 기능 보유자들 사이에 구전되어 내려오는 전통 기술을 중심으로 계승해 왔다. 최근에는 대학의 의류학과나 공예학과를 중심으로 염색이 연구되고 있으나 주로 미적·예술적 차원에서의 접근이며, 천연염료의 화학적 구조 및 염착 메커니즘 등 과학적 연구는 미진한 편이다. 염료 제조와 염색의 산업화가 어려웠던 가장 큰 이유는 인적 자원의 부족이었다. 전통 기술을 가진 산업화 인력도 부족하고 연구에 종사하는 인력도 부족했다. 심지어 근로 조건이 열악한 노동 집약적인 산업이어서 노동 인력을 구하기도 힘든 상황이었다.

또, 무엇보다 해결이 안 되는 난점으로 기술 부족을 들 수 있다. 공정 표준화가 안 돼 색상 재현성이나 생산성이 낮고, 색소 성분의 화학적 규명이나 염착 및 퇴색의 메커니즘이 규명되지 않아 색상도 불안정하다. 염료 조제 및 매염제가 단순하고 염색 방법을 침염(浸染)에만 의존하므로 색상 및 디자인이 단순해질 수밖에 없고, 이는 또 부가가치 향상에 걸림돌이 된다. 이렇게 낮은 생산성, 낮은 부가가치, 낮은 경제성 때문에 전통 염료와 염색법은 산업화·대중화를 하지 못하고 그 기술은 여전히 개인에 의해 전승·발전되고 있다. 홍보는 주로 작품 발표회를 통해 이루어지고, 판매는 주문 생산 판매 등에 의존하고 있다. 따라서 전통 염색 옷은 비싸질 수밖에 없고, 대중화 역시 어려운 실정이다.

물론 염색 예술가의 연구로 전통 원료 외에도 차 찌꺼기, 양파 껍질, 도토리 깍지, 밤 껍질 등 새로운 원료를 찾아 낸 경우도 많다. 그러나 환경 친화성 염색이라는 대단한 강점을 충분히 발휘하여 세계시장에 당당히 서기 위해서는, 작품을 만들어 내는 것만으로는 아직 가야 할 길이 멀다 할 것이다.

선명한 색상을 얻기 위해 불순물이 섞여 있는 천연염료보다 순수한 염료 물질을 추출해 내야하고, 염료가 옷감에 잘 붙도록 하는 화학기술도 개발해야 한다. 또, 결국은 옷을 만드는 '옷감'의 염색이므로 천연 염색한 옷감의 질감이 충분히 살아나는 디자인의 개발에까지도 이 산업의 성패가 이어져 있는 것이다.

과학적이고 합리적인 전통 염색 기술

어떤 분야나 다 마찬가지겠지만 특히 천연염료 제조와 염색 기술개발을 위해서는 원료 수급 단계부터 조직적이고도 계획적인 준비를 갖추지 않고는 그 발전의 열매를 기대할 수 없다. 산업기술정책연구소가 내놓은 산업화 방안의 대략적인 내용을 보면 원료 재배부터 홍보까지 전 과정에서의 과제를 담고 있다.

1) 염료 원료의 집단 재배 단지 조성
2) 쌀 수매와 비슷한 형식의 염료 원료의 일괄 정부 수배
3) 전통 염색 시범공장 및 전문공장 설치
4) 고유 기술 상품 인증제 및 유사품에 대한 제도적 보호
5) 무형문화재 개념을 도입한 기능장 제정
6) 직업훈련소, 농업고등학교 등에서 천연 염색 분야 교육
7) 전문대학 내 관련 학과 설치
8) 천연 염색 전문연구소 설립
9) 생산자 및 판매조합 형성
10) 특정 상품으로 지정한 적극적인 홍보

우리 조상들도 무작정 옷감을 염료에 담가 염색을 한 것은 아니다. 옛날 조상들이 꽃잎 등에서 염료를 뽑아낼 때 사용한 잿물과 지하수는 강력한 염료 추출 기능을 갖추고 있었다. 지하수나 잿물에 녹아 있는 금속 이온은 흡착력이 높아 꽃잎의 색소와 반응하면서 염료를 뽑아내는 것이다. 또, 염색하기 전에 염료에 섞는 오미자물과 식초는 강산성을 띠어 염료를

쪽빛으로 물드는
대한민국 전통염색

2016 대한민국 무형문화재대전

옷감에 고착시키는 기능을 한다. 우리 조상들도 충분한 과학적 근거를 가지고 재료를 사용했음을 알 수 있다.

　이미 기술개발의 과제는 던져진 셈이다. 조상들이 사용했던 기술을 과학적으로 규명해 균질화하기만 하면 1차적인 기술개발을 이룰 수 있다고 본다. 기술의 균질화가 이루어진다면 무공해 염색 기술이라는 매력적인 향토지식재산으로 우리는 세계시장에 대거 진출할 수 있는 것이다.

한국의 정신이 담긴 그릇,
도자기와 옹기

우리나라는 세계 도자기의 종주국

일본은 물론 18세기 유럽 도자기의 시조인 독일 마이센 도자기도 거슬러 올라가면 조선시대 도자기 기술에 그 뿌리를 두고 있다. 임진왜란 당시 조선의 도자기 기술자들이 일본에 끌려가 이룩한 '아리타 도자기' 제작 기술을 독일인 비트커가 배워 만든 것이 '마이센 도자기'이기 때문이다.

그러나 지금 우리나라에서는 일본이나 타이완에 비해 도자기를 생활용기로 잘 쓰지 않는다. 갑작스런 근대화를 겪으면서 우리나라 사람들이 너무도 쉽게 우리 것을 포기하고 서양 것을 받아들인 데도 이유가 있겠지만, 도자기를 생활 자기로서 시대에 맞게 실용화시키는 속도가 다른 나라에 비해 떨어졌기 때문에 나타난 현상이라고 본다.

현재 도자기 생산은 전국 1,700여 업체를 중심으로 이루어지고 있다. 그러나 거의 영세 수공업의 수준에 머물러 있는 실정이다. 청자와 백자 등 전래 기술은 최고 수준이었으나 이 기술을 이어 받아 대를 잇는 도공이 부족하고, 원재료 배합 기술과 잉크 및 자동화 기술은 오히려 일본에 의존하고 있다. 심지어는 우리나라에서 배워간 기술로 만든 도자기 그릇세트가 역수입되어 5배 이상의 비싼 값에 팔리는 기현상까지 일어나고 있다.

전통 도자기 제작 분야가 산업으로서 활성화하려면 도자기를 생활 자기로 실용화하여 우선 일상생활에서 많이 쓰도록 수요를 유도하는 일이 필요하다. 그 다음에는 생활 자기의 대량생산, 대중화를 위해 전통 기술을 현대화해야 한다. 전통 기술의 현대화를 위해서는 다음의 몇 가지 문제를 고려해야 한다.

첫째, 원료 정제기술의 개발이다. 천연원료는 대개 불순물이 함유되어 있는데, 이 불순물을 제거해야만 양질의 도자기 원료가 될 수 있다. 대량생산의 가장 기본이 되는 원료 품질의 균질화는 원료 정제기술에 의해서 이룰 수 있는 것이다.

둘째, 현대 채색료의 활용을 통한 다양한 색의 발현이다. 전통 도자기는 색깔을 내기 위해 철과 그 화합물, 코발트 등의 광물을 이용하는 데서 그쳤다. 다양하고도 현대 감각에 맞는 색을 발현하려면 새로 나온 안료들을 도자기 제작에 활용하는 방법을 연구해 보아야 한다.

셋째, 자기의 형태는 고전적 멋을 감안하되 인체공학 등을 감안한 현실 감각에 맞는 디자인으로 개발해야 한다. 또, 너무 투박하지 않게 만들면서 잘 깨지지 않게 강도를 유지하도록 하는 연구도 필요하다.

넷째, 모란 무늬, 연화(蓮花) 무늬, 초화(草花) 무늬 등 전통 도자기에 자주 쓰였던 우리나라 고유의 무늬를 현대 감각과 융화하여 재현해 낸다면, 더욱 고품위의 도자기를 만들 수 있을 것이다.

다섯째, 상감기법 등 도자기에 무늬를 새겨 넣은 전통 기법을 전승하여 현대 도자기에 접목, 발전시켜야 한다.

일본 도자기의 공격을 막기 위한
기술개발이 급선무

현재 우리나라에도 현대 생활 도자기 생산으로 국제 경쟁력을 갖춘 업체가 여러 군데 있다. 국내시장 확산을 위해, 그리고 세계시장 석권을 위해 그들이 무엇에 중점을 두고 있는지 살펴보자.

한국도자기

도자기 단일 업체로는 세계 최대 규모의 기업이다. 한국도자기는 십장생 무늬, 단청 등 전통문양을 활용하여 도자기를 디자인하고 있다. 품질의 경우 그동안 해외 수출을 통해 한국도자기가 축적해 온 본차이나(쇠뼈 가루를 함유시킨 제품) 기술을 최대한 발휘하여 외제에 비해 강도와 투명도가 뛰어난 제품을 만들어 내고 있다.

또, 1996년 도자기 업체로는 최초로 한국품질인증센터로부터 ISO 9001 인증을 획득했다. ISO 9001 인증은 한국도자기가 생산하는 본차이나와 고향 도자기 제품에 대한 설계, 개발, 제조 방법 등이 국제품질보증표준으로 인정되어 얻게 된 것이다.

청주시에 본사와 공장이 있는 한국도자기는 이미 세계 50여 개 나라에 수출하고 있는데, 1992년 인도네시아에 현지 공장도 세워 동남아 지역에 대한 본격적인 진출에 나섰다. 뿐만 아니라 인도네시아에서 인기가 높아 가장 큰 백화점인 메트로백화점과 고소백화점에서 최고 매출 기록을 세우기도 했다. 한국도자기는 수출뿐만 아니라 수입 일본 도자기로부터 내수시장을 지키기 위한 기술개발에 특별히 더 힘쓰고 있다.

행남자기

행남자기 역시 일본 도자기가 밀려들어 올 것에 대비하여 디자인 개발과 수출 증대에 주력하기로 새로운 경영 전략을 수립하였다. 또, 품질 향상을 위해서는 디자인의 차별화가 중요하다고 판단, 디자인 개발 전산화에 많은 투자를 하고 있다. 또한 전 디자인, 전사지, 색분해, 필름인화 및 현상, 인쇄에 대한 자동화 작업을 이루어 전체 개발 기간이 이전보다 크게 단축하였다. 행남자기는 미국, 영국, 이탈리아 외에도 유럽, 동구권, 타이완 등지에 적극 진출하고 있다.

광주요(廣州窯)

광주요는 생활 실용자기를 청자, 분청, 청화백자의 맛을 살려 만들고 있다. 때로는 수출 상대의 기호에 맞는 그릇을 만들기도 하지만, 한국 전통 도자기의 맛을 살리기 위해 문양기법으로 상감, 음양각 등 전통 기법을 사용하고 있다. 따라서 기계화 작업을 통한 대량생산은 못 하고 있지만 '핸드 메이드'의 소량 고급품으로 스스로 자리를 매기는 데 성공했다. 또, 민간 전통 도자기 연구소로는 국내 최대 규모인 '재단법인 광주요 도자문화연구소'를 설립했다. 경기도 이천시에 건립한 이 연구소는 전통도자기연구실, 공방 등 연구시설과 전시장 등을 갖추고 있으며, 연구 결과를 사업화로 연결할 수 있는 실험 공장도 함께 있다.

고유 미와 정신이 살아 있어야
진짜 우리 도자기

도자기는 단순한 생활 용품으로서가 아니라 한국인의 정신으로 여겨져 왔다. 또, 도자기가 원래 우리나라에서 비롯된 그릇이기 때문에 생활 자기에는 반드시 한국적 세련미가 담겨 있어야 한다.

고령토로 빚고 유약을 발라 구워 낸다 해서 바로 도자기가 되는 것이 아니다. 그릇의 선이나 색, 문양에서 우리의 전통을 찾아볼 수 있어야 한다. 고령토를 이기고, 그릇을 빚어 구워 내는 기술은 현대화·기계화하되, 문양이나 선·색은 우리 고유의 전통을 살려 그릇 속에 한국의 정신이 살아 있어야 세계로부터 인정받을 수 있고, 세계로부터 인정받으면 우리의 자기 문화도 더욱 향상될 수 있을 것이다.

살아 숨 쉬는 그릇, 옹기

한편 오랜 세월 동안 우리의 먹을거리를 보관하는 데 쓰여 왔던 옹기, 그러나 우리의 살림살이 가운데서 사라졌던 옹기가 최근 그 위생상, 건강상 장점이 부각되면서 다시 부엌으로 들어오고 있다.

전통 옹기는 납 성분의 유약을 쓰는 요즘의 다른 용기와 달리 잿물을 사용하며, 섭씨 1,200℃에서 구워 내므로 빛깔은 어둡지만 단단하고 인체에 해가 없다. 또, 옹기를 구워 낼 때 화학반응으로 결정수가 빠져 나가면서 틈을 만들어 통기성과 정화 능력이 뛰어나다. 이를 오늘날의 용어로 다시 정리하면 옹기가 '바이오 그릇', 즉 '숨 쉬는 그릇'이라는 것이다. 옹기는 김치, 간장, 된장, 고추장 등 발효식품을 제맛대로 오랫동안 저장 보존해 주는 특성을 가지고 있고, 물을 담아 두어도 썩지 않을 뿐만 아니라 불순물도 정화하는 '첨단 용기'인 셈이다.

이런 강점에도 불구하고 옹기가 쉽게 신세대의 부엌에 들어오지 못하는 이유는 겉모양이 투박하고 냉장고 등 저장 공간에 맞지 않는다는 점이다. 따라서 옹기의 경우, 특히 현대 감각과 생활환경에 맞는 새로운 형태의 제품 개발이 대중화의 필수 요건이다. 예를 들면 이런 것들이다.

가마촌 옹기 뚜껑 구이판

옹기 전문 '명진도예'가 제작한 구이판. 장독 뚜껑을 뒤집어 놓은 듯한 그릇을 구이판으로 개발한 것. 소나무밭에서 나온 부엽토에 소나무나 참나무 재를 물에 섞은 천연 유약으로 만들었다. 바이오 세라믹 효능과 함께 고기를 구울 때 연기도 나지 않는다.

숨 쉬는 항아리

'승원그린'이 개발한 김칫독. 밀폐가 어렵고 무거운데다 공간까지 많이 차지하는 장독의 단점을 보완한 제품. 고령토를 써서 항아리를 만들고, 뚜껑으로 완전 밀폐가 가능하며, 가벼운 플라스

숨 쉬는 항아리

틱 제품을 사용하였다. 냉장고 보관이 가능하도록 모양을 사각형으로 만든 것도 실용성을 더해 준다.

생태 질서와 전통 정서를 지켜주는
토종 동식물

　향토지식재산 가운데 가장 중요하고도 기본이 되는 요소는 바로 토종 동식물이다. 된장, 간장을 담가도 순수 토종 콩으로 된 메주로 담가야만 제맛이 나고, 한과도 수입 견과류로는 절대로 고유의 맛을 재현할 수 없다. 또, 김치도 재래종 배추나 무로 담가야 조직이 부드럽고 양념과 잘 어울려서 더 깊은 맛을 내게 된다.

　그런데 토종이란 과연 무엇을 말하는가? 우리나라에서 자라고 우리나라 땅에서 재배되면 바로 토종이라 할 수 있는가? 그렇지는 않을 것이다. 얼룩빼기 젖소가 우리나라에서 태어나고 죽었다 해서 한우가 될 수 없음은 당연한 일이다.

　우리나라에 살고 있는 생물은 2만 8,462종. 이 가운데 자연환경보전법으로 보호하는 토종 동식물은 모두 4,935종인데, 200여 종은 이미 멸종이 시간문제인 상태에 이르러 있다. 전래동화에 단골로 등장하는 호랑이, 따오기, 여우, 자라, 구렁이, 창포, 소쩍새 등도 이미 사라졌거나 사라지고 있다는 이야기다.

토종 동식물은 정서적인 이유뿐만 아니라 환경적인 이유, 경제적 가치로도 매우 중요하다. 그 흔하디흔한 은행잎이 독일의 제약회사로 수출되어 모두 달러로 변한다는 사실만으로도 경제적 가치가 증명된다. 특히 1992년 세계생물다양성협약이 발효된 이후 전 세계가 토종 동식물을 경제적 자산이라는 인식을 하게 되었고, 각 나라가 자국의 토종을 적극 보호하게 되었다.

현재 국제간에는 '씨앗 전쟁', 즉 우수 종자 전쟁이 벌어지고 있다. 각 나라가 자기 나라의 농업을 살리기 위해 정부 차원에서 좋은 품종의 씨앗 (유전자원)을 확보하기 위해 혈안이 되어 있다. 옛날 문익점 선생이 붓두껍에 목화씨를 숨겨 들여오던 때와는 상황이 달라진 것이다. 지금은 식물신품종보호협약동맹기구(UPOV)에 등록된 신품종을 로열티를 지불하지 않고 확보, 번식시켰다가는 '씨앗 도둑'으로 낙인찍히는 실정이다. 그런데 우리는 씨앗 확보는 고사하고, '씨앗 지키기'나 '토종 보호하기'에도 소홀한 편이다.

토종 보호는
이 땅에서 살아남기 위한 노력

토종이 더욱 더 중요한 이유는 그것이 우수한 신품종을 만들어 내기 위한 기초 자원이기 때문이다. 1970년, 많은 사람을 기아로부터 해방시킨 공로로 노벨평화상을 받은 미국의 농학자 볼로그 박사. 그의 공로의 구체적인 내용은 키가 작아 잘 쓰러지지 않으면서 수확량이 매우 높은 밀 품종을 육성, 인도나 파키스탄 · 멕시코 등지에 보급함으로써 인류의 배

고품을 덜어 준 것이다.

그가 개발한 신품종 밀이 우리나라 토종 밀인 '앉은뱅이 밀'로부터 추출한 유전자로 만들었다는 것을 생각하면, 아직도 우리 주변에 지천으로 흩어져 있는 토종 동식물을 무심하게 지나칠 일이 아니다. 토종의 실태를 파악하고 토종의 과학적 활용법을 연구하는 것이 우리의 자원이 살고, 우리 민족이 오래도록 이 땅에서 풍요롭게 살 수 있는 길이다.

현재도 돈이 되는 토종 동식물은 여러 종류가 있다. 한라산의 구상나무는 크리스마스트리용으로 세계적으로 가장 많이 팔리는 나무고, 우리의 토종 고려인삼·영지버섯·은행잎은 세계 어느 나라 것보다 약효가 좋다고 인정받은 바 있다. 또 진돗개나 풍산개 등의 우수성도 검증되고 있는 중이다.

토종 동식물에서 활용 가치를 찾아낸다면 우리 것을 세계적으로 자랑할 수 있는 계기가 됨은 물론이고, 원료도 거의 무한정으로 조달할 수 있어 그 경제성은 높을 수밖에 없다. 또, 토종을 지킴으로써 우리의 생태 질서를 지키고, 전통 정서도 후손에게 물려 줄 수 있다. 이런 이유로 토종에 대한 연구는 향토지식재산의 개발 노력 가운데 그 어떤 분야보다 활발하게 이루어져야 할 부분이라고 본다.

그러나 토종 동식물의 연구는 개인은 물론 몇몇 기업의 힘으로 이루어낼 수 있는 일이 아니다. 우리 땅에 사는 사람들의 먹을거리와 환경 등 총체적 미래를 보장하는 일이니만치 그 무엇보다도 심도 깊게 전문적으로 이루어져야 함은 말할 것도 없다. 정부의 지원과 학계의 연구, 기업의 투자가 어우러져야 하고, 거기에 민간의 관심과 애정까지 곁들여져야 하는 광범위하고도 중요한 문제인 것이다.

토종이 살아야
먹을거리도, 환경 문제도 해결

앞으로 토종 생물 연구와 활용은 1997년 창립된 한국토종연구회를 중심으로 한국야생식물·식량작물·원예작물·육상동물·어류·곤충·균류·세균 탐사위원회 등이 이루어지고 있다.

토종에 관해서는 이만큼 우리가 눈을 돌려야 할 분야가 많고도 넓다. 다시 말해 토종 현황의 지속적 조사, 국내외 토종 관련 법령 조사와 검토, 경제성 있는 토종의 발굴, 멸종 위기종의 서식지 보존, 국외 반출 토종 되찾기, 토종 탐사 및 교육 지도 등의 사업이 그러하다.

한편, 경북 농촌진흥원은 1998년부터 사라져 가는 토종 농산물의 종자를 희망하는 농가에 나눠 주는 작업을 하고 있다. 현재 우리나라에서 재배되고 있는 식물의 종자들은 대개 생산량을 늘리기 위한 개량종자들로, 옛날 선조로부터 물려받은 토종 농산물이 멸종 위기에 있음을 안타깝게 여긴 때문이다. 농촌진흥원은 시골의 장날 장터, 향토 사학자, 농산물 주산단지 등을 찾아가 씨앗을 구하였다고 한다.

우리 민족의 형제와도 같은 토종 동식물

토종 동식물들은 그 이름조차 생소한 것들이 대부분이다. 그러나 이들 모두 우리 민족이 이 땅에서 태어난 토종임이 틀림없듯이, 우리의 땅에서 함께 자라난 우리의 형제와도 같은 동식물들이다. 각계각층 뜻있는 사람들의 부단한 연구의 결과로 이미 토종 동식물 가운데서 새로운 가치들이 속속 나타나고 있다. 그러나 여기 실은 내용은 아주 작은 부분임을 미리 밝혀 둔다.

붉나무의 열매 오배자

산림청 임업연구원은 1997년 토종 식물인 옻나무과의 붉나무의 열매 '오배자'에서 폐암, 난소암, 피부암 등의 암세포 성장을 억제해 주는 메틸 갈레이트 등 항암물질 추출에 성공했다. 붉나무 추출물 메틸 갈레이트는 쥐, 토끼 등의 암세포 성장을 50% 이하로 떨어뜨리는 등 동물 임상실험에 성공한 상태. 또 인체 노화 방지에도 효과가 뛰어난 것으로 나타났다. 임업연구원은 현재 붉나무를 약용 수종으로 지정해 약재화하는 방안을 연구 중이다.

쥐눈이콩

강원도 정선 지역에서 주로 나는 토종 콩인 쥐눈이콩(서목태)은 콩과의 다년생 넝쿨풀이다. '쥐눈이콩'이란, 검은 콩이 쥐눈처럼 반짝반짝 윤이 난다고 해서 붙은 이름이다. 열병과 고혈압 등에 특효가 있는 것으로 알려져 '약콩'이라고도 불렸지만, 몇 년 전까지만 해도 농민들로부터 천대받던 품종이었다. 그러나 1995년 이 지역 영농조합법인이 간장 제조용으로 계약 재배를 하면서 서서히 사람들의 관심을 끌기 시작했다. 이 지역에서 나는 쥐눈이콩으로 바로 이 지역에서 간장, 된장을 만들어 파는 것이다. 콩으로 파는 것보다 높은 부가가치를 올릴 수 있을 뿐더러, 토종 콩으로 담근 장류는 수입 콩으로 담근 것보다 훨씬 더 인기가 있어 농가는 높은 수익을 올릴 수 있다. 또한 관광객을 유치하기 위해 장류는 물론 국수와 두부, 막걸리 등 쥐눈이콩으로 만드는 전통 음식 전시 판매장과 콩나물공장도 지어 이른바 쥐눈이콩을 이용한 종합 마케팅을 펼치고 있다.

칡소

강원도 축산기술연구센터
는 토종 가축을 원형 상태로
복원해 우리 고유의 맛을 지
닌 고급육으로 개발하기로
했다. 농가 소득을 높이기 위
한 아이디어지만 덕분에 칡

소, 재래 돼지, 토종닭의 고기를 다시 맛볼 수 있게 되었다. 이 밖에도 재
래 돼지, 토종닭의 종돈, 종란을 농가에 보급·분양하고 전문적으로 사육
케 함으로써 지역특화 산업화도 꾀하고 있다.

개구린

서울대 유전공학과 이병재 교수팀은 토종 옴개구리 피부에서 기능성
이 뛰어난 항생 물질을 분리해 내는 데 성공했다. 이 항생 물질의 이름은
'개구린'. 개구리가 지저분한 환경에서도 끄떡없이 살아가는 데서 착안
하여 연구를 시작한 결과다. 이 항생 물질은 세균, 곰팡이는 물론 암세포
를 퇴치하는 효능까지 가지고 있다.

5

글로컬 기업화 성공 사례

Pulmuone

글로벌 로하스기업을 향하여,
풀무원

1980년대 국내 전통 식품 가공업체 대부분은 규모가 작고 판매 시장도 지역사회에 한정되어 있었다. 전통 식품 가공업은 기본적으로 소량의 고급품이나 특산품을 만드는 데 적합한 업종이다. 전통 식품 가공업체가 두부, 콩나물, 면 등 일상에서 매일 먹는 식품을 제조하여 품질과 위생, 신선도를 유지하면서 전국적인 유통 판매망을 확보하는 것은 쉬운 일이 아니다. 전통 식품을 기반으로 사업을 시작한 중소업체 가운데 이 같은 한계를 극복하고 글로벌 기업화에 성공한 대표적인 사례가 '풀무원'이다.

1984년 법인 설립 당시 10여 명으로 시작한 풀무원은 창사 30여 년 만에 직원 1만여 명에 연매출 2조 3천억 원이 넘는 한국의 대표적인 바른먹거리와 로하스생활기업으로 성장 발전하였다.

창사 초기 두부, 콩나물 등 전통 식품을 가지고 사업을 시작하였으나 현재는 신선식품과 음료를 중심으로 건강기능식품, 급식과 컨세션, 친환경식품유통, 먹는 샘물, 발효유 등 다양한 영역에서 사업을 펼쳐 나가고 있다.

풀무원 연수원 '로하스 아카데미'

1991년 국내 사업을 기반으로 일찌감치 해외에 진출하여 현재 한국과 미국, 중국, 일본 등 글로벌 4대 두부 빅마켓에서 세계 No.1 두부기업으로 위상을 확고히 하며 글로벌 식품기업으로 성장해 나가고 있다.

풀무원은 한마디로, 전통 식품이라는 지식유산을 차별화하여 개발하고 성장 발전시켜서 기업화에 성공한 회사라고 할 수 있다. 어떤 업종이든 기업화에 성공하기 위해서는 제품, 유통, 가격, 판촉에서 경쟁업체보다 확실히 앞서 있어야 한다.

풀무원의 경우 초기에 두부와 콩나물을 주력 제품으로 사업을 시작하였고, 전통 식품을 소재로 했다는 점에서는 그때까지의 다른 기업과 특별히 다를 바가 없었다. 하지만 그때까지 늘상 먹으면서도 불안했던 두부와 콩나물을 '내 가족이 안심하고 먹을 수 있는 바른먹거리'라는 확고한 콘셉트 아래 소비자들이 안심할 수 있는 신선한 포장 제품으로 내놓은 것이 획기적인 차별 포인트가 되었다.

풀무원은 초기의 성공에 멈추지 않고 고객의 니즈에 맞춰 끊임없이 혁신을 통해 맛과 영양을 고루 갖춘 '바른먹거리'라는 새로운 가치를 지속적으로 제공함으로써 오늘날과 같이 성장할 수 있는 밑바탕을 마련하게 되었다.

풀무원의 성공적인 기업화 추진 과정은 전통적인 지식유산을 새로운 시각에서 발상을 전환하여 지속적으로 혁신함으로써 글로벌기업화에 성공한 대표적인 롤 모델로 평가받고 있다.

풀무원의 시작

풀무원이 기업화에 성공한 요인과 과정을 알아보기 전에 그 탄생 배경을 살펴볼 필요가 있다. 기업으로서 풀무원이 추구하는 방향이 바로 여기에서부터 시작되기 때문이다.

풀무원의 모태(母胎)는 '풀무원 농장'으로, 그 역사는 1955년까지 거슬러 올라간다. 한국전쟁 직후 먹고살기 어렵던 시절, 평안남도 중화 출신의 원경선 원장은 경기도 부천에 협동농장을 세운다. 전쟁이 끝나고 휴전이 되자 전쟁고아, 노인, 장애인들이 농장으로 들어왔다. 이웃이 불행하면 나도 불행해질 수밖에 없으니 함께 일하고 함께 먹고 살기로 한 것이다. 기독교 신자인 그가 자신의 믿음을 행동

생전의 원경선 원장

으로 옮기기 위해서였다. 그는 뿌리를 잃고 떠돌던 사람들을 이곳에 모아 함께 생활하면서 농장을 일구어 나갔다. 대장간에서 풀무질을 하여 강한 쇠를 만드는 것처럼 쓸모 있는 사람을 만들어 낸다는 뜻에서 농장의 이름을 '풀무원'이라 했다.

함께 농사를 짓고 함께 나누어 먹는 공동체 생활 20년 만인 1970년대 중반, 환경오염 방지와 무공해 농산물의 중요성을 다시금 깨닫게 된 원경선 원장은 그때부터 유기농법에 힘을 쏟기 시작했다. 식량 증산을 절대적인 목표로 하던 당시에 화학 비료와 농약을 쓰지 않는 유기농법은 몇 배의 노력이 더 필요한 어려운 길이었다. 농약과 화학 비료를 쓰지 않아 김을 매는 일부터 퇴비를 만드는 일까지 일일이 사람의 손이 가야 했고, 자연히 농사 경비도 훨씬 많이 들어갔다. 결국 농사 시작 두 해 동안 큰 손해를 보게 되었다. 3년이 지나서야 땅에 힘이 생기면서 제대로 수확을 할 수 있었다.

원경선 원장이 이러한 현실적인 어려움에도 불구하고 유기농을 고집한 것은 이웃 사랑과 생명 존중의 정신에서 비롯되었다. 농작물 소비자는 우리 이웃인데 이웃의 생명을 죽이는 농약을 어떻게 사용할 수 있겠느냐는 것이 '이웃 사랑' 정신이고, 흙 1g 속에는 적게는 5,000만 마리에서 많게는 1억 마리의 미생물이 살고 있는데 농약과 화학 비료를 사용하면 이런 미생물이 죽게 되므로 이를 보호하여야 한다는 것이 '생명 존중' 정신이다.

원경선 원장의 아들 원혜영(현 국회의원)이 1981년 5월 이 풀무원농장에서 기른 배추와 무를 팔기 위해 서울 압구정동에 작은 야채 가게를 열었다. 우리나라 최초 유기농산물 판매 가게다. 당시 사람들이 '유기농'이라고 하면 잘 모르니까 '무공해'라고 하여 "풀무원농장 무공해농산물 직판장"이라는 간판을 내걸었다. 이 직판장이 풀무원 기업화의 출발점이다.

원혜영은 1984년 친구인 남승우와 함께 직판장을 법인화하였다. 원혜영이 1987년 경영에 손을 떼면서 풀무원은 남승우 대표 독자 체제로 운영됐다. 남 대표는 이후 33년간 회사를 성공적으로 이끌어 풀무원을 한국의 대표적인 바른먹거리와 건강생활기업이자 미국, 중국, 일본을 중심으로 활발하게 사업을 펼치는 글로벌 로하스기업으로 성장시켰다. 2017년 말, 남 대표가 사전 약속한 대로 회사 경영에서 은퇴하면서 풀무원은 새로운 전환기를 맞았다. 풀무원은 2018년 남 대표에 이어 입사 1호 사원인 이효율 대표가 회사 경영을 맡으면서 창사 이래 처음으로 전문경영인 시대를 열었다.

전통 식품의 새로운 개발

한국 유기농의 아버지로 불리는 원경선 원장은 지난 2013년 100세를 일기로 작고하였다. 그러나 풀무원농장에 국내 최초로 유기농법을 도입한 그의 신념은 기업 풀무원에 그대로 이어졌다.

풀무원은 원경선 원장의 '이웃 사랑'과 '생명 존중'의 정신을 브랜드 정신으로 계승하여 "인간과 자연을 함께 사랑하는 로하스(LOHAS)기업"이라는 기업 미션으로 진화 발전시켰다.

'로하스(LOHAS, Lifestyles Of

풀무 풀무원 농장의 설립자인 원경선 원장은 녹이 슬고 쓸모없는 잡철이 풀무질로 일해 단단하고 쓸모있는 유용한 농기구로 변하듯, 사람도 풀무질을 통해 사회에 필요한 인재로 만들겠다는 뜻에서 농장의 이름을 '풀무원'으로 지었다.

Health And Sustainability)'는 '건강한 삶과 지구환경의 지속 가능성을 추구하는 라이프 스타일'을 뜻하는 말로, 풀무원은 시작부터 로하스를 추구하는 기업이었다.

풀무원의 초기 성공에는 두 가지 요인이 있다. 하나는 소비자와 시대의 변화에 대한 예측이 적중한 것이다. 다른 하나는 소비자와 뗄 수 없는 전통 식품을 주 품목으로 선정한 점이다.

1980년대 중반은 사회 전반적으로 소득이 향상되고 이에 따라 구매력도 늘어나던 시절이다. 먹고사는 문제가 해결되면 사람들은 여러 가지 레저 활동에 힘을 쏟게 되고, 자신의 건강 문제에 커다란 관심과 정성을 쏟는다. 건강과 밀접한 관계에 있는 것이 바로 먹을 것에 대한 문제인데, 허기를 채우는 단계를 넘어서면 좀 더 깨끗한 음식과 더욱 안전한 식품을 찾게 되는 것은 당연한 일이다.

우리나라 사람에게 김치, 두부, 콩나물은 식탁에서 빼놓을 수 없는 음식이다. 김치는 그때만 해도 각자 집에서 담가 먹는 것이지 사 먹는 음식은 아니었다. 그러나 두부와 콩나물은 이야기가 다르다. 대부분 사 먹는 것인데, 여기에 문제가 있었다.

지금도 가끔 불량식품 기사가 보도되고 있지만, 1980년대 초반만 해도 '석회 두부', '농약 콩나물' 등 불량식품 기사 보도가 다반사였다. 소비자들은 당연히 커다란 불신감을 가질 수밖에 없었다. 풀무원은 바로 이 점에 착안하여 사업의 방향을 잡았다. 우리나라 사람들 밥상에 매일 오르는 두부, 콩나물 등 전통 식품을 소비자 욕구에 맞추어 신선한 제품으로 공급하기로 한 것이다. 때맞추어 1985년 무렵부터 건강식에 대한 관심이 크게 높아지기 시작했다. 무공해·무농약 식품을 내세운 풀무원의 전략은 그대로 들어맞았고, 국내 전통 식품 산업은 그때까지와는 전혀 다른 새로운 시대를 맞게 되었다.

음성 풀무원 두부공장의 자동화 시스템

품질이 달라야 한다

풀무원은 현재 신선식품과 음료를 중심으로 식자재, 건강기능식품 등 다양한 영역에서 사업을 펼쳐 나가고 있다. 하지만 풀무원 초창기에는 두부와 콩나물이 주력 제품이었다.

두부와 콩나물이 콩에서 비롯되었음은 누구나 다 아는 사실이다. 콩의 단백질은 식물성 식품 중 가장 질이 좋으며, 그중 40%가 필수 아미노산이다. 콩에 들어 있는 여러 성분은 뇌의 노화를 방지하며, 고혈압·비만 등 성인병을 예방하는 데 도움이 된다. 또한 간 기능을 회복시켜 주며, 장에 있는 세균을 적절히 조절하는 기능까지 한다.

콩을 날로 먹으면 우리 몸에 거의 흡수되지 않는다. 그러나 콩으로 된 장을 만들어 먹으면 80% 이상이 흡수되고, 두부로 섭취하면 95%를 흡수할 수 있다고 한다. 콩나물국은 예로부터 저혈압과 감기에 좋은 효과를 보이는 식품으로 알려져 있으며, 숙취를 제거하는 데에도 뛰어난 효능이 있다. 이렇듯 우수한 전통 식품도 재료나 만드는 과정이 제대로 되어 있지 않다면 좋은 결과물이 나올 수 없음은 당연한 일이다.

풀무원은 신선한 전통 식품을 공급하기 위해 먼저 원재료를 달리했다. 순수 토종 원료로 두부와 콩나물을 만들어 '풀무원'이란 브랜드를 붙인 것이다. 거기에 정부의 공식적인 식품 관리 기준보다 훨씬 더 엄격한 내부 규정을 만들어 제품 생산에 적용했다.

풀무원의 "신선하고 안전한 원료 농산물을 사용 한다."는 원칙은 제품 경쟁력의 핵심이 되었다. 풀무원은 이를 위해 화학비료와 농약 그리고 방부제의 폐해로부터 안전한 원료를 사용한다는 원칙을 고수하였다. 좋은 원재료를 사용하는 것부터 출발했던 풀무원의 원칙은 원료뿐 아니라 가공, 포장, 유통 전 단계에 걸쳐 적용되는 현재의 '바른먹거리 원료 원칙'으로 진화하였다.

풀무원은 현재도 바른먹거리 원료 원칙에 따라 유해물질로부터 안전한 원료, 원산지와 이력에 대한 정보 추적이 가능한 원료, 방사선과 항생제·성장촉진제로부터 안심할 수 있는 원료를 사용한다. 트랜스지방이 함유된 가공 경화유는 사용하지 않는다.

풀무원은 두부 제조의 초기부터 어떤 응고제를 쓸 것인가를 고민하면서 첨가물 문제에 관해서도 원칙을 만들었다. 무첨가를 원칙으로 하되 첨가가 꼭 필요하면 천연첨가물을 쓴다는 큰 원칙이었다. 풀무원의 경영진은 그 당시 이 원칙을 떠올리며 두부제조과정에서 유화제를 포기했다. 비록 작은 결정에 불과했으나 첨가제에 한없이 자유로웠던 그 시절 한국 가공식품의 현실을 헤아릴 때 아주 혁신적인 일이었다.

풀무원은 1988년 식품 첨가물 사용 원칙을 제정하고, 다음 해에는 대학교수와 외부 인사로 구성된 과학위원회를 구성하여 첨가물 사용 원칙을 엄격히 심사해 왔다.

풀무원은 현재 '최소 첨가물 원칙'에 따라 식품위생법상 사용 가능한 607개의 식품첨가물 중 92개를 사용하고 있다. 나물, 주스, 뮤즐리 제품에는 합성 첨가물을 전혀 사용하지 않는다.

풀무원은 창사 초기부터 차별화된 품질 관리를 철저하게 실행하며 기업화에 성공하는 기반을 다질 수 있었다.

콜드 체인 시스템(Cold Chain System)

풀무원의 차별화 전략은 품질 측면에서 출발했으나 그것만으로 충분한 것은 아니었다. 아무리 정성을 들인 제품이라도 전달 과정에서 품질이 달라지면 소용이 없다. 특히 두부와 콩나물 같은 생식품은 변질되기가 쉬워 유통 과정에 대한 철저한 관리가 생명이었다. 그래서 풀무원은 "신선하고 안전한 제품을 소비자들에게 공급한다."는 목표를 세우고 '냉장 유통 체제'를 도입했다.

지금 보면 당연한 일 같으나 당시 상황에서는 쉬운 일이 아니었다. 우선 기업 경영 측면에서 물류 비용이 증가하게 된다. 단순 운반만 할 때보다 냉장 시설을 갖추어 수송할 때가 훨씬 더 많은 비용이 들어가게 됨은 두말할 필요가 없다.

또 하나, 공급자가 냉장 유통 체제를 갖추었다 하더라도 일선 매장이 냉장 시설을 갖추지 않으면 허사가 된다. 결국 냉장 시설을 제대로 갖춘 업소만을 거래해야 하고, 결과적으로 판매처가 제한된다. 이러한 모든 부담은 가격 상승의 요인이 되어 경쟁에서 크게 불리해질 수밖에 없다.

이러함에도 불구하고 풀무원은 냉장 유통 체제를 실시하였고, 각 제품별로 택배 · 방문판매 등의 새로운 유통 체제도 만들었다. 지금 '콜드 체인 시스템(Cold Chain System)'이라 부르는 냉장 유통 체제의 도입으로 풀무원은 사업 초기에 적지 않은 손해를 보기도 했다. 그렇지만 풀무원은 이를 통해 두부와 콩나물 등 신선식품에서 가장 중요한 신선함을 지킬 수 있었고, 장기적으로는 풀무원의 제품 이미지를 정착시키는 데 결정적인 역할을 하게 되었다.

냉장 유통 체제는 풀무원의 사업 확장과 함께 계속 발전하여 1990년대에 들어서는 서울 이외에도 부산, 대구, 광주 등 전국 주요 거점도시에 냉장 물류센터를 잇달아 세워 그날 생산한 제품을 그날 배송 완료하는 시스템을 갖추었다.

고객들에게 신선하고 안전한 먹거리를 정온(定溫)·정시(定時)·정량(定量) 원칙에 따라 제공하기 위해 풀무원은 IT에 기반한 물류 시스템을 끊임없이 혁신 발전시켜 나가고 있다.

그 결과 풀무원은 현재 전국에 18개의 저온 물류 거점을 확보하고, 전국 어디나 세 시간 이내에 운송할 수 있는 물류 네트워크를 갖추게 되었다.

풀무원 물류 네트워크 중심에는 2011년 완공한 음성물류센터가 있다. 음성물류센터는 최신 냉장·냉동 설비와 첨단 물류 시스템을 갖춘 축구장 6개 넓이의 국내 최대 저온 자동화 물류센터로, 하루 20만 개의 제품 박스 처리 능력을 갖고 있다.

풀무원은 냉장 물류의 경쟁력을 강화하기 위해 법적 관리 기준보다 더 까다로운 풀무원만의 온도 관리 기준을 정하여 철저히 지켜나가고 있다.

두부, 콩나물, 계란 등 신선식품을 제품 속까지 5℃ 이하로 유지하기 위해 물류센터 내부 온도를 2℃로 365일 유지하고 있다. 또한 냉동식품은 영하 25℃로 관리하고 있다. 정부가 정한 법적 관리 온도는 냉장식품이 10℃, 냉동식품은 영하 18℃인 점을 고려하면 훨씬 더 까다로운 기준이다.

풀무원은 제품 차별화 전략과 냉장 유통 체제 도입에 힘입어 사업 초기에 3~4개 유명 백화점에 입점하는 데 성공하였다. 유력 백화점에서 품질을 인정하자 다른 지역 백화점들도 줄을 이어 풀무원 제품을 주문하기 시작하였고, 풀무원 매출이 급성장하는 계기가 되었다.

풀무원의 도약

풀무원은 '유기농산물 판매'라는 아무도 가지 않는 길에서 출발하여 두부, 콩나물 등 전통 식품을 기반으로 기업화를 시도했다.

기업화가 처음부터 순탄한 것만은 아니었다. 사업 방향을 제대로 잡았다 하더라도 소비자가 알아주고 제품이 제자리를 찾을 때까지는 시간이 걸린다. 그 당시 우리나라에서 자연건강식에 대한 관심이 크게 높아지기 시작했지만 유기농법이나 자연식품에 대한 기준과 소비자의 인식은 부족했다. 유기농법으로 생산한 깨끗한 두부와 콩나물을 소비자에게 전달한다는 이상은 현실적인 문제에 부딪히게 되었다. 공장 설립 등 계속되는 초기 자금 투자와 생각만큼 따라 주지 않는 매출도 경영을 어렵게 하였다.

그 무렵 풀무원은 안팎으로 몇 가지 중요한 변화를 맞게 되었다. 하나는 브랜드의 도입이다. 1984년 풀무원은 두부와 콩나물에 브랜드를 도입하였다. 그때까지 가게에 놓여 있는 두부와 콩나물은 브랜드가 없었다. 지금이야 농산물이나 가공식품에 브랜드가 있는 것이 신기할 게 없는 세상이 되었지만, 그때만 해도 두부나 콩나물 같은 전통 식품에 브랜드를 붙이는 일은 그 자체만으로도 사람들의 시선을 모으는 일이었다.

거기에 1985년부터는 본격적으로 자연건강식 바람이 불기 시작했다. '무공해 농산물이기 때문에 안심하고 먹을 수 있는 식품'이라는 이미지를 심어 온 풀무원으로서는 절호의 기회가 되었다. 풀무원은 여기에 유기농법과 자연식, 바람직한 식생활에 대한 계몽과 교육을 강화하고, 신제품 개발과 기술 축적 그리고 기업의 내실을 다지는 과정을 거치면서 사업 다각화에 나섰다.

유기농에서 시작한 풀무원은 사업 다각화로 외연을 확장하면서 외형만 키운 것이 아니라 식품의 가치 기준과 원칙을 제시하고 실천하며, 식품산업의 패러다임을 바꾸어 나갔다.

그 결과 1984년에 7,800만 원에 불과하던 매출액은 2년 후인 1986년에는 80억 원으로 성장했다. 1992년에 매출 1,000억 원을 넘어섰고, 2008년에는 드디어 1조 원을 돌파했다. 이 해 풀무원은 회사의 중장기 비전으로 'DP5(Defining Pulmuone Five)'를 설정하였다. 글로벌 매출 5조 원을 달성하여 글로벌 식품기업으로 도약하겠다는 야심찬 구상이었다. 풀무원은 아직까지 그 비전을 달성하지 못하였지만 2016년 매출 2조 원 돌파를 기점으로 글로벌 DP5를 향해 힘찬 도전을 계속하고 있다.

보이지 않는 곳에서의 노력

풀무원의 기본 전략이 제품과 유통의 차별화였음은 여러 번 언급한 바 있다. 그러나 밖으로 잘 드러나지 않으면서 중요한 역할을 하는 것이 있다. 바로 신선하고 안전한 식품을 만드는 데 절대적으로 필요한 원료 관리와 기술개발에 대한 투자가 그것이다.

우리나라 가공식품의 발전을 위한 과제는 한두 가지가 아니지만 중요 과제 중 하나가 바로 안전한 원료 확보 문제다. 특히 풀무원의 대표 제품인 두부와 콩나물의 경우는 고유한 맛과 품질이 원료 농산물에 의해 결정되기 때문에 그 중요성은 더 말할 나위가 없다.

풀무원은 안전한 농산물을 재배할 수 있는 농가를 찾아다니고 산지 계약 재배가 안착할 수 있는 방안에 대한 고심을 거듭해 왔다. 그 결과 우수 원료를 생산할 수 있는 지역농협, 전문 영농조합법인과 함께 우수한 원재료를 수급할 수 있는 구조를 마련했다.

풀무원의 원료로 적합하다는 인정을 받기 위한 조건은 대단히 엄격하다. 풀무원은 국내 최초로 '유기농인증제도'를 도입하였을 뿐 아니라 '친환경인증'과 'GAP인증(Good Agriculture Practices 우수농산물관리인증)제도'를 잇따라 도입하여 시행하고 있다.

원료 검증 과정에 R&D 센터인 풀무원기술원과 생산, 구매 등 관련 전문 부서가 모두 협업하여 사전 검수 프로세스를 구축, 운영하고 있다. 이 과정에서 최종 잔류 농약, 중금속 검사를 거쳐 안전성이 검증된 원료만을 사용할 수 있다.

특히 해외 원료는 GMO(유전자재조합식품) 원료가 들어오지 않도록 풀무원이 직접 국가·지역·품종을 선택하고, 원료의 생산부터 보관·유통·소비에 이르기까지 철저한 이력관리 및 구분 유통(IP,Identity Preserved) 시스템을 운영하고 있다.

원료 관리와 함께 차별화한 품질을 지키는 핵심 역할을 하는 곳이 바로 기술개발 부문이다. 우리나라의 여러 전통 식품이 사람 몸에 이로운 다양한 성분을 갖고 있다는 사실은 과학적으로 계속 입증되고 있다. 그러나 우리나라의 경우는 우수 전통 식품을 현대화하는 데 필요한 기술개발 투자가 선진국에 비해 매우 미약한 것이 현실이다.

풀무원에서 전통 식품의 과학화와 식품 기술개발의 중심 역할을 하고 있는 곳이 '풀무원기술원'이다. 풀무원기술원은 사업 초창기인 1985년에 '풀무원식품 연구개발실'로 출발하였다. 현재 신촌 연세대 공학원에 입주해 있는 풀무원기술원에서는 전문연구원 160여 명이 밤낮없이 연구개발에 몰두하고 있다.

풀무원기술원은 설립 초기부터 전통 식품의 과학화 및 현대화, 유기농산물 재배는 물론이고, 농약 및 GMO, 중금속 분석 등 식품의 안전관리를 위한 기술개발에 주력해 왔다.

국내 최초로 두부의 개별 포장기술을 개발하였고, 콩과 천연응고제만을 사용하여 두부를 제조하는 최소 가공기술을 개발했다. 과거의 콩나물 재배 방법을 바탕으로 연구를 거듭한 결과, 물과 공기 조성을 제어함으로써 콩나물의 길이와 굵기를 조절하여 키우는 새로운 콩나물 재배기술을 개발했다. 전통 식품인 된장, 고추장 등을 활용하여 용도별 쌈장, 양념찌개 제품을 개발하였다. 냉장 유통이 가능한 면발과 천연재료에서 추출한 육수 개발로 집에서도 간편하게 즐길 수 있는 냉면 제품을 선보이기도 했다. 과일이 가지고 있는 고유의 맛과 향, 영양을 고스란히 간직한 주스 '아임리얼'을 개발한 데 이어 가열 살균이 아닌 초고압처리를 이용하여 유통기한을 늘린 한 차원 업그레이드 된 아임리얼 제품을 개발하였다.

최근에는 현대인의 영양 불균형 식생활에 주목한 '211식사법'을 개발하여 확산, 캠페인을 벌이고 있다. 이 식사법은 한국인의 식생활과 영양 균형을 고려해 채소, 포화지방이 적은 단백질, 통곡물을 2:1:1의 비율로 맞춰 고안해 낸 건강한 식사법이다. 이와 함께 나트륨 섭취 저감을 위해 나트륨 저감 냉면과 우동을 선보였으며, 국물 적게 먹기 캠페인도 함께 펼치고 있다.

풀무원기술원은 해외시장 진출에도 선도적인 역할을 하고 있다. 풀무원은 글로벌 No.1 두부기업으로서 한국을 중심으로 미·중·일 등 4개국에 글로벌 소이 R&D센터를 구축하고, 세계인의 입맛에 맞는 최고 품질의 두부 제품 개발에 집중하고 있다. 한국을 중심으로 두부 종주국인 중국, 최고 두부제조 기술력을 보유한 일본 그리고 새로운 빅마켓으로 떠오

르고 있는 미국 현지법
인의 R&D센터에 각각
두부 연구팀을 두고 한
국 두부의 세계화에 앞
장서고 있는 것이다.

풀무원기술원은
2019년 말 연세대 공
학원 시대를 마감하고,
충북 오송 바이오폴리
스 지구로 이전할 예정
이다. 새 풀무원기술원

풀무원은 1991년 풀무원식품 미국 법인을 설립하고
일찌감치 해외시장에 진출했다. 미국 샌프란시스코
버클리 보울(Berkeley Bowl) 내추럴 마켓 매장에서
한 미국인이 풀무원 USA 제품들을 살펴보고 있다.

은 연면적 7,000m² 규모에 최첨단 시설과 설비를 갖추어 인근 지역의 두
부, 나물, 냉장면, 라면, 나또 등 풀무원 주요 생산 공장과 효과적인 협업
을 통해 글로벌 신제품 개발과 식품기술 연구의 전초기지 역할을 할 것
으로 기대되고 있다.

풀무원의 사회 공헌 활동

풀무원은 한평생을 유기농과 환경, 평화운동에 헌신해 온 원경선 원장
의 정신을 이어받아 창사 초기부터 적극적으로 사회 공헌 활동을 전개해
왔다.

풀무원은 기업 규모가 성장하면서 사회 공헌 활동을 전문적, 체계적으
로 확대하기 위해 2012년 비영리법인인 '풀무원재단'을 설립하였다. 풀
무원재단은 바른먹거리, 환경, 지역사회 공헌, 메세나 등 4대 사업을 전

개하고 있다.

재단의 대표적인 핵심 사업은 어린이들을 대상으로 한 바른먹거리 교육 캠페인이다. 바른먹거리 교육은 어린이들에게 올바른 식습관 형성을 돕고 식품 표시 확인과 미각, 영양 균형에 대한 중요성 그리고 건강한 식습관을 위한 실천 방법을 제시함으로써 한국의 식문화를 바꿔나가고 있다. 지난 2010년 이래 9만여 명에게 교육을 실시하여 2020년까지 10만 명 이상 교육을 목표로 지속적인 범사회적 운동으로 확대, 발전시켜 나갈 계획이다.

2016년부터는 자녀 식습관 형성에 영향이 큰 학부모와 보육 교사를 대상으로 당 흡수를 줄이는 식생활인 '지엘(GL,Glycemic Load) 다이어트'의 원리와 211식사법을 배우는 '로하스식 생활교육'을 실시하고 있다. 고령사회에 대비해서 농촌지역 고령자들에게 건강 증진을 위한 올바른 식생활 정보와 식단을 제공하고 교육하는 시니어 식생활 개선 사업도 실시하고 있다.

재단은 환경사업의 일환으로 어린이를 대상으로 한 '바른 청소교실' 교육과 세계적인 물교육 프로그램인 '프로젝트 WET(Water Education for Teachers)' 교육을 실시하고 있다.

또, 풀무원은 지구환경보전에 적극적으로 나서고 있다. 풀무원은 모든 사업장에서 환경보전을 실천하기 위해 제품을 개발하고 설계하는 단계에서부터 온실가스, 물, 동물복지 등 지속 가

풀무원재단은 어린이들의 올바른 식습관 형성을 위해 2010년부터 '바른먹거리 교육 캠페인'을 전개하고 있다.

능성 요소를 반영하고 있다. 두부, 콩나물 등 4개 대표 제품에 대해 2016 년부터 탄소절감 및 물 사용 감축 과제를 도출하고 원료·포장·제조·유통·소비 등 전 과정에 걸쳐 제품의 탄소 배출량과 물 사용량을 파악하고 감소 목표를 정해 실천하고 있다.

풀무원 국산콩 두부 제품은 환경부의 '물발자국' 인증을 받았다. 이 같은 성과로 풀무원은 2017년 글로벌 환경경영 인증기관인 'CDP(Carbon Disclosure Project) 한국위원회'로부터 '기후변화 대응'과 '물 경영'에서 각각 국내 식품기업 중 유일하게 특별상을 받았다.

풀무원은 대표적인 메세나 사업으로 서울 유일의 김치박물관인 '뮤지엄김치간'을 30년 넘게 운영해 오고 있다. 풀무원은 1986년 서울 중구 필동에 개인 박물관으로 설립된 '김치박물관'을 이듬해 인수하여, 1988년 삼성동 무역센터 자리로 이전했다. 2000년 5월 코엑스로 자리를 옮긴 김치박물관은 2015년 미국 CNN 방송이 뽑은 세계 11대 음식박물관에 선정되어 주목을 받았다. 같은 해, 김치박물관은 한류 명소인 인사동으로 이전해 새롭게 '뮤지엄김치간'으로 재개관하였다.

뮤지엄김치간은 연간 3만 명 이상의 관람객이 찾아 누적 관람객수가 100만여 명에 이른다. 이 가운데 외국인이 20% 이상으로 뮤지엄김치간은 유네스코 인류무형유산으로 지정된 한국의 김장문화를 세계인들에게 널리 알리고 교육하는 메카 역할을 하고 있다. 풀무원재단은 고유 음식문화 계승 발전을 위해 뮤지엄김치간이 운영하는 어린이 김치학교, 다문화 김치

2015년 4월 서울 인사동에 새롭게 문을 연 풀무원 김치박물관 '뮤지엄김치간(間)'

학교, 외국인 김치학교 등 김치 체험 프로그램을 적극 지원하고 있다.

풀무원은 한국의 대표적인 바른먹거리와 로하스생활 기업으로서 공동체의 지속 가능한 발전과 건강한 미래 사회에 도움이 되고자 향후에도 업(業)의 본질과 연계한 다양한 사회 공헌 활동을 지속적으로 전개해 나갈 계획이다.

앞으로의 갈 길

풀무원은 유기농이라는 말이 생소하여 '무공해 농산물'이라고 부르던 시절에 사업을 시작하였다. 1980년대 창업기를 시작으로 성장기, 안정기를 거치면서 회사 안팎으로 커다란 변화가 있었다. 회사 안팎의 급격한 상황 변화는 풀무원으로 하여금 새로운 변화와 도약을 재촉하고 있다.

창업 초기의 '바른 식생활로 건강 사회를 추구한다.'는 이념은 풀무원이 글로벌 로하스기업으로 도약해 가는 과정에 품이 작은 옷이 되어버렸다. 풀무원은 창사 33주년인 2017년 회사의 브랜드 슬로건을 "나와 지구를 위한 바른먹거리와 건강생활"로 정하고, 글로벌 로하스기업으로 도약하기 위한 준비와 각오를 다졌다.

풀무원은 5월 31일 서울 수서동 본사에서 New CI 선포식을 갖고, 13년 만에 리뉴얼한 CI와 새롭게 마련한 브랜드 체계·로하스 전략을 발표. 전사가 'One Pulmuone'으로 하나가 되었음을 알렸다.

새 CI는 풀무원의 핵심 상징은 유지하면서도 색채를 진하게 하고 글자체를 단순화하여 풀무원이 하나의 로하스 미션 아래 글로벌 기업으로 힘차게 나가겠다는 강력한 의지를 담았다.

풀무원은 미래사업전략의 2대 키워드를 '바른먹거리(식품사업)'와 '건강생활'로 정하고, 이 관점에서 '로하스 7대 전략'을 발표하고 실천하기로 하였다. 먼저 바른먹거리(식생활) 영역에서는 ▲ Nutrition(영양 균형) ▲ Low GL(Glycemic Load, 당 흡수 저감) ▲ Meat Alternative(육류 대체) ▲ Animal Welfare(동물 복지) 4대 전략을 추진할 계획이다.

건강생활 영역에서는 ▲ Health&Hygiene(건강한 생활공간) ▲ Wellness(행복한 문화공간) 2대 전략을 추진하기로 했다. 'Health&Hygiene'은 일상생활 공간인 주거환경과 개인 위생을 위한 생활습관 형성을 지원하는 것으로, 고객에게 건강한 삶의 가치를 제공하겠다는 사업전략이다. 'Wellness'는 건강하고 행복한 공간 서비스 가치를 고객에게 제공하는 사업전략으로, 풀무원푸드앤컬처의 핵심 전략 방향이 될 계획이다.

두 영역 공통적으로는 ▲ Eco-Friendly(친환경) 전략을 지속적으로 추진하여 나와 지구를 위한 로하스 미션을 실천해 나가기로 했다.

풀무원은 이러한 로하스 전략을 바탕으로 주력 업종인 신선식품과 음료를 중심으로 식자재, 건강기능식품, 급식과 컨세션, 친환경식품 유통, 먹는 샘물, 발효유 등 다양한 식품 영역에서 사업을 전개하고 있다. 사업영역은 주력 사업인 식품 영역에서 나아가 다이어트식과 반려동물 먹거리, 미세먼지 제거 렌탈, 로하스키친 등 지구환경까지 고려한 로하스 생활 사업으로 빠르게 확장하고 있다.

사업 지역도 국내 중심에서 해외로 급속히 확대되고 있다. 풀무원은 창사한 지 10년도 안 된 시점부터 글로벌 시장의 문을 지속적으로 두드려왔다. 풀무원은 1991년 처음으로 미국법인을 설립하고 해외시장에 진출했다. 2004년 콩가공식품회사 '와일드우드', 2009년 냉장식품회사 '몬터레이 고메이푸드'를 인수하여 본격적으로 메인스트림 시장 진출에 성공하였다. 풀무원 미국법인은 2016년 북미 두부시장 1위 브랜드 '나소야'의 사업권을 인수하여 강력한 브랜드 파워와 영업 유통망을 바탕으로 세계

No.1 두부회사로 위상을 확고
히 하며 성장세를 이끌고 있다.

세계 최대 식품시장인 중국에
서는 2010년부터 북경, 상해, 광
주 및 심천 등 3개 권역을 중심
으로 식품사업을 펼치고 있다.
지난해 북경에 두부공장을 새
로 완공하여 현지 소비자 입맛
에 맞는 제품을 생산하면서 높
은 성장률을 보이고 있다. 풀무

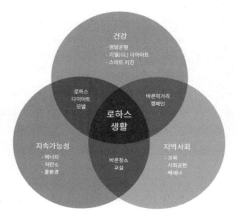

풀무원의 기업정신 로하스 생활

원건강생활은 2013년 중경에 법인을 설립하고 거대시장 공략에 나섰다.

식품 선진국인 일본 시장에도 진출하여 2014년 일본 두부 4위, 유부 1위
인 '아사히식품공업'을 인수하여 '아사히코'로 사명을 바꾸고 현지 경영을
하고 있다. 일본 5개 공장에서 생산한 두부와 유부제품을 일본 전역의 대
형 유통점과 슈퍼마켓을 통해 판매하고 있다.

해외 진출 27년 만에 미국, 중국, 일본 등 글로벌 빅마켓에서 식품사업
을 본격 성장시킬 수 있는 확고한 기반을 갖추게 된 것이다.

풀무원은 올해부터 창사 이래 다져온 탄탄한 국내 사업의 역량과 성과
를 주요 해외 거점에 본격 전파시키는 한편, 미개척 해외시장인 동남아
와 유럽까지 진출하는 새로운 글로벌 전략 청사진을 마련하여 적극 추진
하고 있다.

1980년대, 아무도 가지 않는 유기농이라는 외진 길에서 시작하여 한국
의 대표적인 바른먹거리 기업으로 성장한 풀무원은 이제 한국을 넘어 세
계 속의 '글로벌 히든 챔피언', '글로벌로하스 강소기업'을 향해 힘찬 제
2의 도약을 계속하고 있다.

국순당
우리 술의 세계화,
국순당

국순당

옛날에 한 선비가 길을 가다가 젊은 청년이 늙은 노인을 때리고 있는 것을 보았다. 선비가 "어린것이 왜 노인을 때리느냐."라고 꾸짖자, 그 청년은 "이 아이는 내가 여든 살에 본 자식인데, 그 술을 먹지 않아서 이렇게 나보다 먼저 늙었소."라고 대답을 했다.

이 이야기는 우리 옛 문헌에 나오는 것인데, 여기서 말하는 '그 술'에는 몸에 좋은 약초가 들어 있어 젊음을 잃지 않고 오래오래 살게 해 준다는 것을 짐작할 수 있다.

이렇듯 우리 선조들에게 있어서 술은 취하기 위한 수단이 아니었다. 술은 약초와 같은 좋은 재료로 만들어 건강을 유지하게 해 주고, 흥도 돋워 주는 '약주(藥酒)'였다. 술의 종류도 아주 다양해서 조선 후기만 하더라도 각 지방을 대표하는 수백 가지의 이름난 술이 있었고, 이른바 뼈대 있는 집안에는 저마다 독특한 술 빚는 방법이 전해 내려왔다.

그러나 나라가 일본에 강점되자 각 가정에서 술을 빚는 일은 불법이 되었고, 몇몇 대형 양조장에서 일본식 제조법으로 만든 술만이 활개를 치게 되었다. 이는 일제(日帝)가 술에 대해 세금을 매기기 위한 술책이었다. 이에 따라 집집마다 술을 빚어 먹던 우리의 전통은 어둠 속으로 가라앉게 되었다.

광복이 되자 전통주는 잠시 번창할 기회를 맞았다. 그러나 곧이어 한국전쟁이 일어나고, 전쟁이 끝난 후에는 식량의 증산과 자급자족을 중시하는 당시의 상황에 밀려, 우리 민족 고유의 지식유산인 전통주는 빛을 볼 수 있는 기회를 또다시 놓치게 되었다.

이렇듯 오랫동안 금기시된 전통주의 제조는 1980년대 이후 급격히 활성화되고, 2000년대 후반에 불어온 막걸리 붐의 여파로 요즈음은 많은 전통주가 다시 제 모습을 찾고 있다.

이제 전통주를 만드는 곳도, 만드는 사람도 많아졌다. 하지만 그중에 전통주를 소재로 '기업화'한 경우는 드문 것이 사실이다. 집안 대대로, 또는 가내수공업 수준으로 만드는 고유의 술은 많지만, 이를 현대화하여 '경쟁력 있는 상품'으로 재탄생시킨 사례는 흔치 않다.

국순당은 전통주를 소재로 기업화한 회사 중의 하나다. 이를 위해 국순당은 전통에만 머물지 않고, 거기에 현대적인 개념을 불어 넣으려는 노력을 계속해 왔다. 오랜 기간의 연구와 소비자의 욕구에 맞는 신제품, 기존의 장벽을 뚫고 들어간 유통망의 확보, 그리고 기존 업체와 차별화한 판촉이 바로 그것이다. 이러한 마케팅의 여러 요소가 힘을 발휘하면서, 땅 속에 묻혀 있다시피 했던 우리 민족의 지식유산은 이제 그 경제적 가치를 되찾고 있다.

신기술로 전통주를 개발하다

'국순당'의 이름이 널리 알려진 것은 1990년대 이후의 일이지만, 그 뿌리는 수십 년을 거슬러 올라간다. 창업자인 고 배상면 회장은 양조장을 경영하던 집안의 영향을 받아, 1952년 대구에 '기린주조장'이라는 회사를 설립했다. 대학에서 농화학을 공부하고 통역 장교로 군 복무를 마친 후인 29세 때의 일이다.

배상면 회장은 우리 술의 뿌리를 되찾고, 사람에 이로운 술을 널리 보급한다는 포부로 우리 술에 대한 연구에 온힘을 쏟았다. 특히 힘을 기울인 분야는 술을 만드는 기본 원료인 주정(酒精) 효소, 즉 누룩에 대한 연구였다. 1960년대에 쌀막걸리가 사라지고 소주가 널리 보급되자 배상면 회장은 소주용 누룩이라는 신상품을 개발했고, 계속해서 분국 제조 기술 등을 개발하면서 우리나라의 누룩 제조 수준을 한 차원 높이는 데 많은 역할을 했다.

요즈음의 소비자는 국순당을 전통주 만드는 회사로만 알고 있는 경우가 많다. 그러나 국순당 창업 초창기에는 주류 업계에서는 누룩을 제조, 판매하는 회사로도 널리 알려져 있었는데, 이는 1960년대에 시작한 배상면 회장의 누룩 연구에 힘입은 것이다.

이러한 노력은 국순당의 기업화를 이루는 뿌리가 되었고, 당시 국순당에서 주정과 누룩을 연구하는 데 쓰이는 기자재 모두를 배상면 회장 스스로 고안해 냈다는 사실에서도 그 열의를 알 수 있다.

그러던 중 배상면 회장은 오늘날의 국순당이 있게 한 결정적인 기술을 개발하게 된다. 바로 '생쌀 발효법'이다. 생쌀 발효법은 원래 고려 말에서 조선시대에 이르기까지 우리 조상들이 빚었던 '백하주'에서 비롯된 방식이다. 배상면 회장은 백하주가 생쌀을 발효시키는 방법으로 제조되었다는 옛 문헌의 기록을 보고 연구에 연구를 거듭한 끝에 그 방법을 재현하는 데 성공하였다.

그때까지만 하더라도 술을 빚기 위해서는 당분이 알코올과 이산화탄소로 분해되는 과정을 거쳐야 했고, 당분이 없는 녹말의 경우 이를 당화시키는 과정이 필수적이었다. 이를 위해서는 녹말이 들어 있는 곡물을 열처리하는 것이 상식이다. 때문에 대부분의 양조장에서는 대형 가마솥에 쌀을 넣어 찌고, 이를 다시 넓게 펴서 고두밥을 만든 다음, 이를 이용하여 술을 빚는 다소 복잡한 과정을 거치고 있었다.

그러나 생쌀 발효법은 열처리 과정이 전혀 필요 없고, 단지 쌀을 곱게 갈아 물에 담가 발효시키기 때문에 비용과 시간을 크게 절약할 수 있었다. 더구나 이 방법은 높은 열을 필요로 하지 않으므로, 쌀이 가지고 있는 비타민이나 단백질 등의 영양소가 그만큼 파괴되지 않는다. 때문에 술을 마신 후에도 두통과 숙취가 거의 없고, 음식을 익히지 않고 그대로 먹는 생식(生食)과 같은 원리의 효과도 내는 것이다.

그때까지 배상면 회장은 자신이 연구한 여러 가지 기술적인 내용을 《태양통신》이라는 이름의 간행물에 실어 전국의 양조장 등 관련 기관에 널리 알려 왔다. 생쌀 발효법에 관한 내용도 《태양통신》에 실어 각 양조장에서 이 방법을 사용할 것을 권했으나 대부분은 새로운 기술에 대해 거부 반응을 보였다.

술을 만드는 회사가 아닌 누룩 제조 회사의 입장에서는 새로운 기술이 사장(死藏)되는 것이 안타까웠다. 결국 배상면 회장은 이 기술을 이용해 직접 술을 만들기로 결정, 신제품 개발에 들어갔고, 1986년에 그 첫 작품인 '흑주'가 탄생하게 된다.

전통주의 위기

혹주의 탄생은 기술개발의 결과만은 아니다. 그 밑바탕에는 우리 전통주에 대한 사랑과 함께 위기의식이 깔려 있다. 사실 혹주가 나오기 전까지 우리나라의 전통주는 제자리를 찾지 못하고 있었다. 쌀로 술을 만드는 것을 엄격히 막았던 정부 시책은 1970년대 말에 전환점을 맞아 쌀막걸리 제조가 허용되고, 이후 여러 가지 전통주가 다시 나오기 시작한다. 그러나 여기에 얄팍한 상술이 끼어들면서 전통적인 방법으로 만든 제대로 된 술보다는 낮은 품질의 전통주가 시장에 퍼지게 되었다. 이러한 현상은 소비자에게 '전통주는 믿을 수 없고, 질도 낮은 술'이라는 잘못된 인식을 심어 주게 되었다.

또 하나, 전통주의 입지를 좁게 만든 일은 외국이 원조인 맥주, 양주의 급속한 보급이었다. 1970년대에는 대학가와 화이트칼라 계층을 중심으로 '생맥주 문화'가 불꽃처럼 일어나 맥주가 새로운 대중적인 술로 자리를 잡았다. 그 후 계속된 경제 성장으로 급기야는 양주의 수입까지 엄청나게 늘어났다. 이 와중에 우리 전통주는 명맥을 잇기도 힘겨운 상황이 되어 멋이 담긴 선조들의 음주문화와 전통주의 복원을 바라는 많은 사람들을 안타깝게 만들었다.

전통주가 새로이 개발되기 시작한 직접적인 계기는 1980년대 후반의 아시안 게임과 올림픽 개최다. 이 두 행사는 전 세계에 우리를 알릴 수 있는 계기가 되기는 했으나 정작 전통주라고 내세울 만한 술은 없었다. 나라를 대표할 만한 전통주의 개발이 시급한 과제가 되어 몇몇 전통주가 복원되었고, 국순당도 누룩 연구에서 전통주 개발로 한 걸음 더 나아가게 되었다. 이러한 배경에서 개발되어 세상에 나오게 된 혹주는, 술 빛깔이 검은색이어서가 아니라 누룩에 피는 곰팡이가 검은색을 띠고 있어서 '우리나라 술'이라는 점을 나타내기 위해 붙여진 이름이다.

국순당의 흑주

우리나라의 전통주를 이야기할 때 누룩에 대한 이야기를 빠뜨릴 수 없다. 누룩은 녹말을 당화시키는 효소다. 누룩은 나라마다 약간씩 차이가 있다. 우리나라는 밀을 껍질째 타개어 사용하는 밀누룩을 쓰는 데, 일본은 쌀누룩을 사용한다. 우리나라에서도 원래 쌀누룩을 사용했으나 삼국시대에 고구려를 통해 밀이 수입된 이후 밀누룩이 널리 퍼지게 되었고, 쌀누룩은 백제를 통해 일본으로 건너갔다.

밀누룩은 만들기가 까다로워 일정한 품질을 유지하기가 쉽지 않은 반면, 쌀누룩은 만들기 쉽고 일정한 품질의 누룩을 대량생산하는 데 유리한 장점이 있다. 맛에 있어서는 밀누룩이 깊고 그윽한 맛을 내는 데 비해, 쌀누룩은 단순하고 가벼운 맛을 내는 데 적합하다. 바로 이러한 맛의 차이 때문에 우리나라에서는 밀누룩을 주로 사용하게 되었다.

흑주는 우리나라의 전통적인 밀누룩을 사용해 만든 술이다. 그리고 우리나라의 많은 술이 일본식 제조법으로 만들어지는 것에 비해, 흑주는 우리의 전통적인 술은 빚는 방법을 현대적으로 되살려 개발했다는 데 의의가 있는 전통술이다.

국순당은 흑주를 개발하면서 기업으로서 새로운 전환점을 맞게 되고, 1993년에는 '백세주'를 만들어 내놓으면서 기업으로서의 발판을 굳히게 된다.

차별화한 상품의 개발

"술을 빚기 전에 먼저 사람을 생각한다."는 국순당의 기업철학, 건강과 문화를 만들어가는 기업이라는 국순당 비전은 신토불이 상품의 대표격인 전통주를 현대인의 감각에 맞도록 개발해 전통주에 대한 인식을 바꾸고 전통주에 가치를 부여한다는 의지를 담고 있다. 이러한 회사의 방침에 따라 개발한 술이 바로 '백세주'다.

국순당은 우선 '상품'으로서 성공하기 위해서는 소비자의 욕구에 맞아야 한다는 점을 중시하고 다각도로 차별화를 시도하였다. 그 첫째는 술 마시는 사람이 술맛에 못지않게 신경을 많이 쓰는 '건강'이라는 개념을 술에 도입한 일이다.

우리나라 사람이 건강을 이야기할 때 자주 나오는 말이 한약이고, '한약' 하면 곧바로 '보약'을 연상케 된다. 국순당은 바로 이 점에 착안했다. 전통주에 한약재를 넣어 보약의 이미지를 나타내기로 한 것이다. 이를 위해 여러 한의원의 도움을 받아 '성격이 중(重)하고 평(平)한' 약재 중 강장용 약재만을 골랐다. 또, 서로 상극이 되는 약재는 피하고, 같은 종류라 하더라도 품질이 좋은 약재만을 선택했다.

이때 가장 어려운 일이 각각의 약재를 얼마나 넣느냐는 문제였다. 약재가 지나치게 많이 들어가면 술 본래의 맛보다는 약의 맛이 더 나게 된다. 반대로 약재의 양이 너무 적으면 사람 몸에 이로운 술을 만든다는 본래의 뜻을 저버리는 결과가 된다. 또한 각각의 약재의 비율에 따라 술의 맛도 달라진다. 그래서 약효를 지니면서 술맛도 좋은 비율을 찾아내기 위해 수없이 많은 실험을 거쳐야 했고, 그 결과로 지금의 약재 배합 비율을 찾아내게 되었다.

앞부분에서도 언급했지만 백세주에는 인삼, 구기자, 오미자 등 12가지 한약재가 들어간다. 한약재 각각의 배합 비율은 외부에 알리지 않는데, 우연한 기회에 약재의 함량을 알게 된 어떤 한의사는 "이 정도면 술 한 병에 한약 반 첩 정도가 들어가는 것과 같다."고 말했다.

열두 가지 한약재를 넣어 만든 백세주

이처럼 국순당은 우리 전통주라는 점과 보약의 효과가 있다는 점, 그리고 생쌀 발효법으로 만들어 술 마신 뒤의 숙취가 적다는 점을 차별점으로 내세웠다. 이와 함께 취하자고 먹는 술이 아니라 건강을 위하여 마시는 술이므로 알코올 도수를 13도로 낮게 하면서, 가격 면에서는 고급 전통주라는 점을 고려하여 고가(高價) 전략을 택하였다.

이러한 제품력은 소비자들에게 인정을 받아 백세주는 국순당의 주력 상품이 되었고, 1994년에 10억 원이던 매출액이 1997년에는 100억 원을 넘어서고, 2003년에는 1,300억 원 이상을 달성하는 급성장을 이루게 되었다. 아울러 전통주 제조회사라는 성격을 분명히 하기 위해 회사 이름도 1993년부터 '국순당(麴醇堂)'으로 바꾸었다. 국순당이라는 이름은 고려시대의 소설 〈국순전〉에서 따온 것으로, '우리의 누룩으로 좋은 술을 빚는 집'이라는 뜻을 가지고 있다.

유통과 판매의 어려움

어느 분야나 그렇듯이 상품이 좋다고 해서 반드시 잘 팔리는 것은 아니다. 이런 일은 전통 관련 상품이라고 해서 예외일 수는 없다. 국순당 역시 원래 누룩 제조회사였으므로 상품의 유통, 판매 면에서는 초기에 큰 어려움을 겪었다.

첫째 난관은 자신 있게 개발한 상품을 전국적으로 판매할 수 없는 문제였다. 백세주는 약주인데, 주세법상 약주와 탁주는 공급할 수 있는 지역이 제한되어 있었다. 원래 약주와 탁주의 공급 구역 제한에는 위생상의 문제라는 배경이 있었다. 당시에는 냉장유통 시스템 등이 보편화되지 않아 약주와 탁주는 살균되지 않은 상태에서는 보존 기간이 7일밖에 안 되었다. 효모가 계속 발효를 하여 술이 식초처럼 시어지기 때문이다.

따라서 일부 양조장에서는 짧은 보존 기간을 감안하여 숙성이 제대로 안 된 상태에서 상품을 내보내고, 유통되는 과정에서 숙성이 되도록 유도하는 경우도 있었다. 때문에 소비자 입장에서는 품질이 항상 똑같지 않고, 위생적으로도 문제가 많은 술을 마시는 결과가 되었다. 이를 막기 위해서는 살균·진공 포장 등의 기술이 필요한데, 대부분의 영세한 양조장에서는 이러한 기술의 개발이나 도입은 엄두도 낼 수 없었다.

결국 이런 문제로 약주와 탁주의 공급 구역 제한이라는 법이 나왔고, 이는 전통주를 전국적인 대중주(大衆酒)로 보급하려는 업체에는 큰 걸림돌이 되었다. 국순당은 국회 청원 운동을 전개했다. 그리고 그 결과로, 1994년도에 약주에 대한 전국 판매가 허용되기에 이르렀다.

유통상 또 하나의 문제는 도매상의 문제였다. 약주와 탁주는 주류 유통망을 장악하고 있던 기존의 주류 도매상을 통해 판매를 하거나 스스로 전문 도매상을 모집해 판매를 해야 한다. 기존의 유통망은 여러 면에서 장점을 가지고 있기는 하나, 새롭게 출발하는 회사가 대규모의 기존 도매상을 상대하기란 결코 쉽지 않았다. 물론 전국적으로 독자적인 유통망을 만들어 나가는 방법도 어렵기는 마찬가지였다. 결국 국순당은 새로운 유통망을 조직하기로 하고, 기존의 주류 도매상들이 장악하고 있는 지역에서 틈새를 파고드는 전략으로 점차 유통 기반을 넓혀 나가기로 한 것이다.

맞춤형 판촉

국순당이 새로 모집한 도매상을 이용해 상품을 보급하면서 주력한 일은 '업소 공략'이다. 이는 최종 소비자를 대상으로 한 판촉보다는 음식점 주인에게 상품과 회사의 좋은 이미지를 알리는 편이 더 효과적이라고 판단한 결과였다. 소비자를 대상으로 대대적인 판촉을 하는 경우 빠른 시간에 널리 알릴 수 있다는 장점은 있으나, 많은 비용이 들어가므로 중소업체로서는 섣불리 투자하기 어렵다.

업소의 주인을 상대로 한 판촉의 핵심은 '업소특화전략', 사실 모든 업소는 술과 음식을 판다는 면에서는 공통점이 있으나 저마다 다른 특징이 있다. 즉, 취급하는 음식의 종류도 다르고 가격도 다르다. 또, 각자 전문으로 내세우는 음식도 다르다. 국순당의 판촉은 이러한 업소의 특성을 활용했다. 각 업소에서 공통적으로 필요하면서도 제각기 내용이 다를 수밖에 없는 차림표를 만들어 각 업소에 달아 주기로 한 것이다.

이를 위해 국순당에서는 차림표의 제작을 전담하는 부서를 설치했다. 전국 각 업소에서 수집한 정보를 종합하여 최적의 표준형 차림표를 만들고, 여기에 각 업소가 중점 홍보하고자 하는 내용을 가미했다. 자금이 넉넉한 큰 회사에서는 업소 간판과 냉장고의 설치, 앞치마 제작 공급 등 물량적인 면의 판촉을 하는 것이 일반적이다. 기존 도매상도 차림표를 공급하기는 했으나 이는 일률적으로 만들어진 것이었다.

그러나 국순당의 판촉은 '맞춤형'이라는 차별화한 장점이 있었다. 결과는 성공적이었다. 자기 업소에만 해당되고, 자기 업소의 장점을 그대로 보여 주는 차림표는 업소 주인 입장에서는 대환영일 수밖에 없었고, 이를 통해 국순당은 상당한 매출 신장을 이룰 수 있었다.

또, 다른 방법은 여러 가지 음식과 백세주의 조화를 홍보하는 일이었다. 우선 우리나라 사람이 흔히 먹는 각종 탕과 고기 요리, 생선회 등에는 독특한 맛을 가지고 있는 백세주가 잘 어울린다는 점을 강조하였다. 이를 위해 각 업소마다 다른 특선요리와 백세주의 조화를 설명하는 차림표를 새로 만들었다. 이를 통해서도 업소와 국순당은 각자의 주력 상품 매출이 늘어나는 성과를 보게 된다.

전통을 오늘에 맞게
─최신 공법을 적용한 막걸리와 증류소주 '려(驪)'

국순당은 1993년에 막걸리를 처음 출시했다. 배중호 사장은 당시 해외에서도 인기와 관심이 많았던 막걸리를 개발해 외국시장을 개척하고자 했다. 이미 몇십 년간 탁주용 누룩을 공급해 왔기 때문에 생산될 제품의 품질 면에는 자신이 있었다.

바로 그해 출시된 것이 캔막걸리 '바이오 탁'이다. 보통 플라스틱 용기에 담긴 것이 일반적이었던 막걸리 시장에서 캔으로 포장된 제품은 그야말로 획기적인 것이었다. 게다가 다른 막걸리들은 비살균 탁주로 유통기한이 1주일 안팎이었던 반

캔 막걸리 바이오 탁

면, 바이오 탁은 살균 막걸리로 유통기한이 6개월이나 됐다.

캔 제품이라 유통이나 보관 면에서 다른 제품과 확연히 구분되는 차별성을 가질 수 있었다. 제품의 품질 면이나 디자인 면에서 당연히 타 주류사들을 압도했다. 막걸리를 만들면서 제도적 문제도 고쳐야 했다. 당시에는 비살균 탁주든 살균 탁주든 공급 구역이 제조장 소재지 내로 제한되어 있었다. 때문에 우리 제품이 아무리 우수해도 기존 제조사의 유통망에 견제를 받고 제한된 소비자로 인해 그 판매에는 태생부터 한계가 있을수밖에 없었다.

그래서 전국 막걸리 제조업체와의 모임을 갖고 전통주 업체가 살아남는 길은 공급구역 제한을 없애는 것이라고 설득하여 '탁주 공급구역 제한폐지 운동'을 벌였다. 여러 번의 청원운동을 통해 1995년 장기 보존이 가능한 탁주, 즉 살균 탁주에 한정하여 전국 시판이 가능해졌다. 2000년, 전체 탁주에 대하여 공급구역 제한제도가 폐지되었다.

이를 기반으로 2000년대 후반부터 우리나라에 막걸리 열풍이 불었다. 막걸리 열풍의 진원지는 일본이다. 한류 인기 영향으로 일본 여성들 사이에 '맛코리(マッコリ)'라는 이름의 막걸리가 인기를 끌고, 엔고 현상으로 한국을 찾은 일본 관광객들이 막걸리의 원조인 한국에서 막걸리를 즐겨 찾으면서 인기가 치솟았다. 여기에 국순당이 기존 막걸리의 단점을 해소한 완전 밀폐 제품을 업계 처음으로 선보이며 제품 품질을 획기적으로 개선시켜 본격적인 막걸리 르네상스 시대를 열었다.

2009년 첫선을 보인 '국순당 생막걸리'는 국순당이 국내 최초로 개발한 '발효 제어기술'을 적용해 냉장 보관 시 유통기한을 30일로 늘려 전국권까지 유통이 가능하고, 소비자들이 마실 때까지 신선함이 지속될 수 있도록 하였다. 기존의 생막걸리는 냉장보관 시 유통기한이 10일이었다. 또한 완전 밀폐 용기를 도입하여 기존 생막걸리의 가스 분출을 위한 병목

홈을 없애 품질 불안정을 해소하고, 눕히거나 운반 중에 막걸리가 새는 것을 완전 차단하였다. '발효 제어기술'이란, 생막걸리 내 살아 있는 효모의 활성을 조절하고 외부 공기의 유입을 차단시키는 기술로, 샴페인 발효법을 생막걸리 발효에 접목시킨 것이다.

국순당은 '국순당 생막걸리' 이후에도 우국생, 대박, 옛날막걸리 古, 아이싱 자몽, 햅쌀로 빚은 첫술 등 다양한 제품에 새로운 재료와 제조 공법을 접목시켜 막걸리의 새로운 시장을 꾸준하게 개척하고 있다.

국순당은 소주 시장에서도 전통방식으로 빚은 증류소주로 시장을 개척하고 있다. 지역의 특산물과 국순당의 술 빚는 경험을 접목시켜 증류소주 '려(驪)'를 개발하고, 지역 주민과의 상생 협력에 적극 나서고 있다. 증류소주 '려(驪)'는 잡미를 없애고 특유의 고구마 향을 최대한 살리기 위해 수확 직후 7일 이내의 신선한 여주산 고구마를 선별한 후, 쓴맛을 내는 양쪽 끝단 2~3cm를 수작업으로 절단해 품질이 좋은 몸통 부분만으로 술을 빚는다. 풍미 향상 효과가 있는 동(銅) 재질의 증류기를 도입하여 잡미와 잡향을 제거하고 고급 증류주에서 사용하는 상압증류를 거쳐, 전통 옹기에서 1년 이상 숙성시켜 부드러운 맛과 은은하고 깊은 향을 구현했다. 증류소주 '려(驪)'는 100% 고구마 증류소주 및 고구마 증류소주 원액과 여주 쌀로 빚은 증류소주 원액을 블렌딩한 증류소주 등 맛과 용량이 다양해 소비자 선택의 폭을 넓혔다.

증류소주 려

복원주와 우리 술 교육

우리나라는 집집마다 내려온 수백 가지의 가양주와 반주로 음식과 함께 즐기는 음주문화라는 지식유산이 있었다. 그러나 1907년 주세령 실시와 1916년 가양주 면허제 적용 등 일제강점기와 해방 이후 1960년대 초반 정부의 양곡정책 일환으로 쌀을 주류 양조에 사용치 못하게 되면서 가양주는 말살됐고, 변질된 폭음문화가 자리 잡게 되어 우리 가양주와 전통의 음주문화라는 지식유산은 사라지게 됐다.

국순당은 2008년부터 '우리 술 복원사업'을 진행해 사라진 우리 술을 재현해 냄으로써 지식문화유산을 복원하고 있다. 복원사업은 문헌 발굴 등 사전 준비에만 3년의 기간이 소요됐다. 사라진 가양주에 대한 문헌을 찾기 쉽지 않고, 술 빚는 방법에 대한 설명도 간단하고 추상적이어서 현대에 적용하기에는 어려움이 많다. 우리 술 복원사업은 우리 술을 복원하기도 어려울 뿐만 아니라 복원 후에도 시장성이 불확실해 사업적 측면에서 보면 전혀 사업 모델이 될 수 없다. 그럼에도 국순당은 우리 술 복원사업이 사라진 전통문화를 복원한다는 사회적 책임에서 지속적으로 추진하고 있다.

국순당은 지금까지 창포주, 이화주, 자

국순당이 우리 술 복원사업으로 재현한 전통주들

주, 신도주, 송절주, 소곡주, 동정춘 등 문헌 속에만 존재하던 생소한 이름의 24가지 우리 술을 복원했다. 복원한 전통주의 정확한 제조 방법이나 발효 환경 등을 매일 기록하여 일반인에게도 공유하고 있다. 복원한 우리 술은 국순당에서 운영하는 전통주 전문주점인 백세주마을을 통해 일반인에게 선보여 전통주 대중화에도 기여하고 있다. 복원작업을 통해 몸으로 부딪히며 체득한 전통 속에 숨어 있는 조상들의 과학은 국순당의 우국생과 옛날 막걸리 古, 대박 막걸리 등을 개발하는 데 밑바탕이 되었다.

국순당은 지식유산을 계승하고 전파하기 위해 주류업계 최초로 누구나 우리 술을 쉽게 만들고 즐기면서 체험할 수 있는 '우리 술 강좌'를 2010년에 개설했다. 우리 술에 대한 관심이 높아가고 있는 가운데 각 가정마다 자신만의 독특한 방식으로 술을 만들어 먹었던 가양주(家釀酒) 문화와 음식과 함께 즐기는 음주문화라는 지식유산을 전파하고 있다.

기업화 성공의 열쇠

우리 고유의 지식유산을 적극 개발해야 함은 두말할 나위가 없다. 그러나 그 방법은 간단하지 않다. 단지 우리 것이기 때문에 잘 팔릴 것이라고 기대해서는 결코 성공할 수 없다.

우선 소비자의 욕구에 맞는 상품으로 개발해야 한다. 이를 위해서는 우리의 고유 자산이 현재, 또는 미래 소비자의 어떤 욕구를 충족시킬 수 있는지를 면밀히 파악해야 한다. 국순당의 경우 신상품 개발의 핵심은 우리 전통주와 '건강'의 결합이었고, 바로 이 점을 소비자가 인정한 것으로 판단하고 있다. 이러한 제품력은 지식유산 개발의 기본 조건이다. 하지만 이것만으로는 충분하지 않다.

우리의 좋은 물건이, 더욱이 우리 전통을 소재로 한 상품이 소비자에게 제대로 전달되지 않아 사장되는 경우를 수도 없이 보고 있다. 국순당은 대규모 주류 업체가 아니었다. 판매망도 없었다. 모든 면에서 기존의 주류 업체보다 열세일 수밖에 없었다. 특히 대규모 업체의 광고 공세는 중소 업체로서는 감당하기 어려운 부분이다. 이런 상황에서 큰 회사를 흉내 내는 유통이나 판촉 전략은 수행할 수도 없고, 한다 해도 물량 공세에 밀려 결국은 어려운 지경에 빠질 것이다. 여기서 찾아낸 것이 유통과 판촉의 차별화였고, 이것이 제품력과 맞물려 국순당의 '기업화 성공'의 열쇠가 되었다.

모든 지식유산 산업이 국순당의 경우와 같을 수는 없다. 그러나 사업 초기의 자금 부족이나 판매망의 열세 등은 대부분의 지식유산 산업에 공통적으로 나타나는 현상이므로, 이러한 문제를 극복하는 하나의 사례가 되지 않을까 생각된다.

앞에서 말했듯이 기업으로서의 국순당의 직접적인 성공 요인은 상품과 영업 전략의 차별화였다. 그러나 그 밑바탕에 깔려 있는 더 중요한 것은 국순당의 기업철학과 구성원들의 우리 술에 대한 애착과 사명감이다.

국순당은 기업으로서 가장 중요한 덕목으로 '좋은 술의 고집'이라는 슬로건 아래 '고객의 건강과 안전'을 내세우고 있다. 고객의 건강을 생각하는 제품을 만들어야 하며, 가격이나 유통, 그리고 기업 활동에 있어 필연적으로 거쳐야 하는 다른 업체와의 경쟁에서도 건강과 안전을 강조한다. 이러한 고객의 건강과 안전을 최우선하는 자세야말로 국순당의 가장 큰 자산이라 할 수 있다. 국순당의 또 다른 기업 가치는 "전통을 오늘에 맞게"라는 문장에 담긴 의미처럼 우리 문화를 복원 및 확산시켜야 하고, 술이라는, 어찌 보면 특수한 상품을 만드는 회사에서 문화를 만드는 기업으로의 사회적 책임도 가지고 있어야 한다는 점이다.

국순당은 전 직원이 개량 한복을 입고 근무하는데, 이는 상품의 홍보 차원이라기보다는 우리 고유의 것을 알리려는 사람은 우리 것을 먼저 이해하고 사랑해야 한다는 기본적인 자세를 중시하는 데서 나온 것이다. 아울러 사라진 우리 술을 복원하는 '우리 술 복원사업' 추진이나 우리 술 강좌, 전통 관련 모임에 대한 지원도 우리 문화를 지키는 이들과 함께 하겠다는 기업 철학의 소산이다.

정도(正道)를 지키는 영업, 술이라는 '상품' 이전에 우리의 문화를 이해하고 사랑하는 구성원의 마음가짐, 사회적 책임을 강조하는 기업철학은 제품력이나 영업능력보다 더 근원적인 회사의 뿌리 역할을 하고 있다.

앞으로의 과제

우리 전통주를 소재로 기업화한 국순당의 장기적인 과제는 '우리 술의 세계화'다. 이를 위해서는 새로운 시장 개척과 신상품 개발, 디자인의 현대화 등이 중요하고, 아울러 우리 술과 잘 어울리는 우리 전통 음식을 같이 보급해야 한다.

시장 개척의 첫째 목표는 수출이다. 현재 국순당은 백세주와 막걸리 등을 전 세계 50여 개국에 수출하고 있다. 국순당은 그동안 일본, 미국, 중국 등 우리나라 전통주에 대한 선호도가 높은 국가뿐만 아니라 브라질 등 남미와 인도 등 아직 우리나라 전통주에 대하여 알려지지 않은 국가들을 개척하기 위하여 많은 노력을 기울이고 있다.

중남미 지역은 우리나라의 반대편에 위치한 지리적 입지 조건으로 물류비가 많이 들고 시장도 형성되지 않아 우리나라 전통주의 불모지나 다름없었다. 그러나 최근 K팝의 영향으로 한국 제품에 대한 관심도가 높아지고, 수출선 다변화를 위하여 중남미 시장 개척에 적극적으로 나서고 있다. 동남아 지역은 우리나라와 동일한 쌀 문화권으로, 막걸리 등 우리나라 전통주에 대한 선호도가 높은 지역이다. 더운 동남아 지역의 특색을 고려하여 지역 맞춤형 저도의 전통주를 개발해 동남아 지역에 수출하고 있다.

이를 위해서 같이 이루어져야 할 작업이 우리 전통 음식의 해외 보급이다. 술이 다른 음식과 밀접한 관계를 가지고 있음을 프랑스의 포도주에서 대표적으로 볼 수 있는데, 역시 우리 술에는 우리 음식이 제격이고, 우리 음식이 서양인의 입맛에 맞게 개발되면 전통주의 보급도 그만큼 쉬워지기 때문이다.

국순당은 프랑스 파리에 우리 술 전문 주점인 백세주마을 파리점을 운

프랑스 파리에 있는 백세주마을 파리점

영하고 있다. 한국에서 운영 중인 '백세주마을' 디자인을 기본으로 최대한 한국식으로 매장을 꾸몄다. 비스트로 스타일로, 점심시간에는 한국 전통음식인 김치찌개·비빔밥·불고기 정식 등을 식사 메뉴로 선보인다. 저녁에는 주점 형태로 운영된다. 저녁에 판매되는 주류 역시 국순당 백세주와 쌀막걸리를 비롯한 막걸리, 명작 복분자 등 전통 과실주 등 다양한 전통주로 구성되어 있다. 안주류로는 백세보쌈, 맥적구이, 해물파전, 탕평채, 두부김치 등 우리나라 전통음식 중에서 유럽인들의 입맛을 고려한 메뉴로 구성하였다. 메뉴판도 한글 표기를 기본으로 하고, 그 하단에 프랑스어로 소개할 정도로 가능한 한국 그대로의 느낌을 줄 수 있도록 하였다. 우리 술의 독특함과 우수성을 알리기 위해 고려시대의 전통주인 '이화주'를 프랑스에서도 판매하고 있다. 향후 우리 음식과 전통주를 함께 소개할 수 있는 우리 술 전문 주점이 더욱 해외 많은 지역에 운영되어야 우리 음식문화와 어울림 술로 전통주가 제대로 외국인들에게 인식될 수 있을 것이다.

이와 함께 새로이 정립해야 할 분야는 상품 개발 전략인데, 대표적인 것이 상품 디자인 문제다. 디자인의 현대화는 해외 수출은 물론 국내 소비를 위해서도 반드시 필요한 부분이다.

이외 국순당에는 어떤 경우에도 변치 않는 가장 중요한 것이 하나 있다. 전통주를 현대인의 기호에 맞춰 새롭게 개발하되, 사람을 무절제하게 만드는 술이 아닌, 사람 몸에 이로운 술을 만든다는 회사의 기본 방침이다. 이는 우리 조상들의 술에 대한 의식, 즉 술은 적절히 즐기면서 사람의 몸을 보(補)하는 것이어야 한다는 믿음은 우리 전통주를 현대적으로 개발하는 데 있어 결코 버릴 수 없는 기본 철학이기 때문이다.

聖鐘社

한국 범종의 살아 있는 역사,
성종사

종과 인연을 맺다

연말이 다가오면 사람들은 제야의 종소리에 가는 해를 아쉬워하고 새해 희망을 되새긴다. 종소리는 듣는 사람의 마음에 따라 느낌이 다르다고 한다. 우리나라 범종은 불교와 더불어 생활 속에 깊이 스며들었고, 역사 속에서 독특한 발전을 해 왔다. 우리는 세계에서 가장 훌륭한 종을 가지고 있다. 하지만 오랜 세월을 지나면서 직접 쳐서 소리를 들을 수 없는 종이 되고 말았다. 잃어버렸던 종들의 소리를 오늘의 우리가 들을 수 있도록 만들고자 나는 평생 노력해 왔다.

종 만들기는 나에게 숙명이었다. 1942년 경기도 화성군 남양면에서 3남 2녀 중 차남으로 태어난 나는 열일곱 살에 자동차 정비 기술을 배우기 위해 무작정 서울로 상경했다. 그러나 자동차에 별다른 흥미를 느낄 수 없었던 나는 당시 종을 만들던 8촌 형 원국진의 권유로 종과 인연을 맺게 되었다. 그렇게 8촌 형 밑에서 종 만드는 기술을 배우던 중 군 입대를 하게 되었고, 결국 1963년에 군 전역과 함께 성종사를 이어 받기로 결심하면서 8촌 형인 원국진에게 정식으로 종 만드는 일을 배웠다. 당시에는 직원이라야 나를 포함해 달랑 3명밖에 없었기 때문에 나는 기술도 배우면서 온갖 공장 내 허드렛일을 도맡아했다.

사실 60년대까지만 해도 우리나리 경제는 입에 풀칠하기도 어려울 정도였고, 그래서 오직 먹고살기 위한 수단으로 종 제작 기술을 배우며 종을 만들었다. 당시에는 지금과 같은 '종에 대한 사명감'은 없었다.

5·16 이후 사찰과 교회의 수가 늘어나면서 종 수요도 크게 늘어 정신 없이 일을 했다. 그러던 어느 날 결혼한 지 6개월도 채 지나지 않아 나에게 인생 최대의 시련이 닥쳤다. 그날 아침 일찍 100관짜리 종을 제작하기 위해 쇳물을 녹이던 중 1,200℃가 넘는 쇳물이 폭발하면서 하필이면 내 오른쪽 눈으로 튀어 들어간 것이다. 병원으로 실려 간 나는 담당 의사로부터 "오른쪽 눈을 살릴 수 없을 뿐만 아니라 다친 오른쪽 눈을 제거하지 않으면 멀쩡한 왼쪽 눈까지도 실명할 수 있다."는 충격적인 얘기를 듣게 되었다. 당시 28살의 청년이었던 나는 눈앞이 캄캄하고, 한순간에 모든 행복과 꿈이 무너지는 느낌이었다. 나는 '이것이 하늘의 뜻이라면 차라리 장님으로 살겠다.'는 심정으로 수술을 거부하였다. 그런데 부처님께서 돌봐 주신 덕분일까? 사고를 입은 왼쪽 눈은 조금씩 시력을 잃어 갔지만, 다행히도 오른쪽 눈은 종을 만드는 데 지장이 없도록 지금까지도 멀쩡히 시야를 밝혀 주고 있다.

그렇게 한쪽 눈의 시력을 잃은 나는 결국 직장과 꿈을 잃게 되었고, 처와 갓 태어난 아들을 데리고 고향으로 내려가 농사를 지으며 살기로 작정했다. 그러나 내 머릿속에는 항상 종이 있었다. 그렇게 종을 포기할 수 없었던 나는 '죽어도 종을 만들어야겠다.'는 오기가 발동했고, 그

뒤로는 종 만드는 꿈을 꾸는 등 잠을 설쳤다. 뜨거운 쇳물처럼 들끓는 절망과 분노를 누그러뜨린 것은 나도 모르게 마음속에 스며든 종에 대한 사랑이었다.

수덕사 종을 만들다

종에 대한 집념을 가지고 다시 상경한 나는, 우선은 처와 함께 자그마한 주물공장을 차렸다. 일단 입에 풀칠하기 위해 알루미늄부터 양은 일까지 돈이 되는 것이라면 닥치는 대로 만들었다.

1970년, 지금의 범종사 김철오 사장의 제의를 받아 이윤을 반반씩 나누는 조건으로 '범종사'라는 대한민국에서 두 번째 종 회사를 설립하였다. 사업은 순조롭게 진행되어 주문이 폭주하였고, 1971년 광복 이후 최대 종인 3.75t의 수덕사 종까지 수주하게 되었다. 그러나 이윤 배분 등의 문제로 인해 1972년에 기술만 전수한 채 맨몸으로 범종사를 나오게 되었다. 그런데 그 사실을 안 당시 수덕사의 주지 스님이었던 원담 스님이 "나는 원광식이의 기술을 보고 계약을 한 것이니 원광식이 범종사에 없다면 우리 종을 범종사에 맡길 수 없다."며 계약을 파기하기에 이른다. 이 소식을 들은 나는 너무나 고마운 나머지 원담 스님을 찾아가 "노임은 필요 없고 재료만 구입해 주시면 제대로 된 종을 한번 만들어 보겠습니다."라고 결심을 밝히고 승낙을 받아냈다. 이것이 내가 다시 회생할 수 있는 결정적인 계기가 되었다. 나는 머리를 깎고 수덕사 대웅전이 올려다 보이는 절간 한구석에 주물 시설을 세웠다.

그로부터 수덕사 종이 완성될 때까지 나는 하루도 쉬지 않고 조석예불을 하며 세상에 단 하나뿐인 완벽한 작품을 만들기 위해 작업에 매달렸

수덕사 종 제작 당시의 모습

수덕사 원담 스님과 함께

다. 그렇게 해서 1973년 "한 번을 치면 2분 30초 동안 울리고, 그 소리가 30리까지 퍼진다."는 수덕사 종을 완성하였다. 이 종이 해방 후 최초로 제작된 1,000관에 달하는 대종으로 알려지면서 나는 한동안 언론의 주목을 크게 받았다.

예산 수덕사 범종

성종사 대표가 되다

1973년, 수덕사 종이 완성되면서 내 이름이 세상에 알려지고 있을 무렵 스승이자 8촌 형이 지병으로 세상을 떠나게 되었다. 나는 수덕사에서 내려와 성종사를 인수하였다. 1962년 군 복무를 마치고 성종사에 재입사할 때 품었던 꿈이 현실로 이루어진 것이다.

나는 성종사 주인이 되고부터 종 만들기에 더욱 매진을 했다. 그리고 뒤에는 늘 수덕사 원담 스님이 든든한 후원군이 되어 주었다. 원담 스님은 어느 절에서 종 불사를 한다는 소식을 들으면, 내 손을 잡고 직접 절에 찾아가 주지 스님에게 성종사에 종을 맡기라고 추천해 주었고, 당신이 가지 못하는 상황이 생기면 직접 글을 써 주시기까지 했다.

그렇게 성종사가 종을 잘 만든다는 소문이 퍼져 나가면서 종 제작 의뢰가 줄을 이었다. 일이 많을 때는 2년치 일감을 미리 맡아 놓고 할 정도였다. 현재 조계종 총본사인 조계사를 비롯해 불국사, 해인사, 통도사, 범어사, 선운사, 금산사, 선암사, 동화사, 화엄사, 송광사, 법주사, 쌍계사 등 국내 사찰에 있는 범종들의 대부분은 성종사와 내가 만든 것이라고 해도 과언이 아니다.

서울의 봉은사 종을 만들었을 때의 얘기다. 주지 스님이 종 값을 주면서 "이 돈은 다른 데 쓰지 말고 저기 자갈밭 사 두어라. 그럼 나중에 큰돈이 될 것이다."라고 했다. 지금은 강남 요지가 된 봉은사 주변 땅값이 그때는 평당 1만 원 이하였다. 하지만 당시나 지금이나 부동산에 관심이 없었던 나는 그 말을 그냥 흘려들었다. 그때 스님 말씀대로 봉은사 주변의 땅을 사 놓았다면 아마 지금쯤 강남에 빌딩 몇 채는 가지고 있을지도 모를 일이다.

그러나 나는 부동산이나 주식에 투자하지 않았다. 좋은 종을 만들기 위해 공장시설과 기술개발에 투자했다. 그리고 대한민국 최고의 종장이 되기 위해 끊임없이 새로운 디자인과 주조기법을 개발했다. 그리하여 나는 대한민국, 아니 세계 최고의 종장으로 불리기도 하였다.

범종연구회를 결성하다

그렇게 나는 점점 유명해져 갔다. '종' 하면 원광식을 떠올릴 정도로 알려졌다. 하지만 나는 종을 완성할 때마다 뭔지 모르게 가슴이 허전했다. 언제부터인가 내가 만든 종의 소리가 마음에 차지 않았기 때문이다.

당시 최고라는 평가를 받았던 수덕사 종도 '왜 그렇게밖에 못 만들었을까' 싶었다. 그래서 나는 전문적인 범종연구 단체가 필요하다고 생각했고, 기술자와 학자, 그리고 스님들로 구성된 '범종연구회'를 결성하였다. 그 중심에는 황수영 동국대 교수와 염영하 서울대 교수가 함께했다.

범종연구회는 그때부터 종의 구성 성분, 종소리의 비밀, 소리의 분석 등에 대해 해마다 학술지를 펴내며 범종연구와 기록 보존에 중요한 역할을 해 왔다. 종 문양의 위치, 조각의 두께, 종의 모양 등 소리를 만드는 여러 요인도 밝혀냈다. 이러한 연구를 위해 나는 긴 종, 짧은 종, 펑퍼짐한 종, 무늬가 없는 종, 음통이 없는 종 등 서울대 범종연구팀이 요구하는 크고 작은 수많은 형태의 종들을 제작했고, 연구비와 학술지 발행비까지 아낌없이 지원했다. 그 결과 일본 종보다 낙후되어 있다는 평가를 받던 한국 종의 수준은 어느 순간부터 세계 최고가 되어 있었다.

특히 서울대 범종연구팀에서 종소리를 연구한 이장무 교수는 범종의 음향 조율과 관련하여 다수의 특허를 보유하고 있는데, 이 중에서도 완성된 종의 내부를 절삭하여 종의 주파수와 맥놀이를 조율하는 기술은 전 세계적으로 우리만이 보유하고 있는 기술이다. 1985년에 제작된 보신각 새 종을 비롯하여 정부로부터 발주 받아 제작되고 있는 대부분의 대종들이 주조 후 음향 측정을 통해 주파수와 맥놀이에 문제가 있을 경우 내부를 절삭하여 소리를 교정하고 있다.

범종연구회는 범종계의 큰 별이셨던 서울대 염영하 교수님이 작고하시면서 잠시 침체기를 거쳤으나 지난 2007년, 이대로 범종연구회를 사라지게 할 수는 없다는 데 뜻을 같이한 그와 몇몇 학자들이 주최가 되어 '사단법인 범종학회'로 거듭났다. 같은 해 11월에 우리 종을 세계문화유산으로 등재시키기 위한 학술연구 세미나를 개최하는 등 진천 종박물관과 연계하여 활발한 활동을 전개하고 있다.

대한민국 최대 종을 제작하다

우리 문화재 중 최고로 치는 종은 '에밀레종'으로 더욱 잘 알려져 있는 국보 29호 '성덕대왕신종'이다. 에밀레종은 국보 36호 상원사종(725년 제작)에 이어 두 번째(771년 제작)로 오래된 종이자, 국내에서 가장 큰 종이었다.

1973년 광복 이후, 최대 종을 제작한다며 국내를 떠들썩하게 했던 수덕사 종이 3.75t(1,000관)이었던 데 반해, 우리 선조들이 1,200년 전에 제작한 성덕대왕신종은 무려 19.8t(5,300관)이나 되는 큰 종이었다. 그러나 수덕사 종 이후 에밀레종이 가지고 있던 국내 최대 종의 기록이 깨지는 데는 그리 많은 시간이 걸리지 않았다.

1976년 부산 동명불원에서 에밀레종보다 무려 7t이나 더 무거운

27t(7,200관)의 국내 최대 종을 제작하였다. 1980년대 들어서면서 보신각 새종을 비롯한 20t급의 대종들이 대거 출연하였으나 그 기록은 쉽게 깨지지 않았고, 1997년 동명불원종이 제작된 지 21년 만에 내가 제작한 28.9t(7,700관) '경북대종'에 의해 기록이 경신되었다. 경북대종의 기록은 2005년 또다시 내가 제작한 30.56t(8,150관)의 '광주 민주의 종'에 의해 경신되었고, 2008년에 또다시 기록을 경신할 37.5t(1만 관)의 '화천 세계 평화의 종'이 내 손에 의해 제작되었다.

사람들은 큰 종을 많이 만들어 좋겠다며 부러워하지만, 나는 그리 즐거운 일만은 아니라고 말한다. 주문이 들어와 할 수 없이 큰 종들을 만들고 있지만 20t이 넘어가는 대종들은 주파수가 낮아져 타종 후 여음이 잘 들리지 않을 뿐만 아니라, 맥놀이도 뚜렷하게 들리지 않아 오히려 종소리가 좋지 않기 때문이다.

중국의 영락대종이나 일본의 동대사종 등 에밀레종보다 큰 종들이 일본과 중국에 많이 있지만 하나같이 에밀레종의 종소리보다 못하다. 종은 에밀레종의 크기를 넘지 않는 것이 좋다. 또한 종의 생명은 크기가 아닌

경북대종(28.9t)　　　　광주 민주의 종(30.56t)　　　　화천 세계 평화의 종(37.5t)

소리인 만큼 소리가 좋은 종을 만들고 싶지 껍데기만 큰 종을 만들고 싶지는 않다.

중국 종과 일본 종을 배우다

나는 1980년대 중반부터 우리 종의 뿌리와 외국의 종 제작 수준을 알고 싶어 중국, 일본, 대만 등 주요 범종 생산국의 종 공장들을 찾아 다녔다. 그중에서도 우리 선조들이 종 만드는 기술을 전수받았을 중국을 가장 많이 찾았다.

중국의 항주, 대련, 성도, 남창, 상해 등 종을 만드는 공장이 있는 곳이라면 어디든 헤매고 다녔다. 그러나 밀랍주조기법과 같은 기술은 어디에서도 찾아볼 수 없었고, 대부분의 종들이 일반 주물공장에서 동상과 같은 조형물이 만들어지듯 소리에 대한 전문적인 지식 없이 마구잡이로 만들어지고 있었다. 그야말로 모양만 종같이 생기고 두드려서 쇳소리만 나면 된다는 식이었다. 심지어 종을 두 쪽으로 나누어 부은 뒤 용접하는 곳도 있었다. 종은 진동에 의해 소리를 내는 물체이기 때문에 용접을 하면 소리도 잘 안 날뿐더러 용접 부위가 진동을 못 이겨 깨지기 쉽기 때문에 국내에서는 유물의 보존과 복원을 위해서나 사용되는 방법으로 실제 타종되는 종에는 절대 사용하지 않는 방법을 그들은 아무런 생각 없이 자행하고 있었던 것이다.

그렇게 소득 없이 실망만 컸던 나는 제조업체가 아닌 박물관을 찾아다니며 종의 주조방식을 수소문했다. 그러나 박물관 사람들은 종을 보존하는 일을 하는 사람이지 종을 만드는 일에는 문외한이었다.

나는 중국뿐만 아니라 일본도 자주 찾았다. 일본에서는 교토의 '이와

사와'라는 일본 최고의 종 공장을 자주 방문하였다. 그러나 일본 종은 우리 것과 달랐다. 일본 종은 문양이 단순하고 투박했다. 일본은 옛날부터 '회전형법'이라는 사형주조방식으로만 종을 제작하고 있었고, 전통을 중시하는 그들은 지금까지도 선조들로부터 물려받은 그 기술 그대로 종을 만들고 있었다. 결국 일본에서도 밀랍주조기법의 실마리는 찾을 수 없었고, 오히려 그쪽으로부터 기술 제휴를 제의받았다. 그러나 언젠가 국제 시장에서 경쟁 상대가 될 수 있는 일본과 기술 제휴를 할 수는 없었기에 정중히 거절했다.

그렇게 일본을 왕래하면서 밀랍주조기법에 대한 자료는 구할 수 없었지만, 일본에 건너가 있는 우리 종이 얼마나 많은지를 확인할 수 있었다. 한 일본 사찰을 방문했을 때 일제가 빼앗아간 '신라 종'을 보물처럼 받들며, 한국 사람에게는 보여 주지도 않으려는 것을 보고 충격을 받기도 했다. 한국 사람들에게 종을 보여 주면 자꾸 본래 우리의 것이니 돌려달라고 떼를 써서 보여 주지 않는다는 것이었다. 일본에서도 인정하는 1천여 년 전 신라 장인을 우리는 그동안 잊고 지냈던 것이다.

일본 내 한국 종을 복제하다

그렇게 내가 일본에 산재되어 있는 우리 종에 대해 관심을 가지기 시작했을 무렵의 일이었다. 1992년 우연히도 일본의 '광명사(光明寺)'라는 사찰로부터 자신들이 소장하고 있는 신라 종을 복제해 달라는 요청을 받았다. 그때만 해도 대부분의 사람들이 일본의 종 주조기술이 한국보다 뛰어나다고 믿고 있던 시절인데도 불구하고 한국의 업체에 복제를 의뢰한 것이었다. 나는 너무나도 궁금해 광명사 주지 스님에게 이유를 물었다. 그러자 주지 스님은 "본래 일본의 종 제작기술은 한국으로부터 건너온 것이고, 내가 복제하고자 하는 종이 한국 종이니, 한국 업체에게 맡기는 것은 당연한 것이 아니겠는가."라고 답했다.

그렇다! 일본의 종 제작기술은 모든 문명이 그랬듯이 한반도로부터 건너갔을 것이다. 그런데 우리는 오히려 그 기술을 역수입하여 지금까지 종을 만들어 왔던 것이다. 다행히 나는 일본과 같은 방법으로는 일본의 벽을 넘기 힘들다고 판단하여, 1986년부터 펩세트 주조공법이라는 현대공법을 도입, 품질을 많이 향상시켜 놓은 상태였기에 광명사 주지 스님에게 조금이나마 떳떳할 수 있었다.

결국 광명사 종은 본래 광명사 종을 만들었던 밀랍주조기법도, 회전형법도, 펩세트 주조공법도 아닌 'CO$_2$ 공법'이라는 전혀 다른 현대 공법으로 복제되어졌다. 그나마 광명사 종이 다른 신라 종보다 문양이 단순하고 선이 굵직굵직했기에 가능했던 일로, 상원사 종이나 운수사 종과 같이 섬세한 문양을 가진 종이었다면 불가능했을 일이었다.

나는 그렇게 광명사 종을 복제하면서 '한국의 종장으로서 앞으로 해야 할 일이 무엇인가'를 깨닫게 되었다. 우리는 일본보다 뛰어난 밀랍주조기법이라는 전통 주종기법이 있었음에도 불구하고 그 기술을 계승·발전시키지 못했을 뿐만 아니라 일본보다도 질이 떨어지는 종을 만들고 있었던 것이다.

나는 광명사 종을 복제하면서 밀랍주조기법을 하루빨리 재현하고 일본에 약탈된 우리의 옛 종들을 원본이 안 된다면 복제라도 해서 되찾아와야겠다고 생각했다. 그래서 광명사 종의 형을 뜨면서 광명사 주위에 있던 운수사(雲樹寺) 종과 천륜사(天倫寺) 종도 함께 형을 떠 왔다. 그리고 그 후에도 몇 차례 더 일본으로 가서 원청사(圓淸寺) 종과 원통사(圓通寺) 종 등 총 신라 종 2구, 고려 종 2구, 조선 종 1구의 모형을 확보할 수 있었다.

그러나 그것으로 끝이었다. 단순히 종의 소유주인 사찰의 주지 스님에게만 허락받으면 되는 줄 알았는데, 알고 보니 일본에 있는 대부분의 한국 종들이 국보나 보물로 지정되어 있어 정부의 허가를 받아야 했던 것이었다. 상궁신사의 고려 종을 본뜨던 중 주지 스님의 아들이 일본 당국에 신고를 하여 수배령이 내려졌고, 결국 나는 도망치듯 일본을 빠져 나와야 했다.

일본으로 넘어간 우리나라 종은 얼마나 되며 어떤 종들일까? 지금까지 일본의 신사나 수장고에 보관되어 있던 한국의 종은 60여 구로 추정되고 있다. 재일동포 강건영 씨는 『범종을 찾아서』라는 책에서 왜구·왜병의 약탈, 일본 상인의 수입 등을 통해 한국에서 일본으로 건너간 범종 45구를 발굴·소개했다. 상궁신사에 소장된 범종(833년)은 일본 국보로, 우사신궁의 범종(904년)을 비롯한 26구는 국가중요문화재로 지정되어 있다. 오키나와 파상궁 종은 2차 세계대전 때 미군 함포사격을 받아 지금은 용두만 남아 있는 고려 전기의 종인데, '환상의 종'으로 불릴 정도로 신비한 소리를 냈었다고 한다.

지금도 일본에 산재되어 있는 한국 종 중 중요한 종들은 선별하여 복원·복제해야 한다. 일본에 건너간 종들 중에 망실된 종들이 많은데, 앞으로도 없어지지 말란 보장이 없다. 그러기에 외국에 건너간 한국의 유물 중에서도 보존이 필요한 유물은 복제를 해 놓아야 할 필요가 있다. 특히 현재 동경박물관에 탁본만 남아 있는 국부팔번사(國府八幡社) 종과 일본 국보로까지 지정되었다가 2차 세계대전 당시 폭격으로 상부가 파손되어 국보에서 해제된 정우사(正祐寺) 종 등은 탁본이나 종의 일부분이 남아 있어 복원이 가능한 만큼 하루라도 빨리 복원되어야 하며, 나머지 보존 가치가 있는 종들에 대해서도 복제 또는 3차원 스캐닝 등 정부 차원의 보존대책이 시급히 마련되어야 한다.

밀랍주조기법 재현에 성공하다

나는 상원사 종과 같은 옛 종을 복원·복제하면서 우리 선조들의 전통 주조기법을 재현하기로 목표를 세우고 80년대 후반부터 연구를 시작했다. 그러나 선조들이 옛 종을 만들 때 사용되던 '밀랍주조기법'이 전설처럼 전해지고 있을 뿐, 거기에 대한 문헌과 기록은 어디에서도 찾을 수 없었다. 혹시 중국이나 일본에 관련 기록이 있을까 싶어서 가 보았지만, 실마리를 찾지 못했다. 결국 스스로 만들어 보는 방법밖에 없었다.

나는 종을 만들고 깨는 것을 수없이 반복하며 1,000년 전 종 제작의 비밀을 하나하나 밝혀냈다. 부드러운 모양에 섬세한 비천상 무늬, 엄청난 크기지만 소리는 이슬처럼 맑다고 하는 신라 종, 그 비밀을 캐기 위해 10년의 세월을 헤맸다.

그리고 마침내 밀랍주조기법을 찾아냈다. 밀랍(벌집)과 소기름을 섞어 만든 초를 가지고 종 모양을 만들고, 그 위에 주물사(열에 강한 모래)를 여러 번 덧입혀 종 틀을 완성한 후, 틀 안의 초를 녹이고서 그 속에 쇳물을 붓는 식이었다. 알고 보니 정말 간단했지만 참 많은 실험을 했다. 고령토, 기왓장 가루, 창호지 등 안 해 본 방법이 없었다. 또 도가니 속의 열을 고르게 유지하고 불순물의 유입을 막는 방법, 고른 합금을 만들어 내는 비법도 찾았다. 그러나 흙으로 만든 거푸집이 1,000℃가 넘는 쇳물을 견디지 못하고 깨져 버렸다. 거푸집이 쇳물의 온도를 견디면서도 내부의 공기가 빠져나갈 수 있도록 숨을 쉬는 흙을 찾아야 했는데, 온갖 흙을 구해서 만들어 봤지만 번번이 실패했다.

흙 성분을 찾아내려고 노심초사 하던 중에 숭실대박물관에서 우연히 동경을 만든 흙 틀을 보고 '바로 이것이다.' 하는 생각이 들었다. 신라 수도인 경주 일대를 샅샅이 뒤져 감포 지역에서 이 흙 틀과 같은 성분인 활석과 이암을 찾아내 드디어 문제를 해결했다. 그토록 갈망하던 에밀레종의 완벽한 재현도 가능해진 것이다.

고진감래라고나 할까, 7~8년간 '밀랍주조기법' 재현에 매달린 끝에 1992년 CO_2 공법으로 제작하여 납품했던 일본 광명사의 신라 종을 2년이 지난 1994년에 재현된 밀랍주조기법을 사용하여 제대로 복원하는 데 성공했다. 나는 신라의 상원사 종, 선림원 종, 청주 운천동 출토 범종과 고려의 내소사 종 등 20여 구의 옛 종을 복원·복제하였다. 그 기술력과 공로를 인정받아 지난 2000년에는 '대한민국 명장'의 호칭을 얻었고, 2001년 59세에 장인 최고의 영예인 중요무형문화재 112호 주철장 기능보유자가 되었다. 주철장은 '일정한 틀에 쇳물을 부어 여러 기물을 만드는 장인'에 대한 통칭이다. 2005년에는 문화예술 분야 신지식인으로 선정되면서 대통령 표창도 받았다.

밀랍주조기법으로 복제된 광명사 종과 유곽 문양

우리나라에서 주조물을 사용하기 시작한 시기는 기원전 6~5세기경으로 추정되며, 문헌 자료로『삼국지』의「위지 동이전」에 쇠가 생산되고 매매되었다는 기록이 나온다. 인류문명 발달에 있어 쇠가 매우 중요한 역할을 하였으므로 고대부터 쇠를 이용하여 필요한 물품을 만드는 기술과 장인은 국가 차원에서 보호·지원을 받았다. 한반도에서는 불교가 정착되면서 사찰이 건립되었고, 이와 관련하여 많은 범종이 제작되었다.

밀랍주조기법은 사형주조기법보다 2배 이상의 시간과 노력이 들며, 봄 가을에만 작업이 가능하다. 이 기법은 시간이 오래 걸리지만 섬세한 문양을 새겨 넣을 수 있다. 특히 소리의 신비함은 사형주조기법이 따라 올 수가 없다.

종 제작에서 세계 최고 위치에 올랐다는 나의 작품은 그 종소리가 청아하면서도 긴 여운을 남기며 멀리 울려 퍼진다는 평을 들었다.

옛 종을 복원하다

옛 종을 복원하기 위해서는 여러 절차를 거쳐야 한다. 나는 상원사 동종을 1982년 KAIST와 공동으로 복원한 바 있다. 그 당시에는 회전형법으로만 종을 제작하던 시절이었기에 당시로서는 최선의 방법으로 제작하였다고 하지만 진정한 의미의 복원은 아니었다.

밀랍주조기법 재현에 성공한 나는 1994년부터 지금까지 국내외의 옛 종들을 20여 구나 복원·복제하였다. 그중에는 낙산사 동종, 내소사 종, 청룡사 종과 같이 문화재청으로부터 발주를 받아 제작한 종도 있지만 운수사 종, 해인사 대적광전종, 선림원 종과 같이 자비를 들여 제작한 종들이 대부분이다.

설령 자비를 들여 복제를 하고 싶어도 국보나 보물 등 문화재로 지정된 종들은 문화재청의 허가를 받지 않으면 뜰 수도 없어, 복제한 대부분의 종들은 지정 문화재가 아니며, 지정 문화재로 지정된 종들은 문화재로 지정이 되기 전에 뜬 것 들이다. 불에 녹아버린 낙산사 동종과 같은 사태가 발생할 것에 대비해 나는 옛 종들을 하나씩 복제해 나가고 있다. 앞으로 종박물관과 협력하여 더욱더 많은 옛 종들을 복제하고 싶다.

세계로 수출되는 우리의 종소리

성종사는 충북 진천군 덕산면 6,000평 부지에 대지 530평, 높이 13m의 공장을 갖추고 있다. 이곳에서는 최대 1만 5,000관 규모의 종을 주조할 수 있어 단일 규모로는 세계 최대이다.

지금까지 내가 조성한 범종은 7,000구가 넘으며, 대표작으로는 국내 최대의 민주의 종(광주), 경북대종(영덕), 충북 천년대종(청주), 평화의 종(임진각), 보신각 새종(서울), 대전 엑스포대종(대전) 등이 있다. 전국 사찰의 범종, 지방자치단체의 시민의 종 가운데 내 손을 거치지 않은 것이 거의 없을 정도로 우리 성종사 종은 이미 오래전부터 국내에서 최고로 평가받아 왔다. 그리고 2000년대에 들어서면서 국내뿐만 아니라 세계로부터 그 우수성을 인정받기 시작했다. 2002년 싱가폴 해인고사로부터 싱가폴 최대 규모인 7.5t 종을 수주한 것을 시작으로 싱가폴 복해선원으로부터 3.75t 종을, 홍콩 혜천사로부터 5t 종을 잇달아 수주하는 등 해외 사찰로부터 크고 작은 종들의 주문이 꾸준히 이어지고 있으며, 지난 2012년에 대만 최대 사찰인 불광산사에 25.5t 규모의 초대형 종을 수출한 데 이어, 2015년에 잇달아 대만 명선사에 대만 최대인 33t 종을 수출하는 쾌거를 이루었으

며, 2017년에는 지장보살 성지인 중국 구화산의 한 사찰로부터 한국의 대
표 범종인 에밀레종을 발주 받아 현재 제작 중에 있다.

이처럼 성종사의 종은 범종의 발상지인 중국을 비롯하여 일본·대
만·싱가폴·홍콩·태국·미국·미얀마 등 전 세계 20여 개국으로 수출하
고 있으며, 이 같은 해외 진출 사례는 동종 업계에서 매우 보기 드문 사례
로, 전통 공예산업의 성공 사례로 주목받고 있다.

나는 수출뿐만 아니라 종을 통한 외국과의 문화 교류에도 힘쓰고 있다.
2004년에는 미얀마 양곤의 쉐다곤 파고다에, 2007년 10월에는 중국 고
종박물관(대종사)에 에밀레종 축소품을 기증한 데 이어, 2007년 12월에는
태국 국왕 80회 생일에 한·태 양국의 우호 증진을 위해 높이 2.3m, 직경
1.4m, 중량 4t 규모의 대형 범종을 태국 왕실에 기증하기도 했다.

앞으로도 내가 만든 종이 우리의 문화를 알리는 데 도움이 된다면 다
양한 국가에 지속적으로 종을 기증해 나갈 생각이다.

종박물관을 만들다

한국 범종의 살아 있는 역사를 이어오고 있다는 자부심을 갖고 있는
나는 두 가지 큰 꿈이 있었다. 첫 번째는 종박물관을 만드는 것이고, 두
번째는 에밀레종을 재현하는 것이었다. 그중 첫 번째 꿈은 지난 2005년
진천에 종박물관이 건립되면서 실현되었다.

당초 개인 박물관을 만들겠다고 하나둘씩 종을 모으기 시작했고, 그렇
게 수십 년간 수집한 종들은 150여 구에 달하였다. 개인적으로 종을 수집
하고 있는 사람들은 국내에도 꽤 많아서 그중에는 수집한 종의 수가 수천
개에 이르는 사람도 있다. 그러나 내가 수집한 150구와는 확연한 차이가

있다. 바로 종의 크기이다. 대부분의 종 수집가들이 수집한 종들은 핸드 벨이나 풍경과 같이 주먹 크기만 한 종들인데 반해, 내가 수집한 종의 대부분은 50cm가 넘는 대형 종으로, 큰 것은 2m가 넘는 것도 있다. 물론 그 중에는 내가 만든 종들도 상당수가 있다.

가격으로 쳐도 상당한 금액이 되는 이 종들을 진천 종박물관에 기증하기까지는 많은 고민이 있었고, 가족들과의 갈등도 있었다. 그냥 놔두면 언젠가 내 아들이나 후손들이 개인 박물관을 만들어 운영할 수도 있겠지만, 가급적이면 제대로 된 공간에서 내가 수집한 종들을 많은 사람들에게 보여 주고 싶었다.

경기도 화성 출신인 나는 1999년 충북 천년대종을 제작하면서 충청북도와 인연을 맺게 되었다. 충북 천년대종을 통해 당시 충북도지사였던 이원종 씨와 친분을 쌓게 되었고, 우연히 종박물관 얘기를 하게 되었다. 도지사는 도 차원에서의 지원을 약속하며 담당직원을 통해 진천 군수와의

충청북도 진천 종박물관

만남을 주선해 주었다. 결국 진천군에서 박물관을 짓는 조건하에 내가 수집한 150구의 종들을 기증하기로 약속을 했고, 진천군은 대지 1만 5,000평, 건평 864평 규모로 국비 50억 원을 들여 종박물관을 건립하였다.

진천 종박물관에는 현재 내가 복원·복제한 신라·고려·조선 범종 8구를 비롯한 세계 각국의 종들이 전시되고 있으며, 앞으로 일본에 산재해 있는 한국 범종 46구를 비롯한 국내외 옛 종들을 지속적으로 복제하여 전시할 예정이다.

종 모양으로 지어진 진천 종박물관은 관람객이 종을 자유롭게 칠 수 있고, 종 문양도 탁본할 수는 있는 체험 위주의 박물관으로, 다양한 종소리를 체험할 수 있을 뿐만 아니라, 옛날 우리 조상들이 큰 종을 만들던 모습들도 재현되어 있어 한국 종에 대한 모든 것을 한눈에 볼 수 있는 곳으로, 어린이들의 좋은 현장학습장으로 인기가 높다.

에밀레종을 재현하다

나의 두 번째 꿈인 에밀레종 재현의 기회는 의외로 빨리 찾아왔다. 2012년부터 경주에서 〈신라소리축제 에밀레전〉이라는 축제가 시작되면서 내가 만든 4t 규모의 에밀레종 축소종이 해마다 축제에 전시되었고, 행사장을 우연히 찾은 경주 시장이 그 종소리에 반해 에밀레종 재현을 계획하게 되면서 꿈은 현실이 되었다. 2003년 이후 보존을 위해 타종을 중단한 에밀레종을 대신해 복제종을 만들어 치자는 것이 경주 시장의 생각이었다.

처음에는 단순 복제 차원에서 사업이 시작되었으나 나는 에밀레종 재현을 주장하였다. 에밀레종의 흠집까지 그대로 복제하기보다 선조들이

에밀레종(성덕대왕신종) 비천(왼쪽)과 재현된 신라대종의 비천(오른쪽)

당초 제작하고자 했던 수준으로 재현하자는 것이었다. 즉, 에밀레종을 제작했던 통일신라시대의 열악한 설비와 부족했던 주조기술로 인해 파이고 뭉그러진 표면의 문양을 당초 선조들이 의도했을 수준으로 만들어보자는 것이다.

많은 토론 끝에 결국 새롭게 만들어지는 종의 이름은 '신라대종'으로 결정되었고, 사업은 내 주장대로 단순 복제가 아닌 재현으로 변경되었다. 사실 단순 복제라면 편했을 일이다. 그러나 굳이 이렇게 어렵고 힘든 방법을 선택한 것은 살아생전에 우리나라 최고의 종인 에밀레종을 능가하는 종을 만들고 싶다는 욕망 때문이었다.

에밀레종을 재현하면서 가장 어려웠던 점은 형태를 알아볼 수 없을 정도로 닳고 뭉개진 비천상을 복원하는 것이었다. 주물이 깨끗하게 나오지 않은 데다 오랜 풍파로 인해 마모된 비천상의 장신구나 얼굴 표정을 도저히 도면으로 그려낼 수가 없었다. 결국 문양 전문가들의 고증을 거치면서 하나하나 문양을 살려 냈는데, 그 시간만 1년이 넘게 소요되었다.

결국 종박물관이 개관하고 11년 만인 2016년 6월, 드디어 두 번째 꿈이었던 에밀레종의 재현품인 '신라대종'이 완성되었다.

아직도 가야 할 길

재현된 에밀레종(신라대종)

나는 60여 년을 우리 종을 제대로 만들기 위해 노력해 왔다. 나의 꿈은 이루어진 것일까? 나는 열심히 종을 만드는 제자들이 많아지기를 희망해 왔다. 사람과 연장은 쓰기에 달렸다. 교육을 할 때는 재미를 느끼게 하고 그 사람의 능력을 끌어내야 한다. 일을 배우는 사람은 성의껏 일을 배워서 열심히 하는 사람이 되어야 한다.

어떻게 이런 종소리를 만들 수 있느냐고 누가 물으면 많이 만들면서 마음으로 알아들어야 한다고 말한다. 마음으로 알아들을 때 종의 어느 부분을 다듬어야 하는지 알 수 있다는 얘기다.

다행히도 일본에서 금속공학 석사과정을 마치고 돌아온 장남(원천수)은 첨단 장비를 이용하여 종 만드는 일을 도우면서 세계 속에 한국의 종 문화를 알리는 데 앞장서고 있다.

여든을 바라보는 나는 오늘도 공장 이곳저곳을 누비며 밀랍을 만지고,

제자, 아들과 함께
밀랍 작업을 하고 있다.

종을 다듬고, 소리를 조율한다. 나에게 주어진 시간이 이제 얼마 남지 않았다는 것을 알기에 뒤를 돌아보거나 후회할 여유가 없다. 오로지 좋은 종을 만들겠다는 꿈을 좇아 앞만 보고 나아갈 뿐이다.

6

협업 승계를 통한
국내외 사업화 성공 사례

협업을 통해 세계화된 경험지식, 코카-콜라

코카-콜라의 탄생과 경험(노하우) 지식

코카-콜라를, 협업을 통해 세계화된 경험지식의 성공 사례로 선택한 것은 그 제조 방법에 대하여 전형적인 권리 확보 수단인 특허권 확보가 아니라 최초 발명자인 존 펨버튼 박사와 그의 특수한 승계인만의 경험지식으로 성공을 거둔 가장 세계적인 사례이기 때문이다.

코카-콜라는 1886년 약제사였던 존 펨버튼 박사(Dr. John Pemberton)에 의해 코카잎 추출물, 콜라나무 열매 그리고 시럽 등을 혼합하여 두뇌강장제로 개발되었다. 존 펨버튼 박사는 미국 조지아 주 애틀랜타에 있는 야콥 약국에 이 음료를 납품하기 시작했고, 당시 약국의 경리사원이었던 프랭크 로빈슨은 두 개의 'C'자를 매치해 '코카-콜라(Coca-Cola)'라고 이름 붙였다. 이후 코카-콜라는 사업가인 아사 캔들러(Asa Candler)가 대중화를 시켰는데, 오늘날 미국 문화의 상징이자 탄산음료의 대명사가 되었다.

이러한 코카-콜라를 대중화시킨 것은 애틀랜타의 사업가인 아사 캔들 러였다. 존 펨버튼은 생전에 이 음료의 성장 가능성을 제대로 알지 못했다. 그는 1888년에 세상을 떠날 때까지 여러 파트너들에게 사업지분을 쪼개 팔았는데, 그중 한 사람이 아사 캔들러였다. 탁월한 사업 감각을 갖고 있던 아사 캔들러는 1892년에 2,300달러(당시의 약 122만 원)에 코카-콜라 사업의 소유권을 확보했다. 그는 존 펨버튼의 전 동업자였던 프랭크 로빈슨(Frank Robinson)과 함께 1892년에 '코카-콜라 컴퍼니(TheCoca-ColaCompany, TCCC)'를 설립했다.

코카-콜라의 협업 성장사

상표권 등록 및 보틀링 시스템 도입

아사 캔들러는 사업을 위해서는 광고 및 홍보에 대한 중요성을 인식하고 코카-콜라 로고가 새겨진 달력, 시계 등 다양한 기념품을 만들어 적극적인 프로모션을 진행하는 한편, 1893년 미국 특허청에 '코카-콜라' 상표권을 등록하였다.

한편, 1894년 미시시피 주의 사업자인 조셉 비덴한(Joseph Biedenharn)은 미시시피 내에서 코카-콜라에 대한 수요가 꾸준히 늘어나는 것을 보고, 코카-콜라 컴퍼니로부터 원액을 대량 사들여 미시시피 주 내에서 독점적으로 판매하겠다고 제안했다. 당시 코카-콜라의 수요는 이미 코카-콜라 컴퍼니가 생산 가능한 공급 한계를 넘어서고 있었기 때문에 아사 캔들러는 이를 받아들였고, 나아가 소위 '보틀링 시스템(Bottling System)'을 정례화하였다.

보틀링 시스템은 지역별로 보틀러(Bottler, 병 제조업자)와의 계약을 통해 보틀러에게 그 지역 내에 코카-콜라 독점 판매권을 부여하는 것으로, 이들은 코카-콜라 컴퍼니로부터 대량의 원액을 납품 받아 자신들이 제조한 병에 원액을 넣어 판매한다. 1895년, 코카-콜라 컴퍼니는 시카고와 댈러스, 로스앤젤레스에 코카-콜라 원액 제조공장을 설립했다. 이후 각 지역별로 보틀러들이 합류하면서 오늘날 코카-콜라의 보틀링 비즈니스 시스템의 시초가 완성됐다.

컨투어병 디자인 개발 및 머천다이징 전략

코카-콜라가 선풍적인 인기를 끌면서 청량음료 시장의 경쟁은 더욱 치열해졌다. 이때부터 코카-콜라의 모조품들이 시장에 나오기 시작했다. 미국 각 지역에 있는 보틀러들은 코카-콜라 컴퍼니에 다른 회사의 제품과 확연하게 구별되는 병 디자인을 요구하기 시작했다. 1915년, 코카-콜라 컴퍼니는 보틀러를 대상으로 병 디자인을 공모했다. 루트 유리회사(Root Glass Company)의 디자이너로 일하던 알렉산더 사무엘슨(Alexander Samuelson)과 얼 딘(Earl Dean)이 공동으로 디자인한 안이 채택되었는데, 그들은 수십 번의 디자인 수정 끝에 어둠 속에서도 쉽게 구분할 수 있는 코카-콜라 '컨투어병(Contour, '윤곽'을 뜻함.)'을 개발하였다.

1919년, 로버트 우드러프(Robert Woodruff)가 코카-콜라 컴퍼니를 인수했다. 아서 캔들러가 미국에서 코카-콜라를 알리는 데 주력했다면, 회사를 인수하고 대표이사로 취임한 로버트 우드러프는 세계 각국에 코카-콜라를 알리기 위해 노력했다. 이 시기에 로버트 우드러프

1915년에 개발된
코카-콜라의 컨투어병

는 기존의 보틀링 시스템을 프랜차이즈 방식으로 발전시켰다. 그는 또, 소비자가 손쉽게 코카-콜라를 즐길 수 있도록 하기 위해 '코카-콜라 식스팩(Six-Pack, 코카-콜라 6개를 하나의 패키지로 구성)'과 같은 '머천다이징(Merchandising) 전략'을 시행했다.

새로운 머천다이징을 실시한 로버트 우드러프는 1920년대까지 코카-콜라를 중국을 비롯해 홍콩, 필리핀, 중앙아메리카 및 유럽 시장에 진출했다. 제2차 세계대전(1939~1945년) 당시 "회사가 부담이 되더라도 코카-콜라는 5센트에 마실 수 있어야 한다."는 정책에 따라 미군이 배치되는 모든 전장에 1병당 단돈 5센트에 코카-콜라를 공급했다. 이를 위해 코카-콜라는 전쟁 기간 동안 10개의 해외 공장을 세워 50억 병의 코카-콜라 음료를 공급했다. 코카-콜라는 이를 계기로 전 세계인들에게 코카-콜라 음료를 선보이며, 그들의 입맛을 길들일 수 있었다고 한다. 우리나라에 코카-콜라가 처음 들어온 것은 1950년대 한국전쟁 때 미군들에게 코카-콜라가 공급되면서부터였다.

새로운 소비 환경과 다양한 브랜드 전략

1960년대 코카-콜라 컴퍼니는 인수 합병을 꾸준히 진행하며 글로벌 기업으로 성장했다. 1960년에는 청량음료 브랜드인 '환타(Fanta)'를 인수했고, 당시 미국의 청량음료 시장의 주도권을 잡고 있던 '세븐업(7-UP)'의 경쟁 브랜드로 1961년에 '스프라이트(Sprite)'를 출시했다. 1980년대부터 코카-콜라 컴퍼니는 더욱 치열해져 가는 시장경쟁 속에서 새로운 브랜드인 코카-콜라 라이트(Coca-ColaLight, 1982), 스포츠 음료 브랜드인 파워에이드(POWERade, 1988)를 출시했다. 1985년, 코카-콜라는 소비자의 변화된 입맛을 고려하여 창립 99년 만에 오리지널 제조법에서 당도 함량을 줄인 '뉴 코크(New Coke)'를 출시했다. 이 제품은 소비자들로부터 심한

반감을 사게 됐고, 결국 오리지널 제조법을 다시 적용한 '코카-콜라 클래식(Coca-ColaClassic)'으로 되돌아왔다. 뉴 코크는 2002년에 생산이 중단됐다.

2000년대에 들어서면서 건강 음료에 대한 수요가 점점 증가하자 코카-콜라는 2004년부터 '코카-콜라 제로(Coca-Cola Zero)'를 출시하고 성공적 정착을 위한 마케팅에 집중했다. 2007년 코카-콜라는 비탄산음료 부문의 매출 비중을 늘리기 위해 '글라소 비타민워터(Glaceau Vitamin water)'를 인수했다. 하지만 중국의 후이-위안(Hui-Yuan) 주스회사를 24억 달러에 인수하려던 시도는 실패했다. 오늘날 코카-콜라 컴퍼니는 전 세계 200여 개국 이상에 진출했고, 500여 개 브랜드에서 3,500여 종의 음료를 판매하고 있는 종합음료회사로 자리매김했다. 전 세계 소비자들이 마시고 있는 코카-콜라의 하루 소비량은 19억 잔에 이르고 있다.

우리나라에서는 첫 번째 보틀러였던 한양식품이 1968년부터 국내에서 코카-콜라를 생산하면서 본격적으로 보급되기 시작했다. 이후 우성식품, 범양식품, 호남식품 등이 지역별로 코카-콜라의 보틀러가 되었다. 1997년에 코카-콜라 컴퍼니는 현지 법인인 '한국 코카-콜라 보틀링(주)'을 설립하여 직영 체제로 전환했고, 2007년부터 'LG 생활건강'에 인수되었다.

코카-콜라의 지식재산 전략

코카-콜라 제조법 보호 전략

1886년 존 펨버튼이 코카-콜라를 개발한 이후 130여 년이 지났지만 지금까지도 그 제조법은 여전히 베일에 가려져 있다. 코카-콜라 제조에 관한 문서는 지구상에 단 1부만 존재하는 것으로 알려져 있는데, 2011년 이

전까지는 애틀랜타에 위치한 선 트러스트(Sun Trust) 은행의 비밀 금고 안에 보관되어 왔다. 2011년 코카-콜라 탄생 125주년을 기념해 코카-콜라 박물관(World of Coca-Cola)이 애틀랜타 지역에 만들어지면서 현재는 그곳에 보관되어 있다. 정확한 코카-콜라의 제조법은 몇몇 소수의 이사진만이 알고 있는 것으로 전해지고 있다.

현재 펨버튼의 제조 공식을 분석한 글이 여러 차례 발표되었고, 이를 토대로 콜라를 만들려는 시도는 많았지만 아직까지 코카-콜라와 같은 맛을 낸 경우는 없었다고 한다.

코카-콜라 컨투어병 디자인 및 트레이드마크 전략

지금도 출시되고 있는 코카-콜라 컨투어병은 1915년에 디자인 되었다. 당시 코카-콜라의 보틀러들은 점점 늘어나는 모조품들 사이에서 확실하게 구분될 만한 병을 디자인해 달라고 요구했고, 코카-콜라는 "어느 장소에서나 코카-콜라의 맛은 동일하다."는 것을 소비자들에게 강조하기 위해 단일한 병 디자인 제작을 단행했다. 그리하여 1915년, 디자이너 알렉산더 사무엘슨과 얼 딘에 의해 코카-콜라 컴퍼니만의 컨투어병이 개발되었다. 이들은 코카-콜라 나무의 열매를 연상하면서 병을 디자인했는데, 코카-콜라 열매에 대한 그림이 없어서 생김새가 비슷한 카카오나무 열매를 보고 디자인했다고 한다. 새로 디자인된 코카-콜라 컨투어병은 1915년에 디자인 특허권이 등록되었고, 1916년부터 사용되었다. 1919년부터 코카-콜라 컴퍼니는 생산되는 모든 코카-콜라를 단일한 병으로 통일해서 유통시켰다.

컨투어병 형태의 기원에 대해서는 다양한 설이 있다. 이들이 직선적인 다른 음료 용기와 구별되는 디자인을 고안하기 위해 코코아 열매의 흐르는 듯한 윤곽선을 이용했다는 설이 있고, 주름치마를 입은 애인의 몸매를 보고 영감을 받아 디자인했다는 설도 있다. 이 중에서 전자가 미국 특허청에 등록된 정설이다. 컨투어병은 이후 여러 차례 리뉴얼을 통해 재탄생되었는데, 그중 1955년에 레이몬드 로위(Raymond Loewy, 미국의 산업 디자이너)가 리뉴얼한 병 디자인이 가장 유명하다. 제2차 세계대전 직후 코카-콜라 컴퍼니는 코카-콜라 아이템들을 모던한 스타일로 변경시키기 위해 레이몬드 로위를 고용했다. 당시 레이몬드 로위가 코카-콜라에 세로 선을 적용한 디자인을 선보였고, 이는 오늘날까지 사용되고 있다. 이때 리뉴얼된 컨투어병은 1950년에 《타임》지의 커버를 장식하기도 했다. 1960년, 컨투어병은 미국 특허청에 상표 등록이 되면서 코카-콜라의 트레이드마크이자 상징으로서 공식적인 보호를 받게 되었다. 이후 컨투어병의 디자인은 많은 예술가들의 영감을 불러일으켰다. 컨투어병은 탄생한 지 오랜 시간이 지났음에도 불구하고 세계적인 팝 아티스트인 앤디 워홀은 물론 패션명품 브랜드 샤넬의 수장인 칼 라거펠트 등 세계적인 패션 디자이너들에 의해 끊임없이 새로운 예술품으로 재탄생되고 있다.

코카-콜라 브랜드 전략

보틀러와의 파트너십을 통한 글로벌 확장

코카-콜라 컴퍼니는 '보틀러 파트너십'이라는 사업 모델을 기반으로 한 글로벌 네트워크를 구축하고 있다. 이는 아사 캔들러가 고안한 보틀링 시스템을 프랜차이저 계약 기반으로 발전시킨 것으로, 이 파트너십하에서 코카-콜라 컴퍼니는 원액 개발 및 광고·마케팅 활동을 담당하며, 현지 보틀러들에게 지역의 판매를 전적으로 위임하고 있다. 보틀러들은 자신의 권역 내에서 코카-콜라 제품에 대해 독점권을 가지고 판매망을 구축하고 있다. 코카-콜라 보틀러의 판매가 증가할수록 코카-콜라 컴퍼니의 원액 및 시럽의 판매가 증가하는 선순환 구조로 연결되어 있는데, 이러한 구조는 빠른 시간 내에 코카-콜라 브랜드가 세계시장으로 확산되는 데 일등 공신이 되었다. 또한, 코카-콜라는 시장 개척 능력 및 사업 운영 능력이 뛰어난 보틀러들을 통해서 현지 시장에 유연하게 진출할 수 있었다. 현재 전 세계적으로 300여 개의 보틀러들이 약 2,000만 개의 유통 거래처에 코카-콜라를 납품하고 있다.

강력한 브랜드 아이덴티티를 만드는 일관성

코카-콜라 브랜드의 성공 요인 중 하나로 독특한 병 모양과 로고 등에 의해 진행된 일관된 광고 및 프로모션을 들 수 있다. 코카-콜라와 역사를 같이해 온 스펜서체, 컨투어병, 빨간 원형의 아이콘, 그리고 1920년대에 나온 "마시자 코카-콜라", "상쾌한 이 순간"이라는 광고 문구는 지금까지도 변함없이 사용되고 있다. 이처럼 코카-콜라의 일관된 디자인과 메시지 적용은 코카-콜라 브랜드 아이덴티티를 지속적으로 강화시키는 데 큰 기여를 했다.

코카-콜라를 상징하는 로고와 색상

스펜서체(Spencerian Script, 흘림체의 일종으로 개발자인 플랫 로저 스펜서(Platt Rogers Spencer)의 이름에서 유래)로 쓰여진 코카-콜라 로고는 존 펨버튼 박사의 동료이자 약국의 경리사원이었던 프랭크 로빈슨이 1886년에 만들었다. 그는 새로 개발된 코카-콜라 음료에 두 개의 'C'가 광고에 잘 어울릴 것 같다는 생각에서 "Coca-Cola"라는 이름을 흐르는 듯한 스펜서체로 표기했다. 스펜서체로 쓰여진 코카-콜라 로고는 1893년에 미국 특허청에 상표 등록되었다.

1886년 프랭크 로빈슨이 만든 스펜서체의 코카-콜라 로고

코카-콜라가 초기부터 빨간색을 메인 컬러로 사용한 것은 아니었다. 1886년부터 1890년까지 사용된 코카-콜라 광고 문구는 흑백으로 인쇄되었고, 1890년 후반부에 이르러 빨간색으로 표현되기 시작했다. 당시 존 팸버튼은 코카-콜라를 판매하던 약국 외벽에 흰색 광고 현수막을 달았는데, 이때 처음으로 빨간 글씨로 크게 쓴 로고가 사용되었다. 1차 세계대전 이후, 코카-콜라의 빨간색은 정형화되어 이후 50년 동안 변함없이 사용되어 오다가 1970년에 좀 더 밝은 빨간색으로 변했다.

예술과 디자인의 만남, 콜라보레이션

코카-콜라는 다양한 예술가 및 업체들과 협업하여 주기적으로 코카-콜라 한정판을 출시해 오고 있다. 코카-콜라 한정판은 총 30만 병 이하로 출시되고 있어 수집가들에게 소장 가치가 높은 품목으로 인식되고 있다. 2008년에는 영화 〈섹스 앤더 시티(SEX AND THE CITY)〉의 의상디자이너로 유명한 패트리샤 필드와 협업하여 현대 여성이 갖춰야 할 네 가지 매력 '커리어(Career), 열정(Passion), 사랑(Love) 그리고 의상(Fashion)'이라는 콘셉트로 한정판을 출시했다.

2013년에는 마크 제이콥스(Marc Jacobs)와 협업하여 코카-콜라 라이트 3종 세트를 새롭게 출시했다. 이 제품들은 마크 제이콥스의 런칭 쇼를 통해 소개되었고, 마크 제이콥스가 광고 모델로 나서기도 했다.

65세 도전 세대 간 협업, KFC(켄터키 프라이드치킨)

KFC의 탄생과 역사

KFC(켄터키 프라이드치킨)는 미국에 본사가 있는 패스트푸드 체인점이며, 설립자인 커넬 할랜드 샌더스(Colonel H. Sanders)가 개발한 프라이드 치킨을 통해 세계적인 패스트푸드 체인으로 성장했다. 커넬 할랜드 샌더스가 1952년 유타 주 솔트레이크시티(Salt Lake City)에 '켄터키 프라이드치킨'이란 이름으로 첫 점포를 열었으며, 1964년에는 미국·캐나다에 600개가 넘는 매장을 확보했다. 상호인 KFC는 켄터키 프라이드치킨(Kentucky Fried Chicken)의 약자로, 푸짐한 미국 남부식 손님 접대 상차림을 연상시키기 위해 '켄터키'라는 지명이 사용됐다.

KFC는 치킨 외에도 햄버거, 감자튀김, 샌드위치 등의 메뉴를 판매한다. 또한 1964년 커넬 할랜드 샌더스는 존 브라운 주니어와 잭 매시에게 200만 달러에 회사를 넘겼다. KFC는 이후 몇 차례의 경영권 이전을 거쳐 현재 피자헛, 타코벨 등을 소유한 외식업체 얌브랜드(YUM! Brands, Inc)에 자회사로 소속되어 있다.

KFC의 창시자 커넬 할랜드 샌더스는 1890년 9월 9일, 미국 인디아나 주 남부 헨리빌(Henryville)에서 3남매 중 장남으로 태어났다. 여섯 살이 되던 해 아버지가 사망해 어머니가 생계를 책임져야 했기 때문에 장남인 커넬 할랜드 샌더스가 가사를 도맡았다. 일곱 살 때 커넬 할랜드 샌더스는 공장 에서 철야작업을 하는 어머니를 대신해 호밀빵을 만들었는데, 자신이 만 든 빵을 가족뿐 아니라 어머니의 공장 동료들까지 맛있게 먹는 것을 보고 자연스럽게 많은 사람들을 대접하는 서비스의 즐거움을 터득했다.

그러던 중 29세가 되던 해인 1920년, 그에게 첫 번째 기회가 찾아왔다. 타이어 영업으로 친분을 맺었던 석유 대리점 지배인으로부터 켄터키 주 의 니콜라스빌(Nicholasville)에서 주유소 운영 제의를 받은 것이다. 당시는 포드자동차가 양산되기 시작해 주유소 사업의 전망이 밝은 상황이었다.

커넬 할랜드 샌더스는 철저한 서비스 정신으로 고객을 끌어 모았다. 차가 주유소로 들어오면 그는 우선 유리창부터 닦고 난 다음에 "기름을 넣어 드릴까요?"라고 물었다. 길을 묻는 차량에도 유리창 청소를 서비스 로 제공했고, 그의 주유소는 친절한 서비스에 힘입어 입소문을 타 날로 번창했다.

하지만 1929년, 미국에 대공황이 찾아왔고 주유소 영업은 큰 타격을 받기 시작했다. 더욱이 그는 주변 농가에서 가솔린을 빌리러 오는 사람 들을 외면하지 못해 가솔린을 외상으로 나눠 주곤 했는데, 이와 같은 그 의 지나친 친절은 결국 회사를 재정적으로 위협했다. 결국 40세의 커넬 할랜드 샌더스는 사업에 실패했고, 다시 무일푼이 되었다. 하지만 그의 서비스 경영에 대한 소문을 들은 쉘오일(Shell Oil) 측이 그에게 새로운 기 회를 제공했다.

주유소의 간이식당으로 출발한
커넬 할랜드 샌더스 카페

1930년, 커넬 할랜드 샌더스는 쉘오일의 도움으로 켄터키 주 남서부 코빈에서 새로운 주유소를 열었다. 쉘오일 측은 그가 초기 자본 없이 영업을 시작할 수 있도록 배려해 주었으며, 그의 주유소는 켄터키 주의 주요 도로인 25호 선상에 위치해 입지도 좋았다.

커넬 할랜드 샌더스는 대부분의 여행자들이 허기진 상태에서 주유소를 찾는다는 사실에 주목했고, 주유소 한켠에 한 개의 테이블과 여섯 개의 의자를 마련해 식사를 제공하기 시작했다. 그의 작은 식당의 이름은 '커넬 할랜드 샌더스 카페(Sanders Café)'였다. 커넬 할랜드 샌더스 카페는 청결한 매장 관리와 맛있는 요리로 여행자들의 명소가 되었다. 식당이 유명해지자 그는 주유소를 옮겨 좀 더 큰 식당을 차렸다.

커넬 할랜드 샌더스 카페의 유명세에 힘입어 1935년 45세의 커넬 할랜드 샌더스가 마을의 유명인사가 되자 켄터키 주지사는 그에게 '커넬(Colonel)'이라는 명예 대령의 칭호를 주었다. 얼마 후 커넬 할랜드 샌더스는 유명세로 인해 갑작스럽게 바빠진 레스토랑 일에 전념하기 위해 주유소 사업을 포기했다. 곧이어 그는 여행자들이 편히 쉴 수 있는 공간을 만들 결심을 하고, 레스토랑 옆에 모텔을 지었다. 모텔 역시 그의 친절한 서비스와 청결함을 바탕으로 번창했다.

하지만 1939년, 화재로 그의 레스토랑과 모텔은 소실되어 2년 후에 재건해야만 했다. 또한, 1950년 국도 25호선을 우회하는 도로의 건설과 1951년의 국도 75호선 건설 계획 발표는 그의 카페 영업을 위협했다. 결국 커넬 할랜드 샌더스는 치명적인 매출 감소를 가져다줄 새로운 국도가 완공되기 전에 카페를 처분하고 은퇴하려 했다. 하지만 은퇴 후 연금이 월 105달러밖에 안 된다는 사실을 알고 다른 사업을 구상할 수밖에 없었다.

1952년, 커넬 할랜드 샌더스는 샌더스 카페에서 인기를 끌었던 프라이드치킨 조리법을 활용해 프랜차이즈사업을 시작했다. 그는 중고 포드 승용차에 압력솥을 싣고 숙식을 해결하며 주유소 옆 간이식당을 운영할 당시부터 10년 동안 개발한 프라이드치킨 조리법을 팔러 다녔다. 당시는 '프랜차이즈(Franchise)'라는 개념이 자리 잡기 전이었고, 커넬 할랜드 샌더스의 이러한 시도는 상당히 획기적인 아이디어였다.

커넬 할랜드 샌더스는 레스토랑 브랜드(Brand)를 만드는 대신 자신의 '11가지 허브(Herb) 비밀 양념'으로 만든 치킨을 다른 식당에서 메뉴로 채택할 시 제조법을 알려 주고 닭 한 마리당 5센트의 로열티를 받겠다는 구상을 세웠다. 처음 그와 계약을 맺은 것은 솔트레이크시티에서 '두 드롭 인(The Do Drop Inn)'이라는 레스토랑을 운영하고 있던 피트 하먼(Pete Harman)이었다. 피트 하먼과의 만남은 KFC 브랜드 시작의 도화선이 되었다.

KFC의 협업 성장사

KFC 브랜드 및 트레이드마크

레스토랑 사업 경험이 풍부했던 피트 하먼은 초창기 KFC의 발전에 큰 공헌을 했다. '켄터키 프라이드치킨'이라는 이름을 제안한 것도 피트 하먼이었다. 그는 미국 남부의 지명인 '켄터키'가 따뜻하고 푸짐한 미국 남부식 환대를 떠올리게 한다고 생각했다. 피트 하먼은 커넬 할랜드 샌더스와 손잡고 1952년 솔트레이크시티에 첫 번째 KFC 프랜차이즈점을 개설했다.

피트 하먼은 이후에도 제품 라인업과 운영 매뉴얼, 마케팅 아이디어를 제시하며 커넬 할랜드 샌더스와 레스토랑 프랜차이즈 모델을 만들어갔다. 피트 하먼과 계약을 맺고 첫 KFC 매장을 설립한 이후 커넬 할랜드 샌더스는 코빈에서 운영하고 있던 카페를 처분한 뒤 본격적으로 프랜차이즈 점주를 모집하기 시작했다.

그는 자신의 요리를 제공하는 데 어울리는 청결한 식당 외에는 절대 프랜차이즈 계약을 맺지 않는다는 원칙을 고수했다. 청결을 상징하는 커넬 할랜드 샌더스의 흰색 양복과 나비 넥타이, 지팡이 차림도 이러한 철학이 밑바탕이 되어 이 무렵부터 시작되었다.

1957년, 피트 하먼은 KFC의 트레이드마크가 된 '버킷 밀(Burket Meal)'을 개발했다. 이는 양동이 형태의 종이상자에 치킨을 담아서 제공하는 것으로, 최초의 버킷 밀은 14조각의 치킨과 매시 포테이토, 그레이비소스로 구성되었으며, 3.50달러에 판매되었다.

1962년, 패스트푸드 산업 전체에 큰 영향을 미친 또 다른 인물 데이브 토마스(Dave Thomas)가 KFC와 인연을 맺게 되었다. 당시 오하이오 주 콜롬버스에서 KFC 프랜차이즈 4개를 소유한 필립 클라우스(Philip Clauss)는 고전을 겪고 있었고, 궁여지책으로 그는 자신이 경영했던 다른 레스토랑의 젊고 유능하며 그를 멘토로 따르던 조리사 출신 청년 데이브 토마스에게 망해가는 가게들을 맡기기로 했다.

데이브 토마스는 KFC의 실적을 회복시킬 경우 45%의 소유권을 받기로 하고 작업에 착수했다. 그는 메뉴를 주력 상품 위주로 단순화시키고, 빙글빙글 돌아가는 특유의 버킷 모양의 대형 사인물을 가게 앞에 설치해 사람들의 관심을 끌어 모았다. 그의 노력에 힘입어 파산 직전의 점포들의 실적은 가파르게 상승했다. 결국 데이브 토마스는 필립 클라우스로부터 45%의 지분을 받는 데 성공했다. 1968년, 그는 그 지분을 KFC 본사에 팔아 150만 달러를 마련해 훗날 대형 체인으로 성장한 웬디스(Wendy's)를 창업했다.

이후 1963년, KFC 영국 지점이 문을 열었다. 북미 외의 지역으로는 처음이었다. 같은 해 북미에서는 KFC의 프랜차이즈 지점 수가 600개를 돌파했다. 1964년, 75세의 커넬 할랜드 샌더스는 투자회사를 운영하고 있던 존 브라운 주니어와 잭 매시에게 200만 달러를 받고 KFC를 매각했다. 이 금액은 2013년 시세로 환산하면 1,500만 달러(158억 4,000만 원) 상당의 금액이다. 커넬 할랜드 샌더스가 여생 동안 브랜드의 품질 관리에 관여하고 트레이드마크로 활동한다는 조건도 포함된 거래였다. KFC는 커넬 할랜드 샌더스가 경영 일선에서 물러난 후에도 커넬 할랜드 샌더스를 브랜드의 마스코트로 삼았다.

심벌 마스코트 커넬 할랜드 샌더스

존 브라운 주니어와 잭 매시에게 넘어간 뒤 KFC는 전문 경영인의 체계적인 관리 아래 더욱 급속하게 성장했다. 그들은 1969년 KFC를 뉴욕 증시에 상장했다. 처음 100주는 커넬 할랜드 샌더스가 매입했다.

1970년 KFC는 48개국에서 3,000개의 매장을 확보했고, 1971년에는 존 브라운 주니어와 잭 매시는 코네티컷(Connecticut) 기반의 포장식품 제조사 휴블레인(Heublein)에 KFC를 매각했다. 거래 금액은 2억 8,500만 달러였다. 이는 2013년 가치로 환산하면 16억 달러(1조 6,896억 원)에 해당하는 액수다.

1980년 12월, 설립자 커넬 할랜드 샌더스가 백혈병으로 사망했다. 그는 90세의 나이로 사망할 때까지 흰색 양복을 입고 미국 내 KFC 프랜차이즈점을 돌며 직원들을 훈련시키는 일을 멈추지 않았다. 사망 후 커넬 할랜드 샌더스는 켄터키 주 루이빌(Louisville)에 안치되었다. 커넬 할랜드 샌더스가 사망할 당시 KFC는 48개국 6,000여 개 매장에서 연간 20억 달러(2조 1,120억 원)의 매출을 올리는 기업으로 성장해 있었다.

펩시코에 인수~현재(1980~현재)

1982년 KFC의 모기업 휴블레인은 담배 사업을 통해 재벌이 되어 외식 사업으로 눈을 돌리던 R. J. 레이놀즈(R. J. Reynolds)에 인수되었다. 1986년 R. J. 레이놀즈가 다시 KFC를 펩시코(PepsiCo)에 넘김으로써 KFC는 피자헛, 타코벨과 자매회사가 되었다.

이후 1987년 11월, KFC는 중국에 진출했다. 외국 패스트푸드사로서는 첫 번째로 중국 시장에 진출한 사례였다. KFC는 중국 진출 초기부터 '큰 더지(肯德基 : 켄터키 프라이드치킨의 '켄터키'를 중국어로 표현한 것)'라는 중국식 간판을 내걸고 현지화 전략을 추진했다. '1가구 1자녀' 정책으로 인해 아이들을 소공자처럼 키우는 중국 문화에 맞춰 KFC는 매장에 놀이방을 설치하고 어린이들에게 공짜 생일 파티를 열어 주는 등 가족친화적인 마케팅을 펼쳤다. 이를 통해 KFC는 중국 시장을 선점해 나갔고, 2014년 기준 중국 내에 약 4,600여 개의 매장을 열었다.

1991년 KFC는 상호를 '켄터키 프라이드치킨'에서 이니셜인 KFC로 정식 변경했다. 'Fried'가 주는 기름지고 건강하지 않은 이미지를 제거하기 위해서였다. 1997년 펩시코는 KFC, 피자헛, 타코벨 등 패스트푸드 분야의 자회사 세 개를 묶어 '트리콘 글로벌 레스토랑(Tricon Global Restaurants)'이라는 이름의 법인으로 독립시켰다. 트리콘 글로벌 레스토랑은 2002년 '얌브랜드(Yum! Brands)'로 이름을 바꾸었다.

2000년대 이후 KFC는 당시의 웰빙 트렌드에 맞춰 건강하고 자연친화적인 기업 이미지 구축에 힘을 쏟았다. 2007년에는 자체 개발한 기름을 사용해 트랜스 지방을 0%로 낮추었다고 발표했다. 2009년에 KFC는 칼로리와 지방, 염분 함유량을 낮춘 '켄터키 그릴드 치킨(Kentucky Grilled Chicken)'을 출시했다. 또한 2011년에는 인디애나폴리스(Indianapolis)에 친환경 매장을 오픈했다. 이 레스토랑은 일반적인 KFC 매장들에 비해 에너지와 물을 25% 절약할 수 있게 설계되었으며, 친환경 교통수단을 위한 주차장과 쓰레기 재활용 시스템도 갖추었다.

2014년, KFC는 중국에서 벌어진 '불량고기 파문'으로 매출 감소를 면하지 못했다. 미국 식품회사 OSI의 자회사인 식자재 공급업체 상하이푸시식품이 유통기한이 지난 불량 육류를 중국 KFC, 맥도날드, 스타벅스 등에 공급해 발생된 사건이다. 이로 인해 KFC의 중국 내 매출은 14% 감소했다. 이는 KFC의 모기업인 얌브랜드의 실적에도 영향을 미쳤다. 얌브랜드는 중국에서 KFC와 피자헛 점포 6,420개를 운영하고 있고. 기업 전체 매출액의 61%를 중국에서 거둬들이고 있다. KFC 측은 상하이푸시식품과의 계약을 해지하며 논란의 진화에 나서기도 했다.

KFC의 지식재산 전략

11가지 비밀 양념

커널 할랜드 샌더스는 1950년대 11가지 허브와 양념을 이용한 치킨 요리법으로 프랜차이즈 사업을 시작했다. 일명 '11가지 비밀 양념'으로 불리는 KFC의 정확한 조리법은 켄터키 주 루이빌(Louisville)의 금고 속에 보관되어 있는데, 소수의 관계자들만이 비밀 엄수 약정을 전제로 레시피를 볼 수 있다. 원료의 혼합과 대량생산 과정은 컴퓨터로 통제해 작업자들이 전체 조리법을 알 수 없도록 해 철저하게 레시피의 비밀을 보호한다. 이 양념은 오늘날까지 KFC의 프라이드치킨에 적용되어 KFC에서 제공되는 제품 맛의 정체성으로 자리 잡고 있다.

압력솥 조리법

1930년대 초반 커넬 할랜드 샌더스는 무쇠 팬(Pan)을 이용해 치킨을 튀겼다. 하지만 이 방법은 조리시간이 30분을 넘는다는 단점이 있었다. 그는 조리시간을 단축하기 위해 통상적으로 치킨을 튀기는 데 사용되지 않는 독특한 조리기구인 압력솥을 사용했다. 그는 압력솥을 이용한 여러 가지 실험을 수행한 끝에 치킨을 부드럽고 촉촉하게 익혀 주는 최적의 압력과 시간을 발견해냈고, 이후 자신의 프랜차이즈들에 이를 전파하기 시작했다. KFC는 지금도 압력솥을 사용해 치킨을 조리한다.

종이 버킷

KFC는 1957년부터 흰색과 빨간색으로 장식된 양동이(Bucket)형 종이 상자에 치킨을 담아 판매했다. 이 종이상자는 두껍고 견고할 뿐만 아니라 이동이 간편해서 다량의 치킨을 담기에 적합했으며, 푸짐한 느낌을 주어 KFC가 온가족이 모여 즐겁게 외식하는 곳이라는 브랜드 이미지를 형성하는 데 도움이 되었다. 이 상자를 이용한 다인용 치킨 메뉴 '버킷 밀 (Bucket Meal)'은 지금까지도 KFC의 트레이드마크로 남아 있다.

KFC 브랜드 전략

품질과 위생을 중요시하는 브랜드 KFC

KFC는 창립 당시부터 청결과 위생을 브랜드의 주요 모토로 삼아 왔다. 커넬 할랜드 샌더스는 주방이 깨끗하지 않은 레스토랑에는 프랜차이즈 권리를 주지 않았고, 그의 트레이드마크인 하얀 정장은 KFC의 청결을 상징하는 것이었다. KFC는 오늘날에도 국제적 기준의 공급자 품질 점검 제도인 'STAR Audit'을 적용해 가장 위생적이고 신선한 원자재를 공급받을 수 있도록 점검, 관리하고 있다. 또한 매장에서는 시간이 지난 음식은 폐기하고, 가장 맛있는 온도에서 음식을 제공할 수 있도록 엄격한 매뉴얼을 준수하고 있다.

체계적인 교육 프로그램

KFC는 'Development Champion's'라는 교육 시스템 아래 매장 아르바이트생부터 직원, 점장에 이르기까지 단계적인 직무 교육 프로그램을 실시하고 있다. 또한 직원들의 서비스 마인드와 고객 응대 능력 향상을 위해 해마다 '챔스 챌린지(CHAMPS Challenge)'를 실시한다. '챔스(CHAMPS)'란, Cleanliness(청결), Hospitality(환대), Accuracy Of Orders(주문의 정확성), Maintenance Of Facilities(시설 관리), Product Quality(제품 품질), Speed Of Service(서비스의 신속성)의 약자로, KFC는 각 항목별 경연대회를 통해 실질적인 서비스 질의 향상을 꾀하고 있다. 챔스 챌린지에서는 지역별로 제품 조리와 서비스 등 각 분야의 고수를 선발한 후, 최종적으로 각 나라의 KFC 대표 선수들을 모아 기량을 평가해 챔피언을 선발한다.

또한 KFC는 제품 제조에서 위생, 고객 서비스, 그리고 매장 운영까지 각 챔스 항목을 체크하기 위한 'eCER 프로그램'을 운영하고 있다. 이 프로그램은 'eCER 프로그램' 교육을 이수한 회사 소속의 전문가가 각 매장을 방문해 객관적이고 공정하게 매장 운영과 관련된 전반적인 항목들을 평가한 뒤 직원들을 코칭해 주며, 직원들에게 책임감과 자신감을 부여하며 고객들에게 양질의 서비스를 제공하도록 한다.

작은 멸치들의 큰 꿈,
멸치고래(한민족 유라시아 사업 공동체)

"먼 바다에서 멸치를 즐기는 '멸치고래'라는 이름을 지닌 고래도 있다. 원무를 그려 춤추면서 고래를 희롱하기도 하고, 거대한 모양으로 고래에게 위협을 주기도 한다. 뭉치지 않으면, 단결하지 않으면 멸치는 살아남을 수 없다."

멸치가 큰 바다를 건너가려면 뭉쳐 움직여야 무사할 수 있다. 멸치도 먹는다고 해서 멸치고래라고 부르기도 하는, 고래 중에서 세 번째로 덩치가 큰 보리고래도 군무를 이루는 듯 떼로 움직이는 멸치를 마음대로 하지는 못한다고 한다. 힘없는 멸치들의 성공을 지원하는 한민족 네트워크 공유 플랫폼이 '멸치고래의 꿈'에서 만들어 지고 있다.

이 '멸치고래의 꿈' 사업은 원래 부평구청장과 국회의원을 한 최용규 변호사, 황종환 한국지식재산관리재단 이사장, 허범도 전 중소기업 진흥공단 이사장 등이 우크라이나 고려인들을 돕기 위해 재능기부 형식으로 2015년 11월 발족하였다. 우크라이나의 추운 지역에서 살아남을 수 있는 품종과 그에 대한 재배기술 전수 등을 목적으로 중국에서 신품종 양파를

멸치고래가 지원하는 러시아 사업 현장

개발하여 재배를 해 오던 씨드온의 양파를 첫 대상으로 멸치고래의 꿈 사업을 시작하였다.

멸치고래의 꿈에서 지원하는 '씨드온(대표 손현철)'은 영하인 40℃에서도 생육이 가능한 내한성 양파 품종을 개발하여 이를 봄에 심고 가을에 거두는 춘파재배가 아니라 가을에 심고 봄에 거두는 추파재배를 도입하였다. 그리하여 양파 수급과 시장 고급화 전략을 취하여 우크라이나, 몰도바와 카자흐스탄에 상업 재배를 시작하였고, 북한·중국·러시아 그리고 루마니아에 대량 재배를 하고 있다. 씨드온의 양파가 중앙아시아에 적용되면서 또 다른 문제점은 그곳의 환경에는 추위 외에도 물이 부족한 탓에 국내에서의 분수형 분무기가 아닌 양파에만 물을 공급해 줄 수 있는 점적식 호스가 필요한 상황을 알게 되었다. 곧바로 인천 남동공단 소재 '(주)미소'의 점적호스 기술을 접목시켰다. 나아가 에너지 사정 또한 좋지 않음을 고려해 그 지역 재배가 용이한 옥수수연료 로스터를 개발한 '(주)옥구하이테크'를 접목시켰다. 또한 (주)옥구하이테크는 점차 프랜차이즈 식당인 스위트 바비큐를 접목하여 확산되고, 중국 흑룡강성에 소재한 목단강 자동 계량기 유한회사와 합작하여 중국에서 로스터를 생산, 대량 판매할 예정이다.

물론 멸치고래사업은 시작된 지 이제 3년이 채 안 되는 자발적인 멸치들의 움직임이기에 앞으로도 많은 관심을 가지고 진행하여야 할 것이다. 이러한 멸치들이 모여 고래가 되어 세상 밖으로 나아가는 과정에서 그 현장의 문제점과 시장 업무, 기술 이전 등을 위해 장보고 프로젝트와 같이 청년일자리 프로젝트로까지 확장할 수 있다.

최소 연료로 최고 효율 적정 기술(미소난로)

멸치 고래 멤버인 '작은세상(대표 김태경)'의 '미소난로'는 자연에 존재하는 기본적인 법칙을 효율적으로 혁신하여 만든 시스템이다. 열과 유체에 관계된 물리학 법칙인 베르누이 원리와 싸이클론 원리를 적절하게 적용한 시스템이다. 적은 땔감으로 높은 열에너지를 생산하여 친환경 대안 에너지를 현실화시켰다. 벽난로 겸용 온돌 시스템인 미소 1호 '아궁이'는 원적외선의 보고였던 아궁이를 방 안으로 끌어들인 혁신적인 벽난로로, 불 지피는 공간을 방 안에 도입하여 편리성을 극대화하였다. 또한 방바닥에 연도를 설치하고 벽난로의 화구를 연결해 짧은 시간 안에 엉덩이가 뜨거울 정도로 바닥 난방이 가능하여 소량의 땔감으로 바닥 난방을 혁신한 경제적인 온돌 시스템이다.

이 외에도 아궁이 벽난로 미소 2호, 신개념 화목난로인 미소 5호, 친환경 화목 버너 미소 스토브 등을 개발하였다. 특히 '꼬레난로'는 문화적 차이를 뛰어넘는 적정 기술 난로로, 세계 각 지역의 환경에 적합한 모든 연료(나무, 풀, 소똥, 갈탄 등)를 사용할 수 있고, 난방과 조리가 합체되어 고효율을 내기 때문에 한국에서 가장 많이 수출하고 있는 난로로 성장하였

다. 캄보디아, 라오스, 베트남 등 열
대지방 및 몽골, 우크라이나, 시베리
아 등 한대지방으로 수출하고 있다.

미소난로

'작은세상'은 '난로'라는 제품에 그
치지 않고 아궁이 벽난로 문화 재현
에 앞장서고 있다. 마을회관과 노인
정 등 기존 건축물을 구들방으로 개
조하고, 아궁이 벽난로 문화를 재현
하여 아궁이를 방 안으로 들여와 불
때는 재미와 고구마를 굽는 노변정
담 문화를 재현하고 있다. 벽난로의
원적외선을 직접 몸으로 받아들임으로써 건강에 좋고, 공간 전체를 훈훈
하게 만드는 공기순화 시스템으로 난방비 걱정이 없는 것은 당연하다.
'미소힐링타운'은 감성난방 문화체험을 통해 한국을 대표하는 온돌문화
와 불이 주는 온정의 문화를 감성 깊게 체험할 수 있는 힐링타운으로 외
국인에게 한국의 대표적 문화를 수출하는 효과를 가져오고 있다.

단절된 경험지식 되살린 부부 승계, 안동버버리찰떡

    안동의 전통 먹거리 '버버리 찰떡'은 일제강점기부터 경북 안동지역 서민들의 주요 간식이자 한 끼 대용식으로 사랑받아 왔다. 김동순 할머니의 비법으로 만든 찰떡에 팥떡을 만들어 붙여 먹는 떡을 옛날에 신의주 사람들이 즐겨 먹었다고 한다. 추측컨대, 일제강점기에는 남북의 왕래가 많았으므로 이전 제조 방법이 안동에까지 전해지지 않았을까 한다.

    안동에서는 일제강점기에 김노미 할머니가 지금은 사라진 안동시 안흥동 경북선 철길 밑에서 찰떡에 팥고물을 듬뿍 묻혀 판매한 것을 시작으로, 그 후 김동순 할머니가 '버버리 찰떡'을 이어 받아 지금은 없어진 옥야파출소 앞에서 두꺼비 찰떡으로 이름 붙여서 판매, 이후 민죽희 할머니가 2001년까지 팥고물을 벗긴 깨끗한 상태로 떡을 만들어 팔아 왔다. 그러나 2001년 불황으로 가게 문을 닫는 바람에 명맥이 끊어졌다.

    지역의 대표적 먹거리가 사라진 것을 안타깝게 여겨 맞은편 가게에서 종종 사 먹은 찰떡의 맛을 잊지 못해 할머니를 찾아가 '안동의 자랑인 버버리찰떡이 후대에 전수되어야 하지 않겠느냐'며 권유하여 사라진 '버버리찰떡'의 맛을 되살렸다.

'버버리'는 벙어리의 안동지역 사투리로, 그 이름의 유래를 놓고 찰떡이 워낙 크고 맛이 좋아 한 입 베어 물면 말을 잘 할 수 없어서 벙어리처럼 된다, 혹은 떡을 처음 만든 김 할

다양한 종류의 안동 버버리 찰떡

머니의 아들이 실제로 벙어리였다는 등의 이야기가 전해진다.

이 떡은 재료의 절반이 건강에 좋다는 콩으로 구성되어 식사대용으로도 적합하다. 현재는 안동에서 생산되는 생명의 콩을 사용 중이다. 특히 직사각형 모습의 찰떡 양쪽에 콩이나 팥고물을 듬뿍 묻힌 특이한 떡 모양은 전국 어디에서도 찾아볼 수 없다.

한편, 버버리찰떡의 상호가 유명 브랜드 의류 '버버리'와 같다고 하여 소송이 일어날 뻔한 해프닝이 있었다. 그러나 안동버버리찰떡의 탄생 배경, 떡 산업부문, 유명성과 고급 의류인 영국 브랜드 버버리와는 탄생 배경, 사용제품군 등이 상이하여 서로 병존하고 있다.

가족 승계로 지역특화거리, 신당동떡볶이

　며느리한테도 알려 주지 않는다는 비장의 고추장맛으로 반세기 넘게 떡볶이 1번지로 불리는 서울 신당동 떡볶이 골목을 지켜 온 고 마복림 할머니는 과거 일부 언론을 통해서 간장으로 조리는 '궁중떡볶이'가 대세였던 1950년대에 고추장을 이용한 붉은 떡볶이를 처음 개발한 인물로 알려졌다.

　마복림 할머니는 한국전쟁 직후인 1953년 지금의 서울 중구 신당동에서 떡볶이 집을 열었다. 우연히 중국집에 갔다가 자장면에 떨어뜨린 떡을 맛본 후 고추장에 춘장을 섞은 '마복림식' 떡볶이를 개발했다. 고추장과 춘장을 섞은 양념으로 특유의 맵싸하면서도 달달한 떡볶이를 개발한 '신당동 원조 1호 마복림 떡볶이 집'을 운영하면서 원조 떡볶이 집의 명성을 누려 왔다. 너무 맵지 않으면서 감칠맛이 돌아 남녀노소 누구에게나 인기를 끌었다. 요즘도 원조의 손맛을 그리워하는 시민들의 발길이 끊이지 않고 있다.

　특히 떡볶이의 맛을 좌우하는 고추장 제조의 비밀을 보유하고 특유의

신당동 떡볶이 특화거리

맛을 냈던 것으로 유명하다. 10여 년 전, 한 고추장 CF에서 마복림 할머니가 얘기한 "며느리도 몰라"는 현재까지도 유행어가 될 만큼 친숙하다.

할머니는 끓여 파는 떡볶이 대신 식탁 위에서 끓여 먹는 '즉석 떡볶이'도 개발하여 떡볶이 한 가지 메뉴만으로 원조의 명성을 누려 왔다. 노점상 같은 가판대에서 시작한 가게는 '며느리도 모르는 장맛'으로 성황을 이뤘다. 현재는 할머니의 양념 제조 비법을 전수받은 다섯 아들과 며느리들이 그의 뒤를 잇고 있다. 신당동 떡볶이 거리 입구에는 첫째·둘째·셋째 아들과 며느리가 '마복림 할머니 떡볶이 집'을 운영 중이다. 10m가량 떨어진 곳에는 20여 년 전 문을 연 '마복림 할머니 막내아들네'라는 상호의 떡볶이 가게를 막내인 다섯째 아들 부부가 하고 있다.

세대 간 협업,
브러셔(이재용 구두)

요즘 이른바 '이재용 구두'로 대박 행진 중인 대구의 벤처 신발회사 '브러셔(Brusher, 솔질하는 사람)' 이경민 대표. 브러셔는 말 그대로 하루아침에 유명해졌다. 이재용 삼성전자 부회장이 브러셔 사무실이 있는 대구창조경제혁신센터를 찾은 게 결정적 계기였다. 입주 기업 제품들을 둘러보던 이 부회장은 브러셔 구두를 집어들고는 유심히 살폈다. 구두 바닥에 자동차 타이어 패턴이 들어가 있는 기능성 구두였다. 자동차 타이어와 같은 고무를 사용해 잘 미끄러지지 않고 밑창의 마모도를 눈으로 확인할 수 있는 게 특징이다. 이리저리 구두를 살피던 이 부회장은 그 자리에서 신어보고는 "발이 참 편하고 내 발에 잘 맞는 것 같다."고 했다. 이 부회장은 구두를 18만 9,000원에 구입했다. 이 대표는 "이 부회장이 좋은 구두를 샀다면서 최신 스마트폰인 갤럭시 S7까지 선물로 줬다."며, "그 스마트폰을 아버지께 선물로 드린 내용을 SNS를 통해 자랑했는데, 갑자기 '이재용 구두'가 화재가 됐다."고 말했다.

이후 놀라운 일이 벌어졌다. 하루 10켤레 정도 팔리던 구두가 갑자기 10배 넘는 주문이 몰렸다. 온라인 쇼핑몰 접속자는 하루 30명에서 3,000명 이상으로 폭증했다. 청와대 경호실, 대구지역 경찰서 등에서도 주문이 들어왔다. 울산·포항·부산

브러셔의 이재용 구두

등지에서 찾아와 '이재용 구두'를 사 가기도 했다. 조달청의 정부기관 전용 쇼핑몰에 '이재용 구두'를 등록하기로 협약도 맺었다.

이 대표는 고속 주행하는 운송기기들의 타이어에서 영감을 받아 편안하고 안전하게 걸을 수 있도록 타이어패턴을 신발 밑창에 접목시켰던 것이다. GRIP CONTROL 추진력·AQUA FLOW 배수력·TREAD SIPE 접지력·ABRASION SYSTEM 마모 체크 등 보행에 필요한 네 가지 기능에 집중하였고, 실제 타이어에 들어가는 천연고무(NR) + 부타디엔고무(BR) 성분을 사용하여 탄성이 좋고 내마모성에 강하여 오래 신어도 튼튼한 내구력을 가지게 되었다.

이 대표가 신발회사를 창업한 건 호기심 때문이었다. 대구대 무역학과를 졸업한 그는 유달리 신발에 관심이 많았다. 어느 날 '신발 바닥을 자동차 타이어처럼 잘 미끄러지지 않게 할 수는 없을까?' 하는 궁금증이 생겼다. 타이어 업체를 찾아가 패턴을 보고 타이어 재질도 유심히 살폈다. 이것이 '이재용 구두'의 최대 장점인 타이어 패턴 바닥이 탄생한 배경이다.

이 대표는 아이디어는 있었지만 직접 구두를 제작할 기술이 부족해 수소문 끝에 대통령 구두를 만들었던 은퇴 기술자를 만났다. 구두장인 김모 씨로, 유명 구두업체에서 일할 때 전두환·노태우·이명박 전 대통령의 구두를 제작했다고 한다. 두 사람은 의기투합해 '브러셔'를 창업하고 혁신센터에도 입주할 수 있었다.

7

지방자치 및
생산자단체 성공 사례

파주시 'DMZ 철조망' 관광상품

개요 및 도입 배경

지리적 여건

파주시는 역사적으로 고려의 수도인 개경과 조선의 수도인 한양의 중간에 위치하고 있어 수많은 문화유산을 간직하고 있을 뿐 아니라 율곡 이이, 방촌 황희, 문숙공 윤관 장군 등 위대한 인물을 배출한 곳이다. 한강과 임진강이 합류하는 지역으로, 풍부한 수자원과 수려한 자연 경관을 지니고 있는 곳이기도 하다. 또한, 수도 서울과는 불과 30분, 인천 신공항과는 1시간 내 거리에 위치하여 수도권의 일일 휴식공간으로 각광을 받고 있다. 특히 28km에 달하는 휴전선과 접해 있는 통일 안보의 요충지일 뿐만 아니라, 세계 유일의 민족 분단의 현장으로 DMZ와 민통선 일대에 판문점, 임진각, 자유의 다리, 제3땅굴 등 방대한 전쟁유적과 유물을 간직하고 있는 세계적인 관광명소로서 연간 400만 명 이상의 내외 관광객이 즐겨 찾는 곳이다. 특히, 6·15 남북선언 이후 경의선 철도 복원으로 임진강역이 개통된 데 이어 DMZ 바로 앞에까지 도라산역이 개통됨으로써 장차 남북교류를 위한 전초기지로서 우리나라를 방문하는 외국인에게 분단 현실을 극명하게 보여 줄 수 있는 수도권 최대의 관광 코스로 인식되고 있다.

추진 배경

이러한 천혜의 관광, 지리적 여건 속에서 2000년 한국전쟁 50주년과 2001년 한국방문의 해, 그리고 2002년 월드컵과 아시안게임으로 이어지는 관광특수를 맞아 지역의 특성을 살린 관광상품 개발의 필요성이 대두되었다.

한국관광공사가 조사 발표한 자료에 따르면 외래 관광객의 10대 방문지 중 하나가 판문점을 비롯한 파주의 안보 관광지로 조사된 바 있으며, 관광소비실태 조사 역시 쇼핑 비용이 점차 증가되고 있음에 비추어 상대적으로 우리나라를 방문하는 외국인에게 독특한 인상을 심어 줄 수 있는 관광상품이 거의 없다는 현실은 파주시가 독자적인 상품 개발에 나서게 된 동기가 되었다.

특히 2002년 월드컵을 맞아 제3땅굴과 도라 전망대 일원에 39억 원의 사업비를 투자하여 땅굴에 셔틀 엘리베이터와 DMZ 영상관, 판매·휴게 시설을 설치하고, 도라 전망대에는 야외 망원경을 설치하여 다양한 볼거리를 제공할 계획으로 있으며, 이와 함께 파주의 분단 현장을 소재로 한 관광상품을 개발·판매함으로써 시 수익을 증대시킴은 물론, 분단의 현실을 널리 알릴 수 있을 것으로 판단하여 반세기 동안 비무장지대를 가로질렀던 녹슨 철조망을 주 소재로 'DMZ 철조망'과 JSA 관광상품을 개발하게 되었다.

도입 과정에서의 애로사항 및 해결 과정

상품화 과정

황량한 비무장지대 내에 뒹구는 녹슨 철조망을 수거하여 상품으로 제작, 판매하는 일은 생각만큼 그리 쉬운 작업은 아니었다. '비무장지대에서 나온 철조망'임을 보증하는 일이 우선 과제였다. 그저 고물상에 가면 흔히 볼 수 있는 녹슨 철조망 정도로 인식되어 버리면 상품으로서의 가치가 없어지기 때문이다. 고민 끝에 비무장지대의 경계를 맞고 있는 군부대에 협조 공문을 보내, 수색대가 위험을 무릅쓰고 수거한 철조망을 인계받고 이를 민통선 북방에 위치한 군내출장소 창고에 보관한 후 상품 제작을 위해 반출할 때마다 수불부에 기록하고 상품에 파주시장 직인을 날인함으로써 상품의 신뢰를 확보할 수 있었다.

다음으로 시장 조사를 벌여 기념품 판매점에서 판매되는 상품의 종류와 재질, 관광객의 구매 선호를 조사하는 한편, 기념품 판매업 관계자들에게도 자문을 구하였다. 특히 제일기획이나 금강기획 같이 우리나라 굴지의 기획회사와 접촉하여 제휴 방안을 모색하였으나 모두 상품성이 적다며 거절하는 것이었다. 우리나라의 관광상품 업계는 너무나 영세하여 새로운 아이템이나 참신한 상품이 개발되었다 하더라도 이를 독자적으로 제작할 능력이 없기 때문에 획기적인 투자가 이루어지지 않는다는 점을 지적하고자 한다. 따라서 관광상품의 질을 높이는 문제는 대기업의 과감한 투자, 또는 정부의 관광상품 개발 비용 지원, 또는 융자 시스템 같은 제도가 도입되어야 할 것이다. 우리나라의 어느 관광지를 가도 수건 아니면 효자손 같이 천편일률적인 상품이 진열되어 살 것이 없다는 현실은 우리 관광업계나 정부 모두 시급히 해결해야 할 과제가 아닐 수 없다.

이와 같은 현실에서 지방자치단체가 스스로 새로운 상품을 개발하기란 그리 쉽지 않았다. 여러 차례의 시행착오와 영세 관광상품 업체와의 접촉 등을 거쳐, 결국 철조망이 분단의 아픔을 상징하는 것인 만큼 한반도 지도를 배경으로 한 액자에 20cm 길이의 철조망을 걸쳐 놓은 형태의 상품을 개발하였고, 각 제품에 일련번호를 부여하여 희소가치를 높이기로 하였다. 가격대별로 세 가지 형태의 철조망이 고안되었는데, A형은 나무 프레임을 사용한 액자 형태로 참전 21개국의 국기를 도안하였고, B형은 도자기에 한반도와 판문점, 남북회담 장면을 전사(轉寫)하여 삽입하였으며, C형은 주석에 한반도를 조각한 형태로 제작하였는데, 이는 외국인의 선호에 맞춰 다양하게 선택할 수 있도록 하고, 가격대를 차별화하기 위한 것이었다.

디자인 개발

2000년은 한국전쟁 50주년으로, 많은 참전국 용사들과 가족이 우리나라를 찾을 것으로 예상되어 투박한 철조망 제품을 좀 더 세련되고 다양하게 변형시킬 필요성이 대두되었다. 그러나 이 작업은 비전문가인 공무원 조직으로는 한계가 있었기 때문에 시장님의 특별 지시로 '관광상품 전략팀'을 구성하고 본격적인 디자인 개발에 착수하게 되었다.

DMZ 녹슨 철조망 3종(왼쪽부터 A형, B형, C형)

먼저 인터넷으로 관광상품 사업자를 검색하여 여러 군소 업체들과 수십 차례 의견을 나누면서 한편으로는 전국의 관광상품을 벤치마킹하였으나 참신한 아이디어를 구할 수 없었다. 결국 디자인 개발비 3천만 원을 편성하여 상품 디자인 전문 업체(디자인 하우스)와 계약을 하고 본격적인 디자인 개발에 착수하게 되었다. 디자인은 관계 공무원과 전문 디자이너가 거의 매일 이마를 맞대고 고민한 끝에 비로소 세 가지 타입의 개발에 성공하였다. 관광상품의 개발은 수많은 재질 가운데 어떤 재질을 사용할 것인가와 얼마나 작업을 단순화시킬 수 있느냐가 관건이었다. 아무리 멋있게 만들었다 하더라도 가격이 맞지 않으면 경쟁력이 없기 때문이다.

우리나라의 관광상품이 다양하지 못한 것도 따지고 보면 초기에 상품 디자인 개발 비용이 많이 소요될 뿐 아니라 초기 투자 비용을 줄이자면 판형 수를 최대한 줄여야 하는데, 판형을 단순화하면 섬세하고 세련된 작품을 만들기 어렵고, 제작 비용을 단기간에 회수하기 위해서는 한 가지 아이템을 전국의 관광지에 모두 뿌릴 수밖에 없다는 한계가 있기 때문이다.

판매 유통

관광상품의 판매 유통은 공무원 조직이 감당할 수 없는 영역이다. 1998년 12월, 처음으로 'DMZ 녹슨 철조망'이라는 1개 품목을 개발, 판매하였을 때에는 시가 제작 발주하여 적정한 이익을 붙여 각 판매점에 공급하고, 판매점에는 위탁수수료 명목으로 마진을 제공하는 방식을 택하였다. 이 방식은 상품의 종류가 한 종류인 만큼 그 관리에 있어서 어려움은 없었으나 2000년 7개 품목, 2001년 9개 품목 등 모두 16개 상품으로 그 수가 증가하게 되자 기존의 인력만으로 판매점 및 상품을 관리할 수 없을 뿐 아니라, 또한 상품의 판매 유통 분야에 대한 전문적인 지식과 경험이 없고, 또한 민간부문에서 행하여지고 있는 부분이라 상당한 어려움이 뒤따랐다.

따라서 시가 상품을 디자인하고 제작과 판매 유통은 완전히 민간을 참여시키는 방안을 강구하게 되었다. 그러나 초기 상품 제작에 참여한 민간사업자는 자기 비용으로 상품을 제작, 판매해야 하는 위험 부담을 안고 있어, 선뜻 나서는 사업자가 없어 한동안 파트너를 구할 수 없었다. 결국 초기에 제작한 일정량의 상품은 시가 제작 원가로 구입해 주고 일정량이 판매되면 그때부터 로열티를 징수하는 방식으로 이 문제를 해결 할 수 있었다. 로열티는 상품에 따라 10~25%의 수준으로 결정하였다. 파주시와 처음 파트너십을 맺은 업체는 올림픽 때 하회탈을 만들었던 '근석공예'와 '동진기품'이다. 사실 이들 업체는 상품 개발과 제작, 판매 과정에서 파주시와 공동 보조를 취하며 관광상품 개발 사업이 성공을 거둘 수 있도록 하는 데 큰 힘이 되었다.

마케팅 전략

상품의 판매 촉진을 위해서는 마케팅 전략이 필요했다. 이 부분은 시와 민간의 역할을 적절히 배분하여 담당하기로 하였다. 상품의 생산 및 판매는 전문 민간업체와 계약을 맺고 추진하지만, 광고비 부담이 과중하게 되면 상대적으로 이익이 감소된다는 우려 때문에 민간으로서는 상당히 부담을 느끼고 있었다. 따라서 제작, 판매 협약서에 광고비 부담 부분을 명확히 하여 초기 광고는 시가 전국의 기관, 단체, 회사 등에 공문과 함께 상품 콘셉트를 보내거나 주요 일간지와 지역신문에 게재하는 역할을 담당하고, 민간사업자는 전국 상품 유통 정보지 게재라든지 해외 판로 개척과 같은 부분을 담당하였다. 그럼에도 불구하고 철저한 시장조사와 분석, 그리고 상품의 생산에서부터 판매 유통까지 전반적인 마케팅 전략을 수립하여 제작, 판매원과 공동 보조를 취해 나가야 할 필요성이 대두되었다. 따라서 우선 제3땅굴과 임진각, 시정정보센터 내에 다른 파주 특산품과 함께 전시 판매장을 설치하고, 제작·판매회사는 외국 관광 쇼핑지에 게재한다든지, 외국인 단체 관광객을 상대로 한 공동구매나 할인 판매를 하고 있다.

판매 지역의 한계성 극복

관광기념품은 관광객이 어느 지역을 방문한 기념으로 구매하는 경우가 대부분이다. 따라서 동일한 상품이 직접 관련이 없는 지역에서도 판매가 된다면 관광기념품으로서의 의미는 반감될 것이 분명하다. 이렇게 되면 상품의 보급 한계에 직면, DMZ 철조망의 이미지에 걸맞은 용산전쟁기념관·주한미군부대·북한 관련 웹사이트 등에서도 예약, 판매토록 함으로써 다양한 판로를 구축할 수 있었다.

구체적 내용 및 추진 상황

2000년과 2001년도 관광상품의 개발

독일의 베를린 장벽이 무너지면서 분단의 상징이었던 벽돌을 상품화하였듯이 세계 유일의 분단 현장인 비무장지대의 녹슨 철조망을 관광상품화하고자 계획한 것은 어찌 보면 접경 지역이라는 불리 때문에 낙후되었던 파주시로서는 하나의 몸부림과도 같은 것이었다. 1998년 처음으로 개발한 DMZ 녹슨 철조망이 예상 외로 판문점, 임진각 등을 방문하는 외국인들에게 상당한 호응을 얻어 판매되기 시작한 지 1년 6개월여 만에 제작 수량 5,500개가 전량 판매되었다. 이에 따라 2000년에는 정부의 한국전쟁 50주년 기념사업계획과 2001년의 한국방문의 해, 2002년의 월드컵 및 아시안게임 등 관광 특수에 대비하여 본격적인 관광상품 개발에 착수하였는데, 철조망 외에 분단과 DMZ를 소재로 한 다양한 상품을 선보였다. 기존의 'DMZ 녹슨 철조망' 명칭을 'DMZ 철조망'으로 바꾸고, 한국전쟁 50주년을 기념하여 형태별로 15만 625개를 한정 판매키로 하고, 사랑과 평화(Peace and Love)를 모토로 DMZ를 상징하는 디자인을 적용한 T셔츠, 열쇠고리, 책갈피 등 관광객이 손쉽게 구입할 수 있는 품목을 추가해서 같은 해 2000년 9월부터 본격적인 판매에 들어갔다.

2001년도에는 통일·안보 관광지와 함께 문화 관광도시로서의 우리 시를 알릴 수 있는 관광상품을 추가 개발키로 하고, DMZ와 영화로 크게 히트한 JSA 캐릭터를 개발하여 각종 상품에 적용하고 율곡 선생과 문화재를 소재로 파주 10경과 임진강 8경 병풍을 비롯하여 기념엽서, 자경문, 페이퍼나이프, 저금통, 모자, 열쇠고리, 기념타올, 장식 매듭 등 9개 품목을 추가 개발하였다.

상표 및 디자인 등록

개발된 관광상품은 하나하나가 심혈을 기울인 파주시 지식재산이므로 특허청에 디자인 등록 11개와 상표 등록 9개(35개류의 상품) 등록을 마쳤다.

특히 DMZ 철조망은 지역의 독창성과 고유성을 가지고 있어 통일 이후에 오히려 지금보다 보존 가치가 큰 기념품으로 세계 유일의 분단 현장으로서의 상징적 의미를 담고 있다. 따라서 상표 및 디자인 등록은 지역의 고유한 특징을 살린 지식재산에

디자인 및 상표 등록증

대한 권리의 설정이라는 측면에서 큰 의미를 지닌다고 할 수 있다.

판매 현황

파주시가 개발한 DMZ 관광상품은 우리나라의 분단 현실을 극명하게 보여 주는 좋은 상품이지만 우리나라 사람들보다는 외국인에게 특별한 의미를 지닌 상품으로 인기를 끌고 있다. 통일전망대와 임진각, 판문점, 제3땅굴, 명동 관광명품점, 전쟁기념관 등에서 판매되고 있는 DMZ 철조 망을 주력 상품으로 하여 다음 자료에서 보는 바와 같이 열쇠고리, 티셔 츠 순으로 판매되고 있다. 특히 지난해 12월에는 국가보훈처가 주한 미 군을 대상으로 DMZ 철조망 3만 8,000개를 주문하여 선물함으로써 호평 을 받았으며, 앞으로 대한민국의 분단 현실을 인식시키면서 인류의 자유, 평화 염원을 고취시킬 수 있는 대표적인 선물로 외국인을 대상으로 판매 를 촉진시킬 수 있을 것으로 기대하고 있다.

파주시 관광상품 개발, 판매사업 운영 규정

상품 개발 초기에는 경험이 없었기 때문에 단순히 수불부만을 비치하 여 상품을 출고하고, 판매업소가 대금을 시금고로 납부토록 하였으나 추 가 관광상품 개발이 늘어나면서 제작업체의 제작 수량 관리나 판촉용 상 품의 사용, 제휴 사업자의 선정, 판매가격의 결정과 같은 부분에서 투명한 상품관리의 필요성이 대두되었다. 또한 관광상품의 개발, 판매 같은 부분 은 종전의 행정기관이 담당해 보지 못한 부분이었기에 시 자체적으로 '파 주시 관광상품 개발 및 판매사업 운영 규정'을 제정하여 일련의 과정을 제 도화하였다. 특히 시가 주관하는 각종 행사 시 판매 촉진을 위하여 판매하 는 경우나 정부기관 등의 요청으로 주문 생산하는 경우에는 별도의 가격 을 적용하여 판매할 수 있도록 허용함으로써 행정 조직이 갖는 경직성에

관광상품 판매 현황

상 품 명		수량	외형매출액	수입액	비고
총 계		66,160	490,359,000	215,603,950	
DMZ 녹슨 철조망		5,500	71,500,000	47,795,700	
소 계		46,191	350,856,000	122,315,750	
DMZ 철조망	A 형	42,541	259,692,000	53,622,000	
	B 형	1,508	22,620,000	15,098,250	
	C 형	2,142	68,544,000	53,595,500	
소 계		14,469	68,003,000	45,492,500	
열쇠고리		3,557	12,449,500	8,910,500	
T 셔츠		1,250	11,250,000	7,542,000	
책갈피		4,131	8,262,000	5,813,800	
열쇠고리+책갈피 세트		1,933	10,631,500	7,784,600	
열쇠고리(신상품)		549	2,745,000	1,647,000	
페이퍼나이프		369	2,952,000	1,918,800	
파주 10경 병풍		234	1,872,000	1,216,800	
기념엽서		330	1,320,000	660,000	
자경문		38	1,520,000	1,216,000	
수건 세트		173	2,768,000	1,799,200	
모자		1,116	7,812,000	4,240,800	
저금통		674	2,696,000	1,685,000	
전통 매듭		115	1,725,000	1,058,000	

서 탈피하여 판매 가격의 융통성을 가질 수 있도록 규정하였다. 아울러 상품마다 홀로그램을 부착하여 불법 유통을 방지하고자 한 것은 앞으로 지방자치단체가 적극적으로 관광상품 개발에 참여할 경우 민간기업에서처럼 유연성을 확보할 수 있는 제도로써 시사하는 바가 있을 것이다.

기대 효과

파주시 이미지 홍보

파주시의 지역적 특색을 살린 관광상품의 개발, 판매는 단순히 수익을 증대시켜 보겠다는 의도 이상의 현실적인 효과가 있다. 그것은 관광 파주의 이미지를 고양시켜서 다시 찾아올 수 있도록 하고 파주를 전 세계에 널리 알려 지역의 경쟁력을 키울 수 있으며, 지역 특성을 찾아서 상품화함으로써 향토지적재산을 늘릴 수 있다는 점이다 .

시 재정 증대에 이바지

이제까지 우리 지방행정은 법률에 규정된 범위 내에서 제한적이고 수동적인 경영수익사업을 벌임으로써 큰 효과를 거양하지 못해 온 것이 사실이다. 관광상품의 개발은 제품의 아이디어에 따라서는 무한한 재정적 수익을 올릴 수 있다는 매력이 있을 뿐만 아니라 제품생산과 판매에 참여하는 민간의 기업 활동을 활성화시키면서 적정한 수입도 보장해 주는 지역경제 파급 효과가 크다는 장점을 갖는다.

관광산업 발전에 기여

파주시가 개발한 관광상품은 그동안 여러 차례 관광상품 공모전에 출품하여 입상함으로써 관광산업 발전에 이바지하였다. 대표적으로 제1회 전국 관광기념품 공모전 입선(1998), 제1회 경기도 관광기념품 공모전 장려(2000), 제3회 전국 관광기념품 공모전 특선(2000), 제2회 경기도 우수관광기념품 공모전 입선(2001), 제1회 경인히트상품 선정(2001) 등으로 상품의 가치를 인정받았고, 파주시 관광상품업계를 활성화하는 데 기여하였으며, 민간과의 관광 네트워크를 구축하는 데 도움이 되었다.

향후 계획

관광상품은 어느 지역, 어느 관광지를 가더라도 같은 형태, 같은 제품의 기념품이 산재해 있고, 그 지역의 특성을 살린 상품은 찾아보기 힘든 실정이다. 지역의 특색을 살린 관광상품의 개발은 수익적 측면과 함께 지역을 널리 알려서 많은 관광객을 유치하는 데 아주 유용하다. 특히 최근의 남북정상회담, 북미회담 등을 통한 국내외 분위기는 이러한 사업을 추진하는 데 있어 최대의 승수 효과를 창출할 것이 예상된다.

따라서 이제까지의 성공과 실패 과정을 거울로 삼아서 지속적으로 관광상품을 개발해 나가고자 한다. 파주시의 역사적, 문화적 자산을 소재로 할 경우 아주 다양한 관광상품 개발이 가능할 것이다. 그러나 이러한 활동은 결국 민간의 경제활동의 일환으로 이루어지는 것이 바람직하므로 앞으로 민간이 능동적으로 이 사업에 참여 할 수 있도록 민간의 역할을 지원해 나가고자 한다.

관광상품 개발 분야에서 파주시가 거둔 성과와 경험은 비단 관광상품의 영역에서 그치지 않고 나아가 지역특산물의 발굴, 보급, 개량과 같은 분야에도 비슷하게 적용시킬 수 있을 것이다. 파주시가 거둔 작은 성공은 결국 지방자치단체가 어떤 마인드와 아이디어로 지역의 고유한 특성을 살리고 이를 지역발전의 매개로 삼아나갈 것인가에 대한 단서가 될 수 있을 것으로 확신한다.

일본 오이타 현의
일촌일품(一村一品)운동

일촌일품운동이 있기까지

히라마쓰 지사와 일촌일품운동

오이타 현은 일본 남서쪽 끝에 자리한 규슈 섬의 동북부 지역으로, 우리나라에는 관광지로 유명한 벳푸 온천이 있는 곳으로 잘 알려져 있다. 오이타 현은 우리나라 부산에서는 300km밖에 안 떨어졌지만, 일본의 수도 도쿄와의 거리는 800km나 되는, 실제로 1970년대까지만 해도 도쿄에서 멀리 떨어진 '시골' 취급을 받던 곳이다.

히라마쓰는 주로 통산성에서 근무해 온 공무원 출신이다. 1975년 당시의 오이타 현 지사의 요청으로 그곳의 부지사가 되었고, 1979년 주민 선거에 의해 지사로 당선한 뒤 연임을 거듭해 오늘에 이르고 있다. 그는 도쿄에 있는 상장기업의 사장들로부터 '가장 만나고 싶은 지사'로 꼽힌 적이 있고, 《요미우리신문》의 여론조사에서도 주민 지지율이 가장 높은 지사로 뽑히기도 했다.

그가 제창하여 주도해 온 일촌일품운동은 일본의 다른 지방자치단체는 물론, 우리나라와 중국·미국 등 세계 여러 나라에도 바람직한 지역발전 사례로 주목받고 있다. 중국은 일촌일품운동의 영향을 받아 상하이, 우한 등지를 중심으로 '일가일품', '일촌일보' 운동 등을 전개하고, 이어서 미국 로스앤젤레스에서는 1990년부터 10월 6일을 '일촌일품의 날'로 정할 정도로 이 운동의 진가가 인정되고 있다.

일촌일품운동의 의미

'일촌일품운동'이란 어떤 것인가? 히라마쓰 지사는 1979년에 취임한 직후에 이런 말을 했다.

"각 마을마다 잘할 만한 것을 하나씩 만들자. 그것이 표고버섯 같은 농산물이라도 좋고 수산물이라도 좋다. 관광이라도, 민요라도 좋으니 무엇이든 개발하고 판매해서 전국적으로, 또 세계적으로 유명한 것으로 만들자."

말 그대로 하면 '한 마을 한 특산품 갖기' 운동을 벌이자는 이야기로 들린다. 그러나 일촌일품운동은 단순히 특산품을 만들어 수익을 올리자는 운동이 아니다. 그 내면에는 주민 각자가 살고 있는 지역의 잠재력을 최대한 활용하여 자기 고장의 얼굴이 되는 것, 즉 한 지역에서 생산되지만 세계적으로도 통할 수 있는 것을 개발하고, 인재를 양성하며, 이런 과정을 통해 지역문화를 발전시킴으로써 궁극적으로는 '풍요로운 고장'을 만들자는 일종의 애향 운동의 성격이 깔려 있다.

일촌일품운동에서 우리가 타산지석으로 삼아야 할 것은 무엇일까? 지방자치 시대의 지역발전 사례, 지식재산의 개발 사례, 즉 이 과정에서의 지방자치단체의 역할 등등 여러 가지 눈여겨 볼 만한 점이 있을 것이다.

그러나 가장 기본이 되는 것은 역시 '자기 고유의 것, 주변에서 흔히 볼 수 있는 것'에서 새로운 부가가치를 찾아내고, 이를 지역문화 발전의 고리로 연결시키는 '발상의 전환'이라고 생각된다.

이러한 관점을 중심으로 일촌일품운동의 전개 과정을 보면서, 이 운동의 주체인 주민들은 어떤 발상의 전환으로 지식재산을 개발하고 지역발전을 이루었는지, 그 과정에서 운동의 또 하나의 축인 지방자치단체의 역할은 무엇이었는지 알아보기로 하자.

일촌일품운동의 배경

일촌일품운동은 히라마쓰 지사 개인이 어느 날 갑자기 머릿속에서 생각해 낸 것은 아니었다. 사실 일촌일품운동의 불씨는 이미 1961년부터 오이타 현 서부에 있는 '오야마'라는 작은 마을에서 시작되었다고 할 수 있다.

오야마는 가장 많았을 때의 인구가 6,500여 명밖에 안 되는 작은 산촌이다. 경지 면적은 전체의 10%에 지나지 않아 산골짜기의 논에 벼를 심고, 비탈진 밭에서는 삼베·보리·담배를 심어 근근이 먹고사는 전형적인 빈촌이었다. 당연히 청년들은 도회지로 빠져 나갔고, 마을은 활력을 잃어 갔다. 당시는 일본 정부가 대대적으로 쌀 증산운동을 전개할 때였다. 쌀을 많이 생산하는 곳에는 여러 가지 지원이 따랐기 때문에 대부분 농촌에서는 쌀 생산에 모든 힘을 기울이고 있었다. 그러나 당시 오야마의 촌장은 다른 생각을 가지고 있었다. 그는 오히려 주민들에게 오야마에서 쌀을 추방해야 한다고 호소했다.

"산촌인 오야마에서 벼농사를 아무리 열심히 지어도 생산량에는 한계가 있고, 수익도 일정한 한도 이상은 오르지 않는다. 문화적인 생활을 할 수 없다면 젊은이들은 계속 마을을 떠날 것이다. 쌀 대신 매실과 밤을 심자. 매실과 밤은 생육도 빠르고, 가공해서 팔면 쌀보다 수익이 3배나 높다.”

벼농사만 짓던 보수적인 마을 사람들의 반대를 받기도 했으나 결국 설득에 성공했고, “매실과 밤을 심어 하와이로 가자.”는 캐치프레이즈를 앞세운 그들의 사업 구상은 그대로 적중하였다.

이 운동을 전개한 이후, 주민의 소득은 크게 늘어났으나 마을의 인구가 줄어드는 현상은 막을 수 없었다. 농촌 생활에서 문화적인 윤택함을 찾기 어려웠기 때문이다. 그리하여 이 운동은 한 차원 높은 새로운 형태로 전개되기 시작한다.

촌장의 장남이 대를 이어 운동을 주도하면서 단순한 소득 증대가 아닌 ‘넉넉한 마음, 풍부한 교양과 지식을 지닌 인재의 육성’이라는 정신적 차원으로 발전하기 시작한 것이다. 이들의 노력은 마침내 결실을 거두어 지금의 오야마는 주민의 반수 이상이 여권을 갖고 있고, 농업 기상정보를 자체 CA-TV 시스템으로 제공할 정도로 넉넉한 마을로 바뀌었다.

일촌일품운동의 출발

오이타 출신인 히라마쓰 지사가 오야마의 사례를 모를 리 없었다. 1979년 11월, 그는 지사가 된 후 처음 가진 각 시·정·촌 책임자와의 간담회에서 일촌일품운동의 전개를 이야기한다. 그러나 아무도 제대로 이해하는 사람이 없었다. 현청의 간부도 처음 듣는 이야기였다. 다음 날 신문에도 간담회의 기사는 보도되었지만 일촌일품운동에 대해서는 한 줄도 실려 있지 않았다.

히라마쓰 지사는 우선 홍보가 중요하다고 생각했다. 먼저 주민들로 하여금 ‘우리에게도 자랑할 만한 고유의 것이 있다.’는 사실을 깨닫게 하는 일이 급선무였다. 그리하여 매주 일요일에 2개의 지역 TV에서 방송하고 있는 현의 홍보 프로그램을 각 시, 정, 촌에 무료로 제공하기로 했다. 방송 내용은 시, 정, 촌에서 자체적으로 기획하여 '우리 고장의 자랑' 방송이 시작된 것이다. 1980년 1월 6일 〈키우는 어업ㅡ요노쓰〉, 〈참새우와 젊은 이의 섬ㅡ히메시마〉 등이 계속 방영되었다.

한 달쯤 지나자 현 전체에 커다란 반응이 나타나기 시작했다. 지사 공관에 '정말 재미있었다.'는 전화가 걸려오기 시작했다. 더구나 바로 이웃에 사는 사람들의 얼굴이 TV 프로그램에 나오므로 시청률은 계속 높아졌다. 이제까지 시청률이 저조하던 현의 홍보 프로그램이 인기를 얻기 시작한 것이다. 방송이 끝나면 '한 번 더 해 달라.'는 얘기가 끊임없이 들려왔다. 주민들의 강한 관심은 강한 열의로 이어진다. 여러 마을에서 일촌일품 만들기의 분위기가 잡히기 시작했다.

일촌일품운동의 전개

히라마쓰 지사는 일촌일품 운동에 세 가지 원칙이 있다고 말한다. 자주·자립 및 창의·고안의 원칙, 가장 지방적인 것으로 가장 세계적인 것을 지향한다는 원칙, 그리고 새 시대에 걸맞은 인재를 육성한다는 원칙이다.

모든 일은 창의성에서 나온다

히라마쓰 지사는 이런 말을 했다.

"일촌일품운동은 내가 지시를 해서 하는 것이 아니며, 나를 위해 하는 것은 더더욱 아니다. 그렇기 때문에 현은 보조금을 주면서까지 일촌일품 운동을 해달라고 하지는 않겠다. 무엇을 만들고 무엇을 육성할지는 전적으로 주민 여러분의 의사에 달려 있다. 자기 마을의 고유 자산을 개발하

유후인 마을

고 생산하는 일은 스스로 위험 부담을 안고 자신의 돈으로 해야 한다. 그 대신 공동 출하장을 만들거나 기술개발을 해 주는 일, 널리 홍보를 하거나 판로를 개척하는 일은 얼마든지 지원하겠다."

즉, 주민 스스로 결정하고 창의적으로 연구해서 자기 지역의 특산품과 문화를 새롭게 개발하고 발전시켜 나가야 한다는 말이다. 주민들이 지식 유산을 새로운 시각으로 개발하여 부가가치를 높인 예를 오이타 현의 유후인 마을에서 볼 수 있다.

유후인은 인구가 1만 2,000명이 채 안 되는 작은 마을이다. 지금은 일본 전국적으로 알려진 온천 관광지가 되었지만, 과거에는 유명한 벳푸 온천의 그늘에 가려 빛을 보지 못하던 시골 마을이다.

소득이 늘어나면 다 그렇듯이 일본도 고도 성장기에 들어서면서 관광 붐이 일어났고, 일본 서부의 대표적인 온천지 벳푸도 그 바람을 타기 시작했다. 계속해서 호텔과 여관 등 온천을 즐기는 데 필요한 시설은 물론,

여러 가지 유흥 시설도 들어서 그야말로 들썩들썩하는 관광지로 바뀌어 갔다. 벳푸의 뒤편에 자리 잡은 온천 마을 유후인도 이러한 관광 붐을 놓칠 수는 없었다. 촌장과 마을 조성 책임자들은 벳푸를 본떠 관광지 개발에 힘썼으나 좀처럼 관광객은 찾아오지 않았다. 결국 이래서는 안 되겠다는 생각이 들었고, 그 타개책을 마련하기 위해 그들은 벳푸를 다시 연구하기 시작했다.

'벳푸는 우리 마을보다 훨씬 더 알려져 있다. 게다가 시설 규모도 크고 유흥시설도 많이 들어서 있는 번화한 곳이다. 우리가 아무리 노력해도 벳푸와 똑같은 방식으로는 승산이 없다.' 이런 결론에 다다르자, 그들은 자기 고장을 벳푸와는 전혀 다른 조용하고 편안하게 쉴 수 있는 온천 관광지로 바꾸기로 했다.

우선, 당시 유명 관광지에서 유행하던 네온사인을 전부 떼 냈다. 그리고 전국 각 온천지에 경쟁적으로 들어서던 유흥 시설물도 법을 만들어 철저히 막고 청결한 이미지를 부각시켜 '작은 벳푸'가 아니라 전혀 다른 분위기의 '새로운 온천 휴양지'로 만들어 갔다. 이와 함께 또 하나의 커다란 차별점을 부각시켰다. 당시 벳푸에 오는 관광객은 대부분이 온천은 물론 위락시설에도 마음을 두는 남성이었다. 유후인은 이와 반대로 여성들이 편히 지낼 수 있는 곳임을 강조했다.

이와 아울러 자연환경 조례와 주거환경 보전을 위한 조례를 전국에서 가장 먼저 제정하여 유후인의 아름다운 전원 풍경과 주변의 산을 중심으로 한 자연경관의 보존에 힘을 기울였다. 세월이 지나면서 시대적인 조류, 즉 자연과 건강한 휴식을 지향하고, 고향으로 돌아가고 싶어 하는 사람들의 심리 변화와도 맞아떨어져, 그들의 독특한 관점의 개발은 더욱 빛을 발휘할 수 있었다.

또 하나, 유후인 고유의 것은 아니지만, 온천지의 부가가치를 높인 것에 '유후인 영화제'와 '유후인 음악제'가 있다. 그런데 유후인에는 지금도 영화관이나 음악당이 없다. 영화관이나 음악당이 없는 곳에서 어떻게 그런 이벤트를 할 수 있을까? 그야말로 창의적인 아이디어와 의욕만으로 시작하여 성공을 거둔 것이다.

영화는 닷새에 걸쳐 역전 광장 같은 야외나 공회당 등에서 상영되는데, 단지 영화를 보는 것으로 끝나는 게 아니다. 영화에 나오는 배우는 물론 극작가, 평론가, 감독과 다른 스텝 등 바로 그 영화에 관련된 사람들을 초대하여 관객들과 함께 밤늦도록 영화 이야기를 나누게 하는 것이다. 거기에다 이들이 모두 참석하는 파티까지 열리니, 관객들의 입장에서는 아주 색다른 경험이 된다.

음악제도 마찬가지로 격식이란 없다. 연주자는 티셔츠 차림, 장소는 밤하늘 아래의 잔디밭, 공회당, 미술관 등등 출연자와 관객은 이곳저곳을 옮겨 다니며 연주하고 들어야 하지만, 이것도 관객 입장에서는 '새로움' 그 자체다.

온천과 조용한 전원 마을의 정취, 깨끗한 자연환경이라는 자기 지역의 고유 자산에서 부가가치를 찾고, 그것과 어울리는 색다른 이벤트를 개발한 주민들의 꾸준한 노력은 당연히 결실을 거두었다. 지금은 일본 전역은 물론, 외국에까지도 유후인의 이름이 알려졌는데, 한 해에 찾아오는 관광객 평균 370만 명 중 90%가 여성일 정도로 뚜렷한 개성을 가진 온천 휴양지로 발전하였다.

주변에 강력한 경쟁자가 있다는, 언뜻 보면 불리한 듯한 여건 속에서도 이들이 성공한 요인은, 한마디로 '우리 고유의 것을 새로운 관점에서 차별화하여 개발한다.'는 발상의 전환이었다. 사실 당시의 일본에서는 개발 붐이 한창 일고 있었다. 너도 나도 개발을 외치며 대형 건물, 호화 시설이 최고인 것으로 생각할 때, 정 반대로 조용하고 편안한 이미지를 강조한다는 것은 당시로서는 결코 쉽지 않은 발상이었다.

그러나 온천을 벳푸식으로 계속 개발했다면 어떻게 되었을까? 아마도 벳푸와는 비교도 안 될 정도의 초라한 온천지, 특색 없는 '그저 그런' 온천지가 되었을 것이다. 자칫 흙 속에 묻힐 수도 있었던 지역 고유의 자산이, 새로운 시각에 의해 발굴, 개발된 사례를 우리는 유후인에서 볼 수 있다.

가장 지방적인 것이 가장 세계적이다

일촌일품운동은 '가장 지방적인 것으로 가장 세계적인 것을 지향한다.'는 원칙도 가지고 있다. 즉 '메이드 인 재팬(Made in Japan)'이 아닌 '메이드 인 오이타(Made in Oita)'인 산물이나 문화를 만들어 가는데, 자기 지역 고유의 특성을 가지고 있으면서도 전국적으로, 더 나아가서는 세계적으로도 통할 수 있어야 한다는 것이다. 그런데 여기서 유념해야 할 일은 전국적, 또는 세계적으로 만든다는 말이 반드시 시장을 석권할 수 있어야 한다는 뜻은 아니라는 사실이다.

예부터 어느 지역이나 나름대로 자랑할 만한 고유의 자산 한 두 가지씩은 가지고 있게 마련이다. 이러한 고유의 자산을 각자의 창의적인 연구를 통해 '가장 뛰어난 것'이라기보다는 '오직 우리 고장에서만 볼 수 있는 것'으로 개발하는 일이 중요하다는 말이다. 왜냐하면 그것을 통해 수익을 얻는 것이 1차적인 목표이지만, 그보다 더 중요한 일은 유명한 특산품, 또는 자랑스러운 문화가 바로 우리 고장에 있다는 사실 자체가 지역 주민에게는 커다란 자긍심을 갖게 할 수 있기 때문이다. 더 나아가 이러한 과정을 통해 일촌일품운동의 궁극적인 목표인 물질과 정신이 조화를 이루어 발전하는 풍요로운 삶을 누릴 수 있기 때문이기도 하다.

어려운 과정을 거쳐 우리 고유의 자산을 우리가 키워 냈다는 자부심, 그리고 그것을 바탕으로 한 지역발전의 가능성이란 돈보다도 훨씬 중요한 일이다. 이러한 예는 세계 어느 곳에도 있는 것이지만, 일본 오이타 현의 나카즈에 마을에서도 찾아볼 수 있다.

나카즈에는 오이타 현 서부, 일본에서 3대 미림(美林)의 하나로 꼽히는 삼나무숲으로 둘러싸인 곳이다. 1894년, 이곳을 지나던 행상인 하나가 우연히 금광을 발견하면서 나카즈에는 크게 번성하기 시작한다. 한창 잘 나갈 때에는 동양 제일의 금 산출량을 자랑하기도 했고, 인구도 크게 늘어 마을 전체가 북적거렸다.

그러나 1972년부터 사정은 180도로 변한다. 금광이 폐쇄된 것이다. 폐쇄된 광산 지역이 어떻게 변해 가는지는 너무도 자명한 일. 북적이던 사람들은 썰물처럼 빠져 나가고, 이 마을에서 태어난 젊은이들도 하나둘 도시로 떠나갔다. 당시의 촌장은 남아 있던 젊은이들과 함께, 어떻게 하면 이 마을이 살아남을 수 있는가에 대해 고민하기 시작했다. 주변에 보이는 것은 폐허가 된 금광 터뿐, 할 수 있는 유일한 일은 나무와 관련된 임업뿐인 것처럼 보였다. 하지만 나카즈에는 깊은 산속에 있어 교통도 불편하고, 평범한 임업으로는 마을을 되살리기 어렵다고 생각했다. 그들은 고민에 고민을 거듭했다. '우리만 가지고 있는 자산은 없을까?'

마침내 그들은 고유의 자산을 찾아낸다. 바로 폐쇄된 금광 터였다.

"금광이 있던 지하에 박물관을 만들자. 사람들이 좀처럼 보지 못하던 게 아닌가. 그리고 주변에 아름다운 숲도 있다. 지금은 교통이 불편해도 가까운 곳에 후쿠오카, 사가, 구마모토 같은 인구 밀집 지역도 있지 않은가. 폐쇄된 금광을 관광지로 개발하자."

일부 주민들의 반대가 있기는 했지만, 촌장과 젊은이들의 설득으로 일은 시작되었고, 드디어 1983년에 지하 박물관이 완성되었다. 폐광된 지 11년 만의 일이다. 연간 11만 명의 관광객만 찾아오면 채산성이 있다고 생각했지만, 첫해 입장객이 50만 명을 넘었다. 하루 입장객이 마을 전체 인구의 5배인 7,000명을 넘을 때도 있었다. 첫해 수입은 10억 엔. 인구 1,500명의 산골마을에서 10억 엔짜리 산업이 탄생한 것이다.

한 가지 산업이 제자리를 찾으면 다른 것을 갖다 붙이기는 쉽다. 관광객을 상대로 산골 특유의 특산품을 만들어 파는 일은 저절로 이루어졌다. 고향이 발전하자 떠났던 사람들도 돌아왔다. 초기에 비해 약간 줄어들기는 했지만 지금도 나카즈에 마을에는 관광객이 꾸준히 찾아온다.

'우리 지역에서만 볼 수 있는 것을 개발해야 전국적으로, 또 세계적으로 인정받을 수 있다.'는 예를 나카즈에에서 볼 수 있다. 물론 나카즈에의 지하 박물관이 세계적인 명소로 발전할 수 있을지는 미지수다. 그렇게 안 될 가능성도 높다. 그러나 '버려진 우리 것'을 주민 스스로 연구해서 개발하고, 거기에서 수익을 얻는 것은 물론 마을 자체를 되살렸다면 '세계화'까지는 도달하지 못한다 해도 그 가치는 충분하지 않을까?

지사는 세일즈맨이다

일촌일품운동을 전개해 나가는 데 있어서 주민들의 자주적인 창의성의 발휘가 가장 중요한 전제라고 본다면, 또 하나의 축인 지방자치단체의 역할은 무엇일까? 히라마쓰 지사는 이렇게 말한다.

"발로 뛰면서 주민들과 직접 부딪치며 설득했다. 현은 아이디어만 제공했고 모든 일은 마을 주민들이 자발적으로 실천했다."

그러나 주민들의 자발적인 실천으로 결실이 맺어지기까지는 그를 비롯한 공무원들의 많은 노력이 필요했고, 여기에서도 발상의 전환은 빛을 발한다.

판매는 내가 책임진다

히라마쓰 지사는 일촌일품운동을 제창하면서 주민과 지방자치단체의 역할 구분을 분명히 했다.

"주민들이 각자의 지역에서 세계시장에 내놓아도 손색이 없는 우수한 특산품을 생산해 낸다면, 내가 직접 도시인들에게 팔아 주겠다."

그는 일촌일품운동이 성공하기 위해서는 주민과 공무원의 의식이 바뀌어야 한다고 생각했다. 지역 고유의 자산이 특산품만은 아니지만 생업과 직접 연결되어 있는 특산품 개발이 주민들에게는 쉽게 다가올 것이 분명하다. 그는 특산품을 개발하는 데에는 물론, 그것을 파는 데에도 기존의 인식을 바꾸어야 한다고 보았다.

"하기 싫은 곳은 안 해도 좋다. 또 어떤 제품을 얼마나 생산할 것인지는 각 지역 스스로 책임지고 결정해야 한다. 현에서 보조금을 주면서 일촌일품운동을 하면서 시, 정, 촌은 보조금이 끊어질 경우에 '보조금이 없으니 더 이상 할 수 없다.'고 나온다. 물건을 만들었는데 팔리지 않으면 '현에서 전량 수매해 달라.'고 한다. 관에서 주도하면 추진력이 약해진다. 일촌일품운동은 각 지역이 자립적으로 창의성을 발휘해서 해 나가야만 한다."

그러나 보조금이 없는 운동은 초기에는 주민의 호응을 얻지 못했다. 참새우 양식, 키위의 대량생산, 버섯 통조림 등 몇몇 지역의 제품 개발이 성공하고, 이들 생산품이 도시인에게 인기를 얻으면서 일촌일품운동도 정상 궤도에 들어서게 된다.

경매대에 올라간 지사

요즘 우리나라에서도 '비즈니스 지사', 또는 '비즈니스 대통령'이란 말이 입에 자주 오르내린다. 경제적 측면의 경쟁력 없이는 지방자치나 국가경영을 말할 수 없기 때문일 것이다. 히라마쓰 지사도 자신이 비즈니스 지사로 불리기를 원한다. 사실 자신이 속한 지방자치단체에서 나온 특산품을 팔기 위한 그의 노력은 당시 일본에서 큰 화제가 되었을 뿐 아니라, 일촌일품운동의 정착에도 밑거름이 되었다.

오이타 현에는 예부터 소가 많았고, '홍고 소'라는 이름으로 1970년의 전국경지대회에서 천황상을 받기도 했다. 하지만 그 이름은 별로 알려지지 않아 소 시장에서 외지로 팔려나가 '고베 소'나 '마쓰사카 소'로 이름이 바뀌는 실정이었다. 히라마쓰 지사는 '홍고 소'라는 상표로 알려져야 제 값을 받을 수 있고, 그러기 위해서는 전국 최고의 소비지인 도쿄 시장에 이름이 알려져야 한다고 생각했다. 그는 즉시 도쿄로 달려갔다. 도쿄 식육시장의 경매대에 직접 올라간 히라마쓰 지사는 쇠고기 중개인들을 상대로 홍고 소의 우수성을 역설하였다.

중개인들은 지사가 경매대에서 자기 지역 제품을 홍보하는 일은 생전 처음 보았다며 크게 감격했고, 실제 거래 가격도 예상보다 훨씬 높게 매겨졌다. '홍고 소'라는 오이타의 경쟁력 있는 고유 자산이 지방자치단체장의 적극적인 노력으로 상품 가치를 더 하게 된 것이다.

이 밖에도 히라마쓰 지사는 오이타 현에서만 나는 감귤의 판매를 위해 도쿄의 지하철역에서 전통 의상을 입고 판매에 나서기도 하고, 도쿄 청과시장의 사장들 앞에 나가 자기 지역 제품을 홍보하기도 했다. 주민들이 좋은 물건을 생산하면 판매는 자신이 책임지겠다는 약속을 지키기 위해 그는 계속 현장을 방문하였다.

유명 인사를 잡아라

아무리 좋은 물건이 있어도 널리 알려지지 않고 팔리지 않으면 소용이 없는 법. 특히 대도시에서 멀리 떨어진 곳이 판매 면에서 불리하다는 것은 자명한 일이다. 오이타 현의 경우도 각 시, 정, 촌에서 나온 특산품을 1차적으로는 현의 주민들이 아끼고 우선적으로 소비해 줄 것을 호소했지만, 일본 제일의 시장 '도쿄'에 진출하지 않고서는 전국적인 명성을 얻기 어려웠다. 히라마쓰 지사는 새로운 아이디어를 냈다.

도쿄의 유명 인사들을 상대로 적극적인 홍보활동을 하기로 한 것이다. 대상자는 일본 정계, 경제계, 언론계 인사와 외교관, 그리고 대중에게 널리 알려져 있는 연예인, 운동선수들로 정했다. 유명인사를 상대로 홍보를 하면 파급 효과가 크다는 점을 고려한 것이다. 이런 사람들 1,000여 명을 도쿄의 한 호텔에 초대해 전시회 겸 시식회를 열었다. 이름은 '오이타 페어(Oita Fair)', 오이타 특산으로 꼽히는 농수산물과 축산물 1,700여 점의 전시는 물론 오이타만의 정취와 맛을 느낄 수 있는 음식을 준비하고 찻집까지 설치하여 오이타 현 자체에 대한 분위기를 느끼도록 배려하였다.

그날 마련한 모든 음식과 일본인들이 고급으로 치는 프랑스 요리도 오이타에서 나오는 재료로 만들어 냄으로써 오이타 제품이 우수하다는 인식을 갖게 하였다. 결과적으로 참석자들이 오이타 고유 산물에 대한 이해는 물론, 오이타 현 자체에 대해서도 호감을 가지게 되었음은 물론이다. 이런 행사의 성과를 직접적으로 측정할 수는 없지만, 뉴스거리가 되고 유명 인사들의 직간접적인 홍보 효과까지 생각할 때, 그 성과가 만만치 않음을 짐작할 수 있다.

히라마쓰 지사가 시도한 또 하나의 판촉은 특산품의 '도쿄 공수(空輸) 판매'였다. 오이타에서 도쿄까지는 800km, 시장 진출이 어려울 수밖에 없다. 그래서 생각한 것이 항공기를 이용한 판매였다. 운송비 등의 물류 문제가 있으므로 그야말로 품질이 우수한 것, 또는 단가가 높은 것으로 대상 품목을 정했다. 오이타 공항에서 도쿄까지 비행기로 날라 백화점 등의 판매 장소까지 물건이 오면, 히라마쓰 지사는 대기하고 있다가 즉석에서 직접 판매를 시작했다. 가격과 품질에서 경쟁력 있는 특산품이 '지사가 판매에 나섰다.'는 프리미엄까지 등에 업었으니, 금방 동이 나는 것은 당연한 일이었다.

지자체의 역할

히라마쓰 지사는 일촌일품운동에 대하여 주민에게 직접 호소하는 방식을 택했다. 흔히 관청에서는 먼저 지사의 생각을 부장회의에서 말하고, 부장은 과장에게 말한다. 그리고 다시 그것이 각 시, 정, 촌이나 농협 등의 경로를 통해 주민에게 전달된다. 이러한 과정에서 애초의 취지는 제대로 전달되지 않기 쉽고, 심지어는 관청과 주민 사이에 오해까지 생긴다.

히라마쓰 지사는 취임 즉시 "지사와 함께 내 고장을 이야기한다."라는 이름의 '마을가꾸기 간담회'를 열었다. 간담회는 현의 지역별로, 같은 종류의 업종별로, 또는 특정한 주제별로 연간 20회 이상 개최되었고 지금도 계속되고 있다. 어떤 나라, 어떤 지역에서나 의사소통이 제대로 되지 않고, 상호 신뢰가 없는 곳에서는 '행정 따로, 현장 따로'인 일이 비일비재하게 벌어진다. 간담회의 목적은 이런 현상을 막고, 주민의 실생활에서 우러나오는 현실적인 이야기를 행정에 반영하려는 것이다. 한편으로는 현의 주요 시책에 대해 이해와 협력을 구하면서, 행정 관청과 주민 간에 믿음의 관계를 만들어 나간다.

지사는 일촌일품운동의 근본 취지에 대해서 공무원들에게도 직접 설명을 했다.

"일촌일품운동은 행정관청이 하는 일이 아니다. 어디까지나 주민들이 주도권을 갖고 자발적으로 하는 것이다. 따라서 현청 안에 일촌일품운동을 위한 별도의 조직은 필요 없다. 조례나 보조금도 없다."

문서를 통한 상의하달(上意下達)식의 의사 전달, 의례적이고 실적을 홍보하기 위한 주민 간담회로는 '고유 자산을 개발해 지역 활성화를 이루자.'는 운동의 참뜻을 전달하기 어렵고, 성공할 수도 없다는 히라마쓰 지사의 생각을 엿볼 수 있다.

또 하나, 일촌일품운동에서 중요한 역할을 한 것 중의 하나는 1.5차 산업이었다. 행정관청은 명령을 내리는 곳이 아니라, 지역 주민들의 의욕을 북돋우고 그들이 잘할 수 있도록 지도하고 도와준다. 이렇게 해야 주민들이 자발적으로 나서고 지역이 활성화할 수 있다. 결국 행정의 역할은 '지원과 조정'이라는 말이다. 이를 위해 히라마쓰 지사는 먼저 1.5차 산업의 개발을 제창한다.

"뒤처진 지역일수록 불만이 많고 자포자기한다. 도로가 형편없다, 학교가 나쁘다, 지원이 없다……. 그래서 그 타개책을 물으면 가장 먼저 나오는 것이 큰 도시에 연결되는 도로와 기업의 유치다. 그러나 이것만으로는 오히려 역효과가 나기 쉽다. 아무 기반 없이 교통만 좋아지면 뒤처진 지역은 더욱 뒤떨어지게 된다. 모든 사람의 생활이 도시에 끌려 들어가기 때문이다. 기업의 유치도 마찬가지다. 작은 마을에 큰 공장을 유치할 수는 없다. 작은 공장이 들어서게 되는데, 불경기가 되면 가장 먼저 도산하는 것이 이러한 작은 공장이다. 따라서 그 지역의 주민, 지역의 산업과 밀착된 기업이 아니면 고유 자산 개발을 바탕으로 한 지역 활성화에는 도움이 안 될 수도 있다."

그래서 나온 것이 1.5차 산업의 육성이다. 즉, 지역에 기반을 둔 농수산물을 가공하는 공장을 세우면 우선 상품의 부가가치를 높일 수 있고, 지나치게 많이 생산되는 경우나 일정한 규격 외의 상품을 처리하는 데 매우 유리하다. 히라마쓰 지사는 농수산물 가공 산업이 1차 산업과 2차 산업의 중간 성격을 가지고 있으므로 '1.5차 산업'이라 하였다. 이러한 1.5

차 산업의 결과물로 통조림·주스·잼·과일 케이크·과일 아이스크림 등 수많은 종류의 가공품이 나왔고, 1.5차 산업이라는 말은 일촌일품운동의 키워드가 되어 오이타 현은 물론, 일본 전역에 퍼지게 된다.

또 하나, 고유 자산을 개발하는 데 있어 지방자치단체가 중요하게 추진한 일이 인재의 육성이다. 인재의 육성은 일촌일품운동의 중요한 원칙의 하나였다. 세계는 점차 경제적인 풍요를 추구하는 시대에서 더 나아가 정신적인 풍요로움까지 추구하는 시대로 바뀌고 있으며, 일촌일품운동 역시 이를 궁극적인 목표로 하고 있다. 이러한 시대에는 도전정신과 창의력을 갖춘 인재, 즉 지역 주민이 스스로 일어서려는 힘을 한군데로 모아 이끌어갈 인재가 필요하다.

또한 작은 지역일수록 생산자 개인이나 기업의 사업 규모가 영세하며, 자연히 기술 수준과 경영 능력, 판매망 확보 등 마케팅 능력이 떨어진다. 이러한 상황을 극복하기 위해서도 인재의 육성은 반드시 필요한데, 오이타 현에서는 각자의 능력을 최대한 발휘할 수 있도록 '일촌일품운동 학숙'의 운영, 다른 앞선 지역의 사례 연구, 해외 연수 등 다양한 프로그램을 마련하여 실시하였다.

일촌일품운동의 발전

이제까지 살펴본 바와 같이 일촌일품운동은 단순한 '특산품 갖기 운동'이 아니다. 특산품 생산이라는 측면만 본다면 오이타의 일촌일품은 일본에서 전국 제일이라고 말할 수 없다. 오히려 빈약한 편에 들어간다. 전체적인 주민의 소득 면에서도 아직 만족할 만한 수준은 아니다. 그렇기 때문에 일촌일품운동의 성과에 대해 부정적인 사람들은 이름이 알려진 것에 비해 실제 현황은 따라가지 못한다고 평가한다.

그러나 대도시 중심의 사회가 될수록 지방 활성화는 더욱 어려워질 것이며, 인구의 유출도 계속될 것이다. 따라서 일촌일품운동은 한 걸음 더 나아가 지역 주민 한 사람 한 사람이 '내가 살고 싶은 마을', 즉 경제적인 풍요뿐만 아니라 정신적인 풍요로움도 누릴 수 있는 지역으로 만들어 가는 것을 목표로 움직이고 있다.

그러기 위해서는 고유 자산의 개발이라는 1차적인 목표는 물론, 고유 특색을 가진 마을 만들기를 계속해 나가야 한다. 예컨대, 유명한 조각가가 태어난 마을에서는 그 조각가의 작품을 모아 국제적인 콘테스트를 개최하여 우수 작품을 전시하는 '조각 마을 만들기'를 하기도 한다. 이처럼 일촌일품운동은 특산품, 예술, 관광 등 그 지역만이 가지고 있는 독특한 자산을 개발함으로써 지역 특색이 있는 품격 있는 마을로 만들어 가는 '일촌일풍(一村一風)운동'으로 발전해 나가고 있다.

우리가 일촌일품운동에서 보아야 할 점은 주민들의 창의성과 지방자치단체의 정확한 예측을 바탕으로 한 헌신적 노력, 그리고 '어려움의 극복'이다. 자기 주변의 것을 새로운 시각으로 보고, 연구해서 이제까지 찾지 못했던 부가가치의 가능성을 발견했다 해도, 그것이 결실을 맺기까지는 무수한 어려움을 이겨 내야 하기 때문이다. 오히려 유난히 눈에 띄는 '성공'이라는 결말 앞에는 그것보다 훨씬 많은 실패와 좌절의 과정이 있었음을 놓쳐서는 안 될 것이다.

일본 구마모토 현의
곰 캐릭터 사업

지방자치단체가 주체가 되어 벌인 캐릭터 성공 사례로 일본의 구마모 토 현 사례를 소개하는 것은 그간 국내 지방자치단체들의 현황과 전략에 있어 현격한 비교점이 있기 때문이다.

최인준 일본 특파원의 기사를 인용하여 소개하면, 일본 규슈(九州) 구마모토(熊本) 현의 현청 소재지인 구마모토 시 쓰루야 백화점 7층. 1,100m²(약 330평) 강당을 가득 메운 시민 500여 명이 무대 위 검은색 곰 모양 인형의 율동을 따라하며 환호했다. 농사로 먹고살던 인구 180만의 구마모토 현을 일약 전국에 이름난 지자체로 키운 일등공신, 이 고장 캐 릭터 '구마몬'의 다섯 번째 생일을 축하하는 행사였다. 구마몬은 곰을 뜻 하는 '구마(熊)'와 사람을 뜻하는 현지 사투리 '몬'을 합친 말이다.

나가시마 가즈히로 씨는 "구마몬은 단순한 캐릭터가 아니라 우리 고장 의 보물"이라고 했다. 행사장 뒤쪽으로는 이 모습을 흐뭇한 표정으로 지 켜보는 이들이 있었다. 구마몬의 탄생부터 마케팅까지 모든 일을 도맡았 던 구마모토 현청 '브랜드 추진과' 공무원들이었다.

구마모토 현은 규슈 신칸센 완전 개통을 기념해 관광객을 끌어 들이기 위해 민간업체에 홍보 캐릭터 제작을 의뢰했다. 구마몬 출시 첫해 캐릭터 상품 매출이 25억 엔(약 260억 원)을 기록하자,

구마모토 현의 곰 캐릭터 상품

가바시마 이쿠오 구마모토 현 지사와 공무원들은 주먹을 불끈 쥐었다. 현청은 구마몬 디자이너에게 500만 엔(약 5,200만 원)을 주고 판권을 사들였다. 곧바로 전담 부서인 '브랜드 추진과'를 신설해 캐릭터 세일즈에 뛰어들었다.

비전문가들로 구성된 브랜드 추진과 공무원들은 마케팅 책과 씨름하며 토론을 이어갔다. 그렇게 나온 첫 작품이 일명 '오사카 실종 사건'이었다. 현청 공무원이 인형 옷을 입은 채 예고 없이 오사카 시내를 활보하게 한 뒤 트위터에 "구마몬이 가출했으니 찾아달라."는 글과 사진을 올려 시민들의 궁금증을 유발했다. 가바시마 지사도 기자회견을 열어 대중의 관심을 불러일으켰다. 일본 전역과 미국, 유럽 등을 돌며 뿌린 홍보 명함만 100만 장이 넘었다.

유명세를 탄 구마몬은 한 해 TV 프로그램 출연 1,000회, 트위터 팔로워 44만 2,000명(지자체 캐릭터 1위)에 이를 만큼 '국민 캐릭터'가 됐다. 47개 지자체 인지도 조사에서 하위권이던 구마모토는 2014년 18위까지 상승했다. 구마모토 현 브랜드 추진과는 지난해 경제 주간지 《닛케이비즈니스》로부터 '기적을 일으킨 조직 100'에 선정됐다.

구마모토 현에는 구마몬 캐릭터 사용 문의가 매달 수백 건씩 들어온다. 하지만 사용료 수입은 제로(0)다. 4년 전 캐릭터 출시 이후 '노 로열티' 정책을 고수하고 있기 때문이다. 왜 캐릭터 수입을 포기했느냐는 비난도 들었지만, 전체 수익은 오히려 늘었다. 사용료를 안 받았더니 전국에서 문의가 쏟아졌고, 그만큼 더 빨리 캐릭터를 알릴 수 있게 됐다.

대신 구마몬 캐릭터를 상품에 사용하려는 기업에는 조건을 제시한다. 구마몬 이름을 단 빵을 팔려면 구마모토산(産) 밀가루를 일정 비율 의무적으로 사용하게 하는 식이다. 가장 혜택을 본 건 역시 구마모토 현 농민들이었다. 지난해 구마몬 관련 상품 매출(1,007억 엔) 중 식품(835억 엔) 비율이 가장 높았다. 나루오 마사타카 브랜드 추진과 과장은 "구마몬 상품 매출이 늘어날수록 자연스럽게 구마모토 농가 소득도 올라 세수 증가 효과까지 보는 셈"이라며 "무료로 구마몬을 사용해 매출이 오른 기업 중에선 구마모토 현에 수백만 엔씩 기부하기도 한다."고 했다.

미국 빙엄 구리광산 및
파크시티 사례

　미국의 경우 지역의 특성화된 자원에 관광서비스, 마케팅 등의 요소를 결부시켜 향토지식산업으로 성장시킨 두 사례를 소개한다.

　지역 환경을 활용하여 성장시킨 사례로, 오래전에 지역의 산업현장으로 개발되어 현재까지도 지역의 특성화된 자원으로 이용되고 있는 구리광산을 관광명소화하여 지역의 특성을 활용한 지식유산산업으로 성장시킨 유타 주 솔트레이크의 빙엄(Bingham) 구리광산의 사례가 있다. 솔트레이크 시티에서 약 40km 정도 떨어진 거리에 위치한 세계 최대 노천 구리 채굴장으로 유명한 빙엄 구리광산은 1948년 처음 개설한 후 '구리 원료→구리 생산→광산 타운' 등의 마을을 형성하여 도시를 만들었으며, 기술 발전으로 생산이 증대되어 현재까지 계속 생산되는 대규모 광산으로 위치하고 있다. 빙엄 구리광산은 관광지로서 가치를 높이며 관광 비즈니스를 체계적으로 실시하고 있다. 솔트레이크 지역의 관광명소로서 명성이 높으며, 선물 상점에서는 구리로 만든 각종 기념품을 다양하게 판매하고 있다. 결국 빙엄은 관광지, 역사 전시장으로서의 개발을 통하여 지역산업의 성장을 촉진하고 있다.

마케팅 상품화를 통해 성장시킨 사례로, 지역의 오래된 역사와 유물을 마케팅 상품화하여 지역경제를 활성화시키는 파크시티(Park city)가 있다. 파크시티는 2002년 동계올림픽 개최지이며, 인디안 유물을 가진 역사도시의 특성을 지닌다. 따라서 인디언 삶의 터전이었던 유물과 유적을 관광상품화하고, 전통박물관을 운영하여 관광객을 유치하고 있다. 박물관 지하는 200년 전 감옥으로 쓰던 것을 그대로 보존하여 광광 코스화하고, 인디안 시대의 특징이 있는 자연적 원료(동물, 가죽, 깃털, 나무스키, 도구 등)를 잘 보존하고 구경거리를 만들고 있다. 마케팅 상품화를 통해 관광지로 거듭난 파크시티는 동계올림픽 시설을 관광상품화하여 올림픽 스타디움, 봅슬레이 경기장, 스키장, 스케이트장을 관광 주요 코스로 이용하고 있다.

상점들은 인디안 시대 특징을 살린 상품을 주로 전시하며, 동물의 깃털로 상징물을 만들어 의류나 잡화상품에 부착하기도 하고, 파크시티 로고를 상품에 새겨 넣어 상품의 특성을 강조하기도 한다. 기념품 가게는 각자 차별화된 상품과 디자인으로 고급화와 특성화를 추구한 상품을 전시 판매하고 있다. 상점 일부에서는 갤러리를 운영·전시하는 문화공간을 제공하고, 식당은 지역 전통과 지역 특색을 살린 식사 메뉴를 제공하고 있다. 또한 마을의 집 모양, 배치, 내부 장식에도 예술적 요소를 가미하여 식당, 기념품점, 갤러리 등 색다른 모습을 연출하고, 오래된 집이나 물건을 테마로 박물관식 형태의 매장들을 운영하면서 그곳에서는 인디언들이 오래전부터 사용해 온 물건들로 최근의 기념품에 이르기까지 다양하게 전시 판매를 하고 있다.

미국 캘리포니아 협동조합

미국의 썬키스트사는 오렌지, 레몬 등의 감귤류를 생과일이나 주스 같은 가공식품으로 만들어 미국 내는 물론 전 세계를 상대로 판매하는 식품업체다. 그러나 일반 기업체와는 달리 미국 캘리포니아 주와 애리조나 주의 6,500여 재배 농가로 구성된 협동조합을 모태로 하며, 그 역사는 100년이 넘는다. 오늘날은 매출액이 10억 달러를 넘고, 여러 가지 제품 생산 이외에 상표권까지 세계 각국에 판매하는 큰 조직체로 성장했지만, 그 시작은 결코 순탄치 않았다.

썬키스트의 출발점인 협동조합과 그 구성원인 농민들이 가진 고유 자산은 감귤이었다. 감귤은 기후가 따뜻한 지역 어디에서나 재배가 가능하며, 미국 내에서도 캘리포니아, 플로리다, 텍사스 등 여러 지역에서 생산되는, 그야말로 흔한 과일이다. 이렇듯 흔한 감귤을 가지고 일개 지역 조합이 어떻게 세계적으로 유명한 지식유산으로 성장시켰을까?

그것의 밑바탕은 생산자가 주체가 되어 움직이는 협동조합의 운영 체제와 철저한 품질 관리였으나, 그에 못지않게 중요한 원동력은 자기 지역의 고유 자산을 주변 상황에 적합하게 개발하려는 농민의 의지와 새로운 아이디어 바로 그것이었다.

뭉쳐야 산다

캘리포니아 협동조합의 역사는 19세기 후반으로 거슬러 올라간다. 그 무렵 캘리포니아에서는 감귤 재배 붐이 일고 있었다. 감귤, 특히 오렌지는 기온이 높고 일조량이 풍부한 곳에서 잘 자라는데, 캘리포니아도 그러한 자연 조건을 갖춘 곳 중의 하나였다. 그러나 좋은 재배 조건에서 생산된 좋은 품질의 상품이 정작 재배 농가에는 별다른 소득원이 되지 못했다. 무엇보다도 판매 여건이 아주 나빴기 때문이다. 오늘날에도 농산품이 풍작을 이루면 값이 폭락해 손해를 보고, 반대로 흉년이 들면 수입 자체가 없어져 재배 농가는 이래저래 재미를 못 보는 일이 흔히 생긴다. 당시 캘리포니아의 농민들도 이런 점에서는 다를 바가 없었다.

농민들은 거의 비슷한 시기에 각자 과일을 수확해서 개별적으로 시장에 내놓았다. 그때의 판매 시장은 그다지 큰 규모가 아니었다. 같은 도시에 한꺼번에 풀린 수많은 감귤이 제값을 못 받는 것은 당연한 일이었고, 수확하기 전에 구매 계약을 하는 중간 상인들도 정당한 가격을 치르려고 하지 않았다. 그리하여 풍작인 해에도 농가에는 별다른 수입이 되지 못했고, 중개인에게 거래 수수료 주기에도 빠듯한 상황이 되풀이되었다. 결국 1890년에 이르러, 그때까지 캘리포니아 전역을 휩쓸던 감귤 재배 열기는 가라앉기 시작한다.

소비자와 상인들은 감귤을 원했지만, 상인과 재배 농가를 연결해 주는 확실한 연결 고리가 없었기 때문이다. 그러나 가진 것이라고는 감귤밖에 없는 농민들로서는 결코 포기할 수 없는 일이었다. 너무나 당연히, 문제를 해결한 사람들은 재배 농민 자신들이었다. 협동 작업을 통해 살 길을 찾기로 한 것이다.

1893년, 100여 명의 농민들이 모여 "남캘리포니아 과일 거래소"라는 이름의 협동조합을 만든다. 자신들이 생산한 과일을 공동으로 가공 처리, 판매하기 위한 조직이었다. 조합은 자율적으로 과일의 등급을 매기고, 포장·운송·판매 등 모든 활동을 공동으로 하기 시작했다. 그리고 각 재배 농가는 각자가 생산한 과일의 양과 품질에 따라서 수익금을 배당받았다. 그들은 각자 따로 활동하는 것보다 공동으로 할 때 더 많은 수입이 생김을 금방 깨달았고, 조합에 가입하는 농민들도 점차 늘어나기 시작했다.

감귤의 부가가치를 높여라

풀뿌리에서 시작된 협동조합은 그 후 10여 년간에 걸쳐 성장을 거듭했고, 농민들은 새로운 시장 개척에 나선다. 여기에서 자신의 고유 자산을 더욱 값어치 있는 것으로 만들려는 '발상의 전환'이 빛을 발휘한다. 감귤 시장 확대를 위해 무작정 판매처를 늘리는 노력보다 더 중요한 일이 있음을 깨달은 것이다. 그것의 큰 줄거리는 감귤에 대한 소비자의 인식을 바꾸어 놓는 일이었다.

그때까지 감귤은 '있으면 좋지만 없어도 그만', 즉 가정에서 필수적으로 필요로 하는 물건은 아니었다. 감귤 농업이 안정적으로 발전하기 위해서는 소비자들로 하여금 감귤을 가정 필수품으로 여기게 하면서 동시에 신뢰감을 갖게 하는 일이 중요했다. 조합의 주인인 농민들은 여러 가지 아이디어를 냈다.

브랜드를 개발하다

요즘 우리나라에서도 감귤이 많이 생산되어 제철이 되면 과일 가게마다 수북이 쌓여 있는 모습을 볼 수 있다. 물론 미국에서의 캘리포니아와 우리나라에서의 남부지방은 지역적인 여건과 시장 상황이 매우 다르기는 하지만, 우리나라 상점에 나와 있는 감귤 중 브랜드를 알 수 있는 경우는 거의 없다. 소비자 입장에서는 그저 쌓여 있는 감귤일 뿐이다. 만일 브랜드가 붙어 있다면 어떤 느낌이 들까? 없을 때보다는 더 큰 신뢰감과 친근함을 느끼게 되지 않을까?

근래 들어 우리나라에서도 농작물에 브랜드를 붙이는 사례가 저마다 늘어나고 있는데, 소비자를 고려한다는 측면에서도 매우 바람직한 일로 생각된다. 1907년, 캘리포니아 협동조합은 당시로서는 아주 색다른 전략, 즉 자신들이 생산하는 감귤에 브랜드를 붙이려는 생각을 한다. 그런데 이름을 뭐라고 할 것인가? 쉽게 생각하면 우리가 '영광 굴비', '성주 수박' 하듯 '캘리포니아 감귤'이라는 브랜드가 가장 먼저 떠오른다. 그러나 그들은 전혀 다른 과정을 거쳐 브랜드를 개발한다.

감귤을 구입하는 소비자에게 가장 중요한 점은 바로 품질이다. 그래서 1907년부터 1908년에 걸쳐 조합은 미국 전 지역을 대상으로 캘리포니아 감귤의 우수성을 알리는 대대적인 광고 캠페인을 실시하고 있었다. 이 광고 캠페인은 캘리포니아 감귤이 태양 광선을 풍부하게 받으며 자랐고, 따라서 그 품질 또한 뛰어나다는 점을 강조했다. 여기에서 나온 말이 '태양의 입맞춤을 받은(Sun kissed)'이란 표현이다. Sun kissed를 소리나는 대로 옮겨 적으면 '썬키스트(Sunkist)'가 되는데, 조합은 자신들이 생산한 과일 중 최상품을 나타내는 브랜드로 이 말을 쓰기 시작했다.

최고 등급의 과일에 붙이던 '썬키스트'라는 브랜드는 점차 유명해졌고, 급기야 조합은 1908년에 이것을 캘리포니아 감귤을 나타내는 상표(Trade

썬키스트 제품들

Mark)로 채택하기에 이른다. 그 후 썬키스트는 과일의 상표로서뿐만 아니라 조합의 이름 자체로까지 발전하게 되었고, 1926년부터는 생과일 자체에도 상표를 인쇄하고 있다.

썬키스트가 미국에서 유명해진 중요한 배경 중의 하나는 철저한 품질 관리였다. 그러나 간과해서는 안 될 또 하나의 중요한 배경은, 과일에 독특한 이름의 상표를 붙인다는, 당시의 기준으로 보면 '획기적인 발상의 전환' 덕택이었다고 할 수 있다.

그로부터 소비자에게는 감귤이라고 다 같은 감귤이 아니었다. 생산자가 누구인지, 어디서 재배되었는지, 어느 정도의 품질을 가지고 있는지를 한눈에 알 수 있는, 그래서 신뢰감을 주는 것이 바로 상표가 있는 감귤이었다.

감귤은 몸에 좋다

비단 감귤뿐만 아니라 과일 자체가 몸에 좋다는 사실을 모르는 사람은 없다. 신선한 과일과 채소가 몸에 좋은 이유는 여러 가지가 있겠지만, 그 중의 하나는 동물의 성장과 생명 유지에 필수적인 역할을 하는 비타민,

특히 비타민 C가 많이 들어 있기 때문이다. 그래서 요즘도 과일, 채소와 그 가공식품의 광고에는 비타민 C의 효능을 알리는 내용이 거의 빠짐없이 들어가 있다. 이렇듯 오늘날에는 상식이 된, 과일과 비타민 X의 관계를 판매에 가장 먼저 활용한 사람은 누구였을까? 다름 아닌 캘리포니아 협동조합이었다.

비타민이 처음 발견된 것은 20세기에 들어와서의 일이다. 1912년 폴란드의 풍크가 비타민의 존재를 처음 알아낸 이후, 세계 여러 나라의 실험실에서는 이 신비한 물질에 대한 연구가 더욱 활발해졌다. 자연히 비타민에 대한 일반인의 관심도 점차 높아졌고, 비타민 C는 녹색 채소와 감귤 등의 과일에 많이 들어 있음도 알려졌다. 조합은 이 기회를 놓치지 않았다. 우선 비타민 C가 사람 몸에 반드시 필요한 것임을 광고를 통해 널리 홍보했다. 이어서 비타민 C는 오렌지, 레몬 같은 감귤류에 풍부하게 들어 있으니, 이것을 많이 먹어야 당신 건강에 좋다는 논리를 폈다.

물론 비타민 C가 캘리포니아 감귤에만 들어 있을 리는 만무하다. 다른 지역이나 다른 조합에서 생산된 감귤에도 비타민 C는 어김없이 들어 있다. 그러나 사람들의 심리란 어떤 것인가. 같은 값이면 다홍치마 아닌가. 자기 건강에 중요한 사실을 최초로 가르쳐 준 업체에 더 신뢰가 가는 것은 당연한 일이다.

레몬의 새로운 용도 개발

자기 고유의 자산이 식품인 경우에 이것의 부가가치를 높이는 방법에는 여러 가지가 있을 테지만, 그중의 하나는 상품의 새로운 용도를 개발하는 일이다. 얼마 전에 우리나라에서 유행한 바 있는 '오징어는 마요네즈에 찍어 먹으면 더 맛있다.'는 것도 같은 맥락의 이야기. 이 밖에 우리가 흔히 알고 있고, 실제로 그렇게 하는 습관 중의 하나가 '생선 요리에 레몬즙 뿌리기'다. 웬만한 음식점에서는 생선과 함께 레몬 조각이 따라 나오고, 심지어는 가정에서도 생선에 레몬을 곁들여 냄으로써 격을 갖춘 것으로 생각하는 경우가 많다.

레몬의 소비량에 큰 영향을 미치는 이러한 관습은 도대체 어디서 시작되었을까? 마찬가지로 캘리포니아 협동조합의 마케팅이었다. 물론 생선에 레몬즙을 뿌리면 실제로 맛이 더 좋아지는지의 여부는 각 개인의 취향일 수 있다. 레몬이 있어도 생선에 즙을 뿌리지 않는 사람도 많을 것이다. 다만 한 가지 분명한 일은, 이역만리 한국에 사는 사람들도 알고 있는 '생선에 레몬즙 뿌리기'가 전 세계적으로 일반화하였다고 볼 때, 그로 인한 소비량은 결코 만만치 않다는 사실이다.

이와 비슷한 그들의 전략은 또 있다. 우리나라에는 서양에 비해 홍차가 널리 보급되어 있지 않기 때문에 피부에 와 닿는 정도는 덜 하지만, "레몬이 들어가지 않은 홍차는 홍차가 아니다."라는 그들의 판촉 캠페인이 세계적으로 퍼진 것이나 각종 음료수 잔에 레몬 조각으로 장식하는 일 따위 등도 레몬이라는 고유 자산의 소비를 촉진시키려는 캘리포니아 협동조합의 판촉 전략의 하나였다.

오렌지를 마신다

예나 지금이나 소의 뼈를 고아서 만든 사골국은 우리의 전통 음식의 하나다. 그런데 미국 사람들은 이 뼈 자체만으로도 음식이 된다는 사실을 잘 몰랐다. 그래서 사골국의 재료가 되는 쇠뼈는 대부분 그대로 버려지고 있었다. 이 덕을 본 것이 가난한 시절 미국에 가 있던 우리 유학생들이었다. 미국인들이 안 먹는 뼈를 받아다 잘 고은 사골국은 넉넉지 않은 유학생들의 훌륭한 영양 공급원이었다. 그런데 이 사실이 알려지면서 영악한 미국인 업자의 생각이 바뀌었다. 거저 주던 사골을 적당히 자르고 잘 포장한 다음, 돈을 받고 팔기 시작한 것이다. 미국인 업자 입장에서는 상품 가치도 없고 처리에 신경만 쓰이던 물건이 새로운 돈벌이 수단이 된 셈이다.

과일 가공식품에도 이와 비슷한 출발점을 가진 상품이 있다. 과일 주스가 바로 그것이다. 과일을 재배하다 보면, 일정한 크기에 못 미치거나 약간 흠집이 있어 그 자체로는 판매하기 어려운 과일이 나오게 마련이다. 생과일로는 상품 가치가 없지만, 영양소 면에서는 차이가 없어 버릴 수는 없다. 또 하나, 생산 과잉이 되거나 생과일 소비가 줄 때에도 그 처리가 문제가 된다. 그래서 시작된 것이 과일 주스 산업이었다.

물론 과일즙을 짜서 먹는 일은 아주 오래전부터 있었다. 그러나 과일 즙은 오래 두면 술이나 식초가 되고, 끓여서 살균하면 신선미가 떨어지거나 비타민 C가 파괴된다. 이러한 기술적 문제로 과일주스 산업이 발전하지 못하다가 제1차 세계대전 무렵에 미국에서 해결책이 나오는데, 그 시작이 바로 오렌지 주스였다.

캘리포니아 협동조합의 마케팅에서 돋보이는 것은 기술적인 문제라기보다는 자신의 고유 자산에 신기술을 더해 나온 제품을 어떻게 홍보하였는가라는 점이다. '생과일로는 팔기 어려워 오렌지 주스를 만들었다.'가 아니라 '오렌지는 이렇게 먹는 것이 신식(新式)이다.'라는 새로운 상품 이용 패턴의 제안이었다.

캘리포니아 협동조합은 이른바 "나는 오렌지를 마신다."라는 판촉 캠페인을 시작한다. 그때까지 오렌지는 날것으로 먹는 과일이었다. 그러나 이 캠페인 이후, 오렌지는 생과일로 먹어도 좋지만 주스라는 새로운 형태로 그 맛과 영양을 즐길 수 있다는 그들의 주장을 소비자가 받아들였고, 조합의 농민들에게는 질이 떨어지는 오렌지가 새로운 소득원이 되었다. 아마도 이 무렵의 미국 소비자들은 오렌지를 날것인 채로 먹는 것보다 주스로 먹는 것을 더 세련된 사람들의 행태라고 생각했을 테고, 조합의 캠페인은 이 점을 노린 것이었다.

어려움을 이기려면 지혜를 모아야

캘리포니아 협동조합의 성공이 이제까지 보았던 몇 가지 아이디어, 또는 판촉 캠페인만으로 이루어진 것은 아니었다. 대부분 가족농업 형태인 6,500여 재배 농가가 협동조합이라는 조직체를 이루어 최대한의 힘을 발휘하도록 하는 운영 체제, 그리고 품질 관리를 위한 노력이 성공의 바탕을 이루었다. 그러나 감귤이라는 별로 특별한 것도 없는 고유 자산이 좀 더 부가가치 높은 상품으로 바뀐 데에는, 협동조합에 속한 농민들의 '우리 것'에 대한 사랑과 끊임없는 연구, 그리고 남다른 아이디어의 창출이 큰 역할을 했음도 틀림없는 사실이다.

미국 캘리포니아의 감귤 농업과 우리나라의 과일 농업은 생산량·시장 규모 등 여러 면에서 큰 차이가 있고, 주변 상황도 판이하게 다르다. 그들이 100여 년 전에 협동조합을 만들었거나 판촉 면에서 새로운 아이디어를 낸 것이 요즈음의 기준으로 보면 대단한 것이 아니라고 생각할 수도 있다. 그러나 어느 시대, 어느 곳을 막론하고 주변 상황은 당사자에게는 항상 어렵게 다가온다. 즉, 남이 완성해 놓은 일은 쉬워 보이지만, 자신 앞에 펼쳐진 상황은 어려워 보이는 것이 인지상정이다.

캘리포니아 협동조합이 자신의 고유 자산을 주변 환경 변화에 맞춰 한층 더 발전시켰듯이, 우리는 우리의 현재 상황에 맞게 향토지식재산을 개발해야 한다.

네덜란드 협동조합형
코노치즈 제조회사

    네덜란드 코노치즈 제조회사(CONO Kaasmakers)는 510개 농장이 모여 만든 협동조합 형식의 기업으로, Flevoland, Friesland, Drenthe 지역의 500여 명의 생산자가 코노치즈에 신선한 우유를 제공하고 있고, 베스트빔스터(Westbeemster)에 있는 제조공장에는 현재 150여 명이 근무하고 있다.

    코노치즈는 생산자 조합원이 출자한 회사에 맞는 운영체제를 갖고 있는데, 협동조합은 회원 자격을 갖고 있는 생산자들을 중심으로 운영되며, 회원 규모를 더 이상 확대하지 않고 있다.

    조합원들은 전문 CEO를 선출해 경영을 맡기고 있지만, 총회에서 조합의 운영 방향과 전략을 결정하고 있다. 전문 CEO를 선출하기 전에는 회원들 중 조합의 전체 경영을 책임지는 회원을 지명하여 경영하는 체계를 선택했으나 조합의 규모가 커지면서 전문 CEO 체계로 전환한 것이다.

    코노치즈는 네덜란드 최고의 전통 치즈 제조사로 불리고 있으나, 시설은 최신식이다. 이 회사가 최고의 전통치즈제조회사로 불리는 이유는 수

작업과 장인정신을 통한 제품 차별화로, 고유의 고급 브랜드를 유지하고 있다. 즉, 시설은 초현대식이라도 가장 중요한 공정 하나만 전통적인 방식이면 전통 식품으로 인정하는 국민들의 인식이 중요한 측면이다.

코노치즈 회사의 대표 브랜드 '빔스터'

코노치즈회사의 브랜드인 '빔스터치즈'는 수제치즈로서 26주 동안 숙성하면서 치즈를 매주 돌려가면서 닦는 과정을 반복함으로써 표면을 매끄럽게 하고 맛을 균등하게 유지시키고 있다.

빔스터치즈는 1901년부터 장인들에 의해 생산되기 시작했으며, 네덜란드 수제 치즈 중에서도 높은 가격으로 판매되고 있다. 코노치즈는 통단위로 치즈를 만들고 수작업으로 생산된다는 점에서 유일하며, 벨기에는 물론 독일에서도 판매량이 상승 곡선을 그리고 있다고 한다.

코노치즈에서는 모두 여섯 종류의 치즈가 생산되고 있다. 숙성 기간에 따라 단기숙성 치즈와 장기숙성 치즈로 구분하는데, 18개월 숙성한 치즈와 26개월 숙성한 치즈가 가장 기본적이다. 여기에 저지방 치즈와 단 5개월만 숙성해 신선하면서 달콤한 맛을 내는 블라스카스치즈도 생산한다. 코노치즈는 또한 일본 시장을 겨냥해 와사비를 넣은 치즈를 생산하는 등 판매 대상 국가의 문화적 속성과 국민들의 입맛을 파악하여 선제 대응할 수 있는 생산·판매 전략을 구사하고 있다.

6~7월에는 미니 치즈 생산라인이 바쁘게 움직인다. 네덜란드에는 유

코노 본사 내부에 있는 치즈 매장

제품에 대한 믿음이 강하기 때문에 어릴 때부터 뼈 강화를 위해서 치즈
섭취를 권유하고 있다. 코노치즈는 이를 겨냥해 개학 전에 미니치즈 제
품을 출시해 판매량을 늘리고 있다.

이탈리아—The Third Italy

이탈리아 향토지식산업의 성장 요인

이탈리아 패션 관련 산업은 대부분 오랜 전통과 지역성을 바탕으로 한 대표적인 향토지식산업으로, 기술과 상품성 등의 요소를 가미하여 주요 산업으로 성장하였다. 섬유·의복, 구두·피혁, 가구·목공, 식품 가공, 도자기, 자수, 유리세공, 악기 등의 패션 관련 산업이 주요 산업으로 부각되고 있으며, 이들 산업은 지역성과 전통성의 기초 하에 기술성과 상품성이 결합된 전형적인 향토지식산업의 특성을 유지하고 있다. 이탈리아의 향토지식산업은 장인적 생산방식과 가족 경영의 성격을 유지하면서 성장하였다. 지역자원의 이용과 전문화된 생산방식을 유지하면서 집적화, 네트워크화 등을 통하여 경쟁력을 확보하였다.

모직물의 프라토 지역, 섬유·의류의 까르피 지역, 피혁의 토스카나 지역, 장식품의 아렛쪼 지역, 밀라노 근교 메다·칸토의 가구 등 제3 이탈리아 경제의 새로운 대안으로 유연하면서도 전문화된 형태의 장인적 향토지식기업들이 이탈리아 경제의 새로운 대안으로 급속하게 부상하고 있다.

소프트 기술의 획득 및 우수한 디자인

경제의 글로벌화로 인해 기업의 다국적화가 진행됨에 따라 지금까지 경쟁력의 원천이었던 자원의 부존자원이나 노동 코스트와 같은 생산 요소가 아니라 소프트한 기술, 즉 디자인, 유연한 경영관리기법, 마케팅 전략, 소비자에 대한 접근성, 시장 동향에 대한 신속한 반응 등이 경쟁력의 원천이 되고 있다. 서유럽 각지에서 주요 생산 시스템이었으나 19세기에 대량생산기술의 등장으로 밀려난 소프트기술 중시의 유연한 생산기술(크라프트 시스템)이 소비자 수요의 고급화, 산업구조의 고도화에 따라 최근에 주목을 받고 있다. 최근의 생산이나 소비는 점점 디자인이나 색채의 선택 등의 소프트한 기술이나 소비자 서비스를 가능하게 하는 무형자산에 의존하고 있으며, 이러한 기술을 보유하는 것은 지역의 오랜 전통에 근거한 기업이 오히려 강점을 가지는 분야로 나타나고 있다. 이탈리아는 역사적·문화적으로 계승되고 있는 소프트인프라(예술적 감각을 키우는 미술관, 박물관, 역사적 건물 등)와 연계시켜 패션 관련 산업에서 중요한 소프트기술을 확보하는 데 성공하였다.

교육 시스템, 국민성 등의 특수 요인이 인적 자원의 질적 형성, 숙련 및 기능, 디자인 감각이나 색채감각 등에 영향을 미쳐 최종적으로 어느 특정 산업 또는 국민경제의 경쟁 우위에 영향을 미친다. 이탈리아의 특수 요인이 산업에 영향력을 미치는 것은 디자인으로, 특수한 생산 요소로부터 창조되는 산물로 대부분의 제조품은 기술과 디자인을 분리할 수 없는 상관관계를 가지며 일체화되어 있다. 이탈리아의 소비자는 패션의 변화에 민감하며 품질, 형태, 취미, 브랜드를 중시한다. 이탈리아 제품이 디자인성이 뛰어나고 세계적인 경쟁 우위를 갖는 것은 오랜 역사 속에 배양되어 온 문화나 풍토, 자질이 작용하고 있기 때문이라고 할 수 있다.

향토지식기업들의 집적과 네트워크

이탈리아의 패션 관련 산업은 주로 중·북부에 흩어져 산업별로 집적되어 있으며, 상호 네트워크를 형성하고 있다. 향토지식기업들의 지역별 조직화로 각 지역의 문화적 인프라, 전문 인력들을 최대한으로 활용하면서 향토지식산업의 약점을 극복하고, 강점을 최대한으로 발휘함으로써 경쟁력을 확보하고 있는데, 이것이 이탈리아 향토지식산업 발전의 최대 비결이다.

생산 공동체의 강점을 보유하기 위하여 조직화를 통해 경영자원을 보완하고 충실화를 기할 수 있으며, 경영자원을 상호 보완함으로써 각각 사업의 전문화가 가능해진다. 그리고 지역 전체로는 종합적인 생산체제를 정비할 수 있다. 향토지식산업은 대기업에 비해 일반적으로 임금·기업 인지도·이미지가 낮으며, 인적 자원을 확보하는 것도 불리하다. 그러나 생산 공동체를 형성하면 지역에 활기가 차고 인적 자원의 타 기업 유출을 방지할 수가 있다. 공동체 내에서의 이동은 공동체의 경쟁력을 감소시키지 않고, 기능이나 지식의 축적이 가능해진다. 또한 기업 간의 교류를 용이하게 하여 관성을 타파하고 조직학습을 왕성하게 하여 새로운 지식 창조의 통합된 사회 시스템으로서 기능을 한다.

공동 홍보, 공동 구입, 공동 연구 등을 실시할 수 있어 규모 경제의 실현이 가능하며 코스트 삭감이 가능해진다. 따라서 향토지식산업의 강점인 활력, 유연성, 기업가 정신을 살리면서 기술, 마케팅, 회계 및 관리기술을 그룹 형성하여 획득할 수 있고, 정보를 쉽게 접할 수 있다.

향토지식산업은 가족 경영으로 인한 개인주의와 개성적인 성격을 갖지만 조직집단 전체는 상호 궤도를 수정하면서 집단으로서 방향성을 가지고 있는데, 이는 기업 간에 정보가 전달되고 공유되기 때문이다. 따라서 유행이나 트렌드, 잘 팔리고 있는 상품이나 고객이 많이 들어가는 점포의 정보가 자연스럽게 입수되고, 비공식적인 네트워크를 통해 아이디어나 개념의 창조가 촉진되어 창조적인 제품이 개발되기 쉽다.

리더 기업의 출현에 따른 국제화

국제경쟁력을 보유한 1사 또는 복수의 리더가 존재하여 공동체를 선도해 나가며, 리더 기업 종래의 기업 형태에서 탈피하여 기업 내부에 충분한 제품제조 능력을 보유하며 마케팅 전략을 강화하여 국제시장에서 성공하는 경우가 많다. 국제적인 시장 개척에 성공한 이들 기업들이 중심 기관으로서 네트워크 기업들에게 발주하게 되면 직접적인 거래 관계를 통해서 네트워크 전체를 국제시장과 연결시켜 경쟁력을 강화하였다.

지역혁신체제의 구축

향토지식산업을 종합적으로 지원하기 위하여 지역개발기구, 실질 서비스센터 등을 중심으로 한 혁신체제를 구축하여 실질적인 지원 서비스를 제공한다. 대표적으로 에밀리아로마냐 지역의 ERVET 시스템은 지역혁신체제의 중추적 매개 조직이자 기업지원 서비스 조직으로 발전하였다. 에밀리아로마냐 지역은 섬유, 의류, 신발 등 지역에 뿌리를 둔 업종을 중심으로 국제경쟁력을 갖춘 산업 구조를 구축하였는데, 여기에 지역개발기구 시스템의 역할이 크게 작용하였다. 지역개발기구의 주된 기능은 지방정부를 대신해 정책의 개발과 실행이며, 동시에 기업들의 성장과 혁신을 실질적으로 지원하는 서비스센터의 설립 및 운영이라고 할 수 있다.

생산 공동체 간의 네트워크 형성

개별 생산 공동체 간의 연계를 통해 개별 생산공 동체가 갖고 있지 않는 특수 생산요소나 부족 생산요소를 상호 보완하여 완성도가 높은 제품을 생산하여 국제경쟁력을 제고하고 있다.

이탈리아의 향토지식산업 진흥정책

국가 브랜드 'Made in Italy' 전략

섬유 · 복식 산업 분야의 대표적 사례로는 이탈리아의 국가 브랜드 'Made in Italy' 전략이 있다. 이탈리아는 1960년 로마 올림픽을 적극 활용하여 자신들만의 고유한 장점을 담은 디자인과 패션, 피혁 제품, 가공식품 등 자국의 향토지식산업을 전 세계에 알리는 행사를 개최하였다. 창조적이고 우수한 디자인을 바탕으로 실용적이고 독창적인 제품들을 올림픽 기간 중에 적극 홍보함으로써 이후 해외시장에서 이탈리아 산업제품은 'Made in Italy'로 지칭되며 널리 알려지기 시작하였다. 이탈리아는 섬유 · 복식 산업을 중심으로 하는 국가 브랜드 전략을 전체 산업으로 확장함으로써 국가적 정체성과 이탈리아적 감성을 통한 자국 산업의 세계화를 성공적으로 수행하였다.

향토지식산업 클러스터 전략

이탈리아는 EU 국가 중 대표적인 향토지식재산을 통한 공산품 생산국으로, 공예 품목으로는 목공예가 압도적이다. 이탈리아 북부지역은 높은 경제적 수준으로 브랜드에 민감하나, 반면 남부는 가격에 민감한 편으로, 지리 · 환경 · 문화적 요인의 차이로 향토지식산업 클러스터의 성격과 유형의 차이를 보이며 원재료와 도시 성격의 따른 지역별 특성화가 두드러짐을 알 수 있다.

이탈리아는 디자인과 트렌드 리더라는 경쟁력 요소를 갖추고, 이를 기반으로 장인(Maestro) 중심의 공방이 발달되어 있으며, 수평적 협력 관계에 기초한 공예산업 전통이 특징적이다. 최근에 외국으로부터 저가 공예품의 유입으로 자국 제품의 경쟁력이 약화됨에 따라 동구권으로부터의 아웃소싱이 성행하며, 경쟁력 강화를 위한 분업 체계가 구축되었다.

이탈리아 토스카나 공예진흥기관은 1987년 예술정부기관에서 공예진흥을 목적으로 설립되었으며, 현재 다양한 방법으로 토스카나 지역 2만 4,000개의 공예산업체 9만 4,000명의 작가를 지원하고 있는데, 기관의 역사가 오래된 만큼 외국 바이어와의 네트워크가 견고하며, 이를 활용하여 외국의 바이어와 해당 지역 공예 작가들의 만남을 주선하는 활동을 하고 있다. 전통 수공예 관련 기술개발 등 R&D를 추진하고, 교육 프로그램을 운영하는 등 체계적으로 향토지식산업을 관리하고 있다.

이탈리아 토스카나 공예진흥기관의 사업 범위

사업명	사업 내용	가치 사슬
수공예 사업 구축 및 관리	- 수공예 분야의 R&D를 관장함. - 수공예품 등 산업 전반의 관리 및 구축	- 디자인 - 시제품
산학·바이어 연계 공예품 제작·판매 시스템 구축	- 해외 바이어와의 네트워크 형성 - 시제품 생산·제작기업 연계	- 생산 - 제작
박람회 개최 및 직영 판매 체계 구축	- 이탈리아 뮤지엄 내 직영 브랜드 매장 운영 - 고정 바이어를 통한 고가 공예품 지속 판매 지원	- 유통·판매 - 장비 시설 지원

이탈리아는 자체 브랜드를 관리하여 이탈리아 뮤지엄과 기관들의 박람회와 연계한 직영 매장 판매수익으로 토스카나 공예 업체와 작가를 지원하는 데 이용하고 있다. 이탈리아의 향토유리산업과 관련하여 뮤라노 향토유리인증기관은 1994년 뮤라노 지역의 인증법에 의거하여 뮤라노 향토유리제품에 인증마크를 부여·관리하는 기관으로, 베네치아 시에서 인가를 받고 뮤라노 향토유리제품에 인증제도를 도입하여 제품에 대한 신뢰를 높이고, 타 국가를 대상으로 홍보 활동에 주력하여 국제적으로 뮤라노 향토유리제품에 대한 인지도를 높이고자 하고 있다. 오프라인상의 인증마크제도 이외에 온라인상에서도 뮤라노 향토유리제품을 구입한 소비자가 구매품에 대해 해당 인증에 부여된 번호를 통해 진품 여부를 확인할 수 있게 된다.

이탈리아는 제3 이탈리아(The Third Italy) 향토지식산업 클러스터를 설립하였다. 클러스터는 이탈리아 북동부의 베네치아에서 중앙 지역의 볼로냐와 피렌체를 거쳐 남부의 안코나에 이르는 광범위한 지역으로, 1,650개의 소규모 기업이 평균 종업원 15명으로 연 10억 달러 이상의 매출을 올리는 농촌지역이다. 향토지식산업의 특성상 소기업 중심의 전통 소비산업과 연계하여 생산체계를 기반으로 형성된 지역산업지구로서 수공면직, 타일, 면직물, 농기구, 식탁용 식기와 악기 등 수제품 위주의 생활용품 및 수제 기계 등을 생산하는 가내수공업 및 소기업을 포함하고 있다. 대기업처럼 규모의 이익을 추구하기보다는, 소규모 가족회사로서 주관·직관력·감성적 감각이 지배하여 생산성을 높이는 체계를 갖추고 있다. 정책적 지원 측면을 살펴보면 클러스터 안에서도 지역별로 특화된 산업을 가지고 있고 중소기업 간의 네트워크와 분업이 잘 발달되어 있으며, 주정부 및 자치단체의 지원이 원활하게 이루어지고 있는데, 이러한 특징이 역사적으로 형성되어 지역 내에서 사회와 기업이 공존하는 것을

'산업지구(Industrial Distric)'라고 명명하고 있다.

특히 볼로냐는 '제3 이탈리아(The Emilian Model)'라는 지역경제 성공 모델 창출을 주도한 곳으로, 지역경제 성공의 전형으로 부각되어 수많은 연구자나 활동가들의 관심을 끌었다. 1960년대 중반부터 테일러주의와 포드주의에 기반을 둔 대량생산 대량소비 체제에 대한 소비자들의 회의가 일어나고 시장에 반영되면서 기술적 경험이 축적되어 있는 소규모 회사들이 가지고 있는 유연 생산체계는 변화된 사정에 발 빠르게 대응할 수 있게 되었다. 중세부터 기술력을 가지고 있는 소규모 생산자들의 협동조합이 발달되어 있는 이 지역의 기업들은 이탈리아 다른 지역과 달리 유연한 '분업과 협업체제'를 운영하면서 경제적으로 성공하였다. 작은 기업들

이탈리아 향토지식산업 클러스터를 통해 생산된 가구

은 시장에서 겪는 다양한 어려움을 해결하기 위해 협동조합에 기반을 둔 네트워크를 구성하고 대기업에 대해 납품가 협상·회계·교육·생산조정·마케팅·파이낸싱 분야 등에 대한 지원을 하고 있다. 그리고 이러한 큰 기업과 전문적인 영역에서 활동하는 작은 기업들은 이와 같은 하나의 생산과정 안에서 협정을 맺고 상호 협조를 하고 있다. 독특한 점은 볼로냐를 중심으로 한 에뮐리아로마냐 지역 경제에서 협동조합이 차지하는 위치이다.

이러한 이탈리아 전통 지식산업의 시사점은 성공 요인으로 효율적인 분업 및 협업체제, 지역적 밀집에 따른 외부 효과, 전문 인력 양성 및 인력 풀의 적극적인 활용과 수요에 대응하는 유연성과 능력을 꼽을 수 있다.

독일—Hidden Champion

히든 챔피언

1992년 하버드 비즈니스 리뷰(Harvard Business Review)에서 헤르만 지몬이 처음으로 "히든 챔피언(hidden champion)"이라는 용어를 사용한 이후, 이 용어는 세계 선도 중소기업을 나타내는 고유명사로써 전 세계적으로 사용되게 되었다. 독일 제조업계의 히든 챔피언은 '중간 기업(Mittelstand)'이다. 독일 제조기업은 글로벌 51개 산업 중 13개 부문에서 3위 이내에 포함되며, 약 1,500개의 글로벌 리딩 독일기업(히든 챔피언) 중 1,350개 기업이 중간 기업이다. 독일의 중간 기업은 금융위기 속에서도 안정적이고 양호한 성장을 지속하고 있다.

정부의 제조업 지원 정책과
기업의 국제 분업화 및 R&D 투자

서비스업 부문에 우수한 인재가 대거 몰리는 영미권 국가들과는 달리

적극적인 제조업 육성 정책 및 투자로 인해 제조업 분야로 우수한 인력이 지속적으로 유입되고 있다. 여타 선진국 대비 제조업의 기반이 되는 금속·기계류 관련 투자를 지속적으로 확대하였고, 또한 제조업–서비스업 간 임금 격차도 크게 벌어지지 않았다. 독일 기업들은 고품질의 값싼 노동력을 제공하는 동유럽국가 등에 배후 생산 기지를 구축(off-shoring)함으로써 국제 분업을 통해 품질과 가격의 경쟁력을 유지하고, R&D 투자 확대로 경쟁력을 제고하였다.

직업훈련제도로 필요 전문 인력이 꾸준히 공급되는 구조

독일의 교육은 철저히 직업과 연계되고 과학과 기술을 중시하는 방향으로 학교가 설립, 교육과정이 운영되고 있다. 일주일에 1~2일은 학교에서 이론교육을 받고, 나머지 3~4일은 사업체에서 실습교육을 받는 독특한 이원적 직업훈련제도를 보유하면서, 고등학교 학생의 60% 정도가 344개의 다양한 훈련 직종에서 이원적 직업훈련을 받고, 졸업 후 58% 정도가 바로 취업된다. '쾰른경영연구소'에 따르면 이러한 시스템은 학교에서 직장으로의 전환 비용을 감소시키고 청년 실업률을 평균 5%p 낮추는 효과가 있고 한다. 또한 마이스터(장인)제도는 독일 기업의 전문성을 높이고 직업의식을 고양시킨다. 이원화 시스템하에서 졸업한 학생이 마이스터 과정을 이수한 후 시험에 합격하면 마이스터가 된다. 마이스터는 스스로 창업할 수 있을 뿐만 아니라 생산 현장의 총 책임자로서 회사의 경영진도 마이스터의 결정을 존중한다.

산학 협력을 통해
대학·연구기관이 창출한 기술과 지식을 이전

독일의 산학 협력은 주로 대학이 기술공원(Technological park)을 설립하고, 교수들이 이에 기반을 둘 다양한 회사(Spin-off)를 설립하는 방식이다. 대학·전문대학·공공연구기관·행정전문대학들이 독자적으로 기술 및 지식이전센터를 운용한다. 이와는 별도로 교수나 연구자가 직접 회사를 설립·운영하여 직접적으로 기술개발 및 이전을 하는 Spin-off가 있다. 정부 주도가 아닌 산학 협력에 참여하는 주체들이 각자의 상황과 역량에 따라 상호 경쟁하는 환경 속에서 자율적으로 추진되며, 철저한 경쟁 원리를 도입하여 대학이나 공공 연구기관들이 산업체의 R&D 자금을 얻기 위해 연구 역량을 강화하고, 이에 따라 산학 협력이 활성화되는 선순환 구조가 형성된다.

금융산업도 제조업을 지원하는 차별화된 역할 수행

독일 금융산업은 단기 성과주의를 배제하고 장기적인 사업성과를 목표로 하는 제조업 발전을 뒷받침한다. 영미의 기업들이 자본시장에서 자본을 직접 조달하는 반면, 독일의 기업들은 대부분 은행을 통해 장기적인 이해관계를 형성하고, 투자와 사업을 추진한다. 또한 제조업 전문화·세계화 추세에 따른 독일 기업의 대외투자 확대는 금융시장의 안정성 확보에도 기여하고 있다.

제조업의 서비스화 촉진을 위한 정책적 배려

독일 정부는 1990년대 중반부터 서비스 R&D 정책을 도입했고, 2006년부터는 정착 단계에 들어서 제품과 서비스 융합 R&D 사업에 투자를 지속하고 있다. 연방연구기술부(BMFT)를 중심으로 1995년부터 서비스 R&D 프로그램(Service for the 21st Century)의 추진 기반을 조성하고, 1998년부터 지원을 본격 확대함으로써 산학연의 참여를 촉구하였다. 2006년부터는 서비스 산업의 질적 경쟁력을 제고하면서 제품과 서비스 융합을 확대하고 서비스 수출 및 세계화를 집중적으로 지원하고 있다.

라인 자본주의(Rhine Capitalism)의 확립

라인 자본주의는 2차대전 이후 독일의 재건 과정에서 독일 고유의 자본주의 흐름에 미국식 정책이 조화를 이루어 새롭게 탄생하게 되었다. 독일 정부의 개입이 약화되고 카르텔의 폐해를 줄이기 위해 미국적인 경쟁정책이 도입되면서 새로운 자본주의가 정착하게 된다. 은행들은 산업자본 제공에 직접 참여하여 안정적인 자본 조달이 이루어지고 안정된 노사관계가 뒷받침되면서 제조업 중심의 장기 성장이 가능하게 된다.

독일의 향토지식산업 진흥정책
―향토지식산업 클러스터

독일 향토지식산업의 특색은 업체가 대형화 및 국제화됨에 따라 지역별 수공업 소규모 공방은 오히려 감소하는 추세를 보이고 있다. 품목으로는 도자·금속공예·목공예·전통 주방용품이 주류를 이루고 있으며, 주요 유통 경로는 전문 소매상·백화점과 같은 대형 유통점, 도매상, 가구상점 등의 판매점과 통신판매로 구성된다. 독일의 향토지식산업시장의 특성은 중간 가격대가 없고, 고가와 저가로 양극화된 시장으로 이루어져 있는 것이다. 독일은 전통적으로 향토지식재산을 활용한 중소기업이 강국인 국가이므로 정부 차원의 진흥정책은 없고, 지자체별로 다른 관련 정책기관이 없기 때문에 중앙수공예협회가 공예 관련 작가와 업체를 지원하는 기능을 대행하고 있다.

오버아머가우는 독일 바이에른 주 남부 알프스 산자락에 위치한 작은 마을로, 지리적으로 알프스 산으로 가는 통로에 있는 해발 840m의 고지 대에 위치하는 입지적 특성으로, 역사적으로 오랫동안 중요한 군사적인 교통 요지이며, 관광지로도 유명하다. 오버아머가우의 계절, 지리적 특 징 및 전통적인 요인이 오늘날 목공예 산업 클러스터 형성에 밑거름이 되 었다. 오버아머가우는 목기장난감, 도구, 목각 작품 등 목공예 중심의 목 기마을을 형성하고 있는데, 목기를 제작하는 작가들과 거리의 목기상점, 목기학교, 박물관 등이 조화를 이루어 목기를 제작 및 판매하는 데 중요

독일 장인의 국내 시연 장면

한 요지 역할 담당하고 있다.

주정부 차원에서 오버아머가우 목공예산업에 대한 지원은 세금 공제, 노동 관련 혜택, 생산과 유통·판매 연계 지원 등을 들 수 있다. 또한 클러스터(전문제조단지) 구성과 보호정책을 펴고 있다. 그 지역 고유의 성극(聖劇)인 〈Passion Play〉가 마을의 결속을 강화할 뿐 아니라 수입에도 크게 기여하여 관광 효과를 누리고 있다. 향토지식산업을 클러스터화하여 전문성을 축적해 왔으며, 역사·패션 플레이·관광 등이 향토지식생산품의 유통 판매에 유리한 연결 통로로 활용되고 있다.

영국—Hidden Art

영국의 향토지식산업의 하나인 공예산업의 범위는 디자인 분야의 응용 및 접목 등 포괄적 창조활동까지 포함하는 넓은 의미이다. 영국 공예청(Craft Council) 중심으로 향토지식산업 중 공예산업을 지원하며, 특히 전반적인 미술공예 부흥운동으로 제작 및 판매가 촉진되어 왔다. 향토지식산업의 주요 품목으로는 도자 및 전통섬유가 가장 강세이며, 귀금속공예·목공예·금속공예·전통 가구도 핵심으로 자리 잡아 가고 있다. 공예시장에서의 상품 매매는 주로 주문 판매, 박람회 및 전시회, 직접 판매 등을 포함하여 다양한 경로를 통해 이루어지고 있다. 특히 연간 4,000개 이상의 공예품 박람회 및 전시회가 유통 시장을 확대시키는 중요한 역할을 수행하고 있다.

공예 인구의 증가, 관광과의 시너지 효과, 정부기관의 끊임없는 지원 등으로 공예시장이 평균 5% 내외로 꾸준히 성장 하고 있다. 영국 Craft Council은 공예 개발, 전시·컬렉션, 교육, 판매사업 등 공예산업 관련자를 육성·지원하는 형태의 사업 프로그램을 기획·관리하고 지원하는 역할을 수행하고, 공식적으로 영국 정부의 재정적 지원을 받아 공예산업을 지원하고 있다. 공예품 제작자, 판매자, 전시자 그리고 각 분야의 공예 전문가들을 위한 정보와 컨설팅을 제공, 전문적인 전시회나 박람회를 조직하여 이를 통해 공예 종사자들이 매출을 증진시킬 수 있도록 하고, 공예 종사자에게 유통 기회를 제공하는 비영리재단인 'Hidden Art'를 설립하여 영세한 공예 종사자들에게 수익의 기회를 제공하고 있다. 또한 Hidden Art는 전통적 공예기술에 신기술을 융합·접목하여 새로운 공예기술이 탄생할 수 있도록 지원하고 있다.

영국 Hidden Art의 지원 분야

사업명	사업 내용	가치 사슬
국내외 공예품 시장 유통 기회 제공	− 디자이너에게 작품을 팔 수 있는 플랫폼을 제공 − 잠재 공급자, 제작자, 서비스 제공자 등의 지역별 리스트화 및 접촉 지원	− 창작·기획 마케팅 − 유통·판매
공예 관련 네트워크 연결 및 정보 서비스 제공	− 연간 포럼 개최 − 산업 유관자 등의 지역별 리스트 화 및 접촉 지원	− 교육 − 마케팅
디자인 커미션 관리 및 디자인 역량 제공	− 핸드메이드 아이템 분야의 디자인 판매, 디자인의 트렌드 및 콘셉트 관리, 제작자 서칭 등의 지원 − 디자인 박람회 쇼 케이스 지원	− 마케팅 − 유통·판매
생산자와 소비자 연계	− 소매 기회 부여 및 인터넷 쇼핑몰을 통한 상품 할인 − 신흥 공예가의 작품 전시 및 판매	− 마케팅 − 유통·판매

영국의 공예 정책은 중앙부처인 DCMS 산하 기관인 Art Council과 DACS에서 주로 관장하고 있으며, 공예품의 저작권 보호와 로열티 수수

대행이 주요 업무로, Visual Art에 대한 저작권과 Visual Artist에 의해 제작된 작품의 저작권을 보호해 주고, 타인이 저작권을 이용하여 상품을 생산할 경우 로열티 수수를 대행하는 기관이다. 또한 영국은 남서부 데든 자치구 내의 다팅톤에 도자 클러스터를 설립하여 실용적이며 보다 전문적인 공예교육의 사회적·산업적 요구 및 필요에 따라 전문 도예교육기관이 설립되어 운영되고 있다.

교육훈련 분야는 대학교육 수준과 전문가 수준을 연결하는 중간 수준의 도자기 공예교육에 치중하고 있으며, 현장 혹은 실무 중심의 전문가 양성을 목표로 운영된다. 다팅톤에서 훈련 워크숍은 높은 품질의 도자기 생산, 실용적인 훈련 기회 제공, 상업으로 경쟁력 있는 제품 생산을 위한 교육훈련에 목표를 두고 있다.

지원정책의 결과 사업 활동에서 강점으로 대두되는 요인으로는 낮은

영국 도자기

임대료, 낮은 경상비 지출, 전문디자이너 인력의 역할 제공 및 외국 지역과의 사업 활동 연계의 용이성 등을 들 수 있으며, 이는 공방이 지속적인 경쟁력을 유지하는 데 중요한 역할을 하고 있다. 교육훈련비 지원, 행정인력 지원, 해외 박람회 참가 지원 등 초기의 공공기관 지원이 매우 필요하다. 성공 포인트로는 전문 인력 양성 체제, 수요를 감안한 적절한 규모의 제작 체제, 대규모 시장인 미국 시장을 전략적인 목표 시장으로 설정한 점과 마케팅의 역할 강화, 전통 지식과 현대 기술이 융복합된 고유 제작기술개발, 판매점의 효율적 활용 등을 들 수 있다.

프랑스—PGI

　　프랑스의 지식유산산업은 지리적 표시제를 적극적으로 실시하여 지식유산산업 및 지역경제활성화를 달성하고 있다. 지리적 표시제의 실시는 생산자, 소비자, 국가 등에 여러 가지 측면에서 유익한 효과를 발휘하고 있다. 생산자는 차별화된 고부가가치의 지식유산 제품 생산을 통해 소득을 증대할 수 있고, 소비자는 제품에 대한 알 권리의 충족과 더불어 명성 있고 품질 좋은 향토제품을 믿고 구매할 수 있다. 또한 국가는 지리적 특산물의 보호를 통해 지역산업 육성과 향토지식유산을 보존할 수 있다.

　　지리적 표시제에 관한 논의는 프랑스 Cognac의 사례에서 유발되었다. 프랑스에서 호주 등지로 이주한 사람들이 이주한 지역에서 생산한 브랜디를 Cognac이라는 브랜드로 판매함으로써 원산지에서 제품을 생산하는 지역민의 피해가 발생하면서 문제가 구체화되었다. 이에 따라 EU에서는 원산지 보호 표시(PDO)와 지리적 보호 표시(PGI)로 구분된 원산지 농산물 보호 조치를 마련하였다.

　　보르도 포도주의 지리적 표시 사례를 살펴보면, 보르도(Bordeaux)는 세

보르도 와인 축제 포스터

계에서 가장 큰 고급 포도주 생산지역으로, 지리적 표시제를 통하여 지역 경제 활성화를 달성한 대표적인 지역이라고 할 수 있다. 보르도 포도주는 크게 3단계로 등급을 구분하고 있다.

1단계는 단순히 '보르도(Bordeaux)' 표시만 되어 있는 포도주로, 보르도의 원산지 명칭 보호 중 첫 단계로 가격이 가장 싼 제품이다. 이 종류의 포도주는 싸고 쉽게 구입할 수 있는 보급형 포도주이며, 특정 지역명 또는 특정 포도농장의 이름으로 불리는 것보다는 'Mouton-cadet'같이 브랜드명으로 불리고 있다.

2단계는 '보르도(Bordeaux)+지역'을 라벨에 표시하는데, 일정하게 정의된 지역 내에서 생산될 때 Medoc나 St-Emilon과 같은 지역명을 보르도 다음에 붙여 표시한다. 이는 보르도만 표기되어 있는 포도주보다 상급의 포도주에 표시한다.

3단계는 '보르도(Bordeaux)+지역+포도원(Chateau)'을 표시한다. 보르도 지역에는 약 9,000여 개의 포도농장이 있으며, 공식적으로 품질을 인정받고 있는 포도농장은 수백 개 정보에 불과하다. 포도농장의 이름이 표기된 포도주는 보르도 포도주 중에서 최상급의 포도주이며, 그중에서도 Gtsnd Cru Cleasse에서 생산되는 포도주는 전 세계적으로도 가장 비싼 포도주로 알려져 있다.

일본—Life Style

라이프 스타일의 변화에 대응하는
새로운 수요 발굴

소비자 요구에의 대응

　다양화·복잡화되고 있는 소비자 요구에 대응하기 위해 "판매 없는 사업 없다."라는 기본 목표하에 판매 확대를 위한 기획·실시·평가 프로세스를 반복하는 것이 중요하다. 또한 시장 조사를 통해 철저한 소비자 요구의 파악이 필요하고, 더불어 여성고객 중시, 판매능력 향상, 소비자 요구의 적절한 대응, 광역적인 모니터링 제도의 시행이 필요하다. 소비자 요구에 신속하게 대응하기 위한 지속적 마케팅 활동에 근거한 타 업종·동 업종 간 교류 등에 의한 제품 개발 및 일본 문화생활이나 향토 생산품과 함께하는 라이프 스타일 제안을 통한 지식유산 제품 세트의 개발, 효과적인 선전과 디자인 개발 등을 적극적으로 행하는 것이 중요하다.

향토지식재산 제품 세트 개발 사례로 이시카와 현 '와지마 칠기 상공업협동조합'은 파티나 행사장에서 사용하는 칠기를 보급하여 Table-coordinator 를 대상으로 '옻나무그릇 세미나 & 파티'를 개최하여 와지마 특산 칠기의 수요 확대를 창출하였다.

와지마 칠기 제품

판매 방법의 개선

소비자 요구를 신속하게 파악하기 위해 업종·상품의 판매 일체형 전환을 대담하게 추진할 필요가 있다. 특히 온라인과 오프라인 양면에서 직접 판매를 적극적으로 검토할 필요가 있으며, 산지 전체 차원에서 대도시권에 거주한 향토 출신자나 전시회 참석자 등의 고객 DB를 정비하고, DM의 발송 등 적극적 판촉활동을 수행하여야 한다.

전자상거래 직판 사례로 히로시마 현 후추 상공회의소는 그 지역 산업의 상품 개발과 판로 개척을 지원하기 위해 '후추 만들기 직판 행사'를 개설하고, 전자상거래와 직판점 양면에서 새로운 판매 경로를 개척하였다. 또 홈페이지를 활용하여 소비자 요구를 파악하고, 이에 적절히 대응할 수 있는 상품 개발 연구회 '상품 개발 도전 연구회'를 설치하여 업종별로 팀을 편성하고 연구 개발한 신상품은 '후추 물건 만들기 직판 행사의 Virual-mall과 직판점을 통해 판매하였다.

관광산업 등 타 산업과의 연계 강화

산지 브랜드의 확립과 관광과의 연계

모든 지역 측면에서 향토지식 제품을 지역 활성화·마을가꾸기의 기능으로 활용하여 관광·지역 교류사업의 활성화로 연계하여 지역 내 다른 향토지식 생산품과 조합을 통한 산지 브랜드의 확립을 도모함과 동시에, 산지견학·체험학습과 숙박을 연결시키고, 직판점의 설치·운영, 산업관광에의 편입 등을 고려해야 한다.

니가타 현 에치고 천수회, 고센 패션타운 추진협의회는 고센 시내의 주판점에 매년 많은 관광객·참가자를 유치하고, 토속주 애호가를 중심으로 겨울 이벤트 행사를 전개하고 있다.

또한 지역에 따라 조건이 성립되면 향토지식산업 박물관 설치 및 향토지식산업과 관광의 연계, 근대 기술과 전통 기술의 융합을 고려한 새로운 관점에서의 테마파크의 설치를 고려할 필요성이 있으며, 국내외의 관광객에게 대응하기 위해 가이드 양성, 외국어 표기, 지속적 이벤트 실시 등의 행사 창출에 노력하고 활발한 광고 및 홍보를 시행한다. 교토 요시미쓰 열촌, 교토후의 테마파크 사례로는 교토후가 건설을 계획하고 있던 시설에서 교토 전통산업과 근대산업의 융합에 의한 신생활문화 제안을 통해 신산업거점지로 육성하였으며, 교토 요시미쓰 열촌의 4대 요소에는 생산·판매 거점, 관광·주거 거점, 연구·개발 거점, 학습거점이 있다.

특징 있는 토산물 전시회 개최

예로부터 지역 이미지 제고를 위한 이벤트로서 각종 토산물 전시화가 성황리에 행해지고 있지만, 지역의 특징이 희미해지고 매너리즘화·비효율성의 우려도 지적받는 경우가 있기 때문에 지역 기업·행정 등 관계자의 역할 분담을 명확히 하고 행사 시마다 행사의 목적과 실시 방법을 재검토해 개개의 특징을 보다 선명하게 하는 것이 중요하다. 또한 재래 형태의 토산물 전시회 외에 마을 조성이나 지역 연계의 일환으로서 자매 도시나 대도시 상점가에 미니 토산물 전시회의 개최, 대내외 박람회 참가 등을 적극적으로 검토하는 것이 필요하다. 지방 산품을 대기업 및 행정 기관의 사무용품이나 기념품 등으로 활용하거나 대도시 중심부에 지방 산품을 한곳에 모아 대대적으로 PR하는 이벤트, 디자인 콘테스트 등의 개최도 검토하고 있다.

수출 진흥책의 강화를 통한 해외 수요의 발굴

지방 산지로서는 지역 문화나 일본 문화를 해외로 수출한다는 마인드 창출과 동시에 외국 제품과의 경합을 피해 고유의 기술이나 디자인의 개발, 지역 브랜드의 확립, 다품종 소량의 수제 고급품의 개발 등을 노력하고 있다. 국가 차원에서 해외시장 개척의 지원에 한층 노력하는 한편, 일본 문화의 전파·교류 활동의 일환으로 해외 '일본 문화 소개 센터'의 설치 및 안내요원의 확보·육성을 적극적으로 촉진해야 하고, 일본 문화 소개를 위해 재외 공관 등에서 향토지식산품을 한층 더 활용하는 것이 바람직하다. 특히, 일본 무역진흥회는 국제간의 산업교류사업이나 해외의 전통산업과의 연계·해외 전시회 개최·현지 조정 및 조언자 창설 등 해외 시장 조사나 수출 촉진을 위한 지원기능, 해외 견본시장에의 출전 지원을 더욱 강화해야 하며, 모방 디자인 대책·지식재산권의 국제질서를 구축해야 한다.

산업교류사업의 사례로 사이조 주조조합·히가시히로시마시·히가시히로시마 상공회의소는 독일의 라인란토팔츠 주에 해외 개척단을 파견하여 독일 와인 등급, 품질보증제, 마케팅 방법 등 현지 조사를 통해 일본 술의 제조에 응용하고, 양조업의 새로운 발전을 도모하고 있다.

디자인·기술·상품 개발의 강화

향토지식산업의 산지는 소비자 요구에 대응하기 위한 기술·신소재 개발을 진행함과 동시에 환경 문제나 국제적 디자인에의 대응, 수출용 제품의 개발 등을 위해 공적 기관의 활용이나 산지조합·기업연합회 공동 연구, 산지 외의 디자이너 활용, 디지털 정보의 활용, 내외 콘테스트의 지속적인 개최 등이 필요하다. 국가는 기술 입국의 기본방침하에 기업 내 디자이너 육성, 지도 디자이너의 파견, 연구개발 투자의 리스크 부담의 경감, 산업계와 대학과의 연계, 인턴제 등의 지원을 강화해야 한다. 동시에 그 지방 기업을 대상으로 한 디자인 지도를 행할 국가센터의 설립을 검토해야 하며, 지방자치단체는 지역 만들기의 일환으로서 향토지식산업의 향토지식재산의 계승·진흥책을 충실히 수행하고 있다.

기술 교육의 진흥 등에 의한 인재 확보·육성

국가 및 지방자치단체는 향토지식산업과 관련된 창업을 지원·촉진하는 것은 물론 사업 전환이나 분점의 개설에 의한 제2 창업에 대한 지원을 강화할 필요가 있으며, 후계자 확보 등을 위해 향토지식 제품의 제작 체험 등을 초중등학교의 교육과정에 추가하는 등 기술교육의 진흥을 한층 더 도모해야 한다. 인재 확보의 관점에서 대내외 기업이나 인재 유치를 활성화하고, 산지·업계로서는 외국인 노동자·연수생 등 새로운 수용책을 검토해야 한다.

히코네 상공회의소를 중심을 상점가나 그 지방산업조합, 학교, 행정 등으로 조직된 '와서보고 KIDS 사업위원회'는 초등학생의 여름휴가 기간을 활용하여 상점의 판매체험이나 향토지식산업의 제조체험사업을 실시하고 있다.

또한 국가·지방자치단체는 기술교육을 행한 지역의 전통공예전문학교 및 그 학생에 대한 지원을 강화함과 동시에 졸업생의 취업 보장에 있어 적극적인 지원책을 마련할 필요가 있으며, 디지털화·글로벌화 시대에 대응하기 위해 전통공예전문학교에 IT, 어학, 기업경영, 생산관리 교육이 한층 강화할 수 있도록 지원해야 한다.

법률 제정에 의한 거래 관행의 개선

소비자 요구에 신속하게 대응하기 위해 업계와 산지는 시대의 추세에 맞는 판매·유통 경로의 재구축이 필요하므로 업계는 산지 위탁 매매인과의 교류 증진을 위한 현장 시찰을 개최, 의식 개혁, 위탁 판매나 어음 결제제도 등 거래 관행의 개선에 노력하는 것이 중요하고, 거래의 법률제정 등 제도적 개혁을 추진해야 한다.

교토후화장(和裝) 업계의 주요 단체가 가맹한 (재)교토화장산업진흥재단은 조직적으로 유통구조개혁위원회를 설치하고, 화장업계의 주요 단체와의 거래 개혁을 검토하였으며, 화장업계에 있어서 거래의 실태나 의식조사를 실시하고 그 결과를 검토하여 2000년 12월에 '상거래의 개혁에 관한 선언'을 채택하였다.

IT를 활용한 새로운 산업 육성

향토지식산업에 있어 신제품의 개발을 진행하거나 타 분야 기술·재료의 활용에 관한 종합적인 정보관리의 실현을 도모하기 위해서는 IT의 적극적인 활용이 바람직하다. 특히 전통적인 분야에서는 마케팅에 의한 소비자 요구의 파악이나 생산 사후 평가(Feedback)와 IT 활용의 여지가 크다.

지역과 업계는 인터넷을 통해 역사적 유산이나 전통적 디자인 등을 디지털 콘텐츠화함과 동시에 아날로그 기술과의 적극적인 융합을 도모하여야 하며, 업종·업태에 의해 하이테크 산업화로 전환을 지원하고 있다.

주체별 역할 재검토

사업자·산지 조합의 역할

개개의 사업자는 기업가 정신·도전정신·자조 자립의 원칙을 천명하고, 산지 조합은 운명 공동체로서 사업자 단독으로는 실시가 곤란한 광고 활동이나 코디네이터 활동, 고동 배송 시스템의 구축 등에 한층 노력하는 것이 중요하다. '주물의 거리'로서 알려져 있는 가와구치 시의 주물공업협동조합은 매년 주물의 육십갑자 장식물을 제작 판매하고 있으며, 이들 장식물은 자치단체나 현지 기업 등이 주력 판매하고 있는 인기 상품으로, 동 조합을 통해 판매 창구 단일화를 실현하였다. 업종별 조합 외의 임의 단체, 유지 그룹을 단위로 하는 활동도 활발하게 진행시킬 뿐만 아니라 타 업종과의 교류·동 업종 간 교류, 원료의 공동구매, 공동생산, 판로의 공유화, 인터넷 판로 개척, 영업 부문의 아웃소싱 등을 도모해야 한다.

상공회의소의 역할

상공회의소는 향토지식산업을 지역 만들기·마을 조성의 일환으로 파악하고, 사업자·조합·행정과 연계하여 지역 고유의 진흥책을 검토·실시해야 한다. 상공회의소 간의 네트워크를 활용하고, 공적 전시 시설의 활용 외에 행정서비스 차원에서 향토지식재산 상품의 공동 판매에 참가하는 것이 바람직하다. 횡적 지원 체제를 취할 수 있는 상공회의소로서의 특징을 활용하는 지원책이 중요하고, 토산물 전시회 등의 개최, 기술·디자인 개발, 생산자와 소매·소비자와의 의견 교환 외에 대내외의 자매 도시와의 교류, NPO와의 연계, 향토지식 기업 간 교류, 대학과 기업과의 연계, 타 업종과 교류·동 업종과 교류, 기업 유치, 인재 확보·육성, 수출 촉진을 위한 지원 등 향토지식산업을 중심으로 한 지역 부흥을 위한 종합적인 연계 기능을 수행해야 한다.

행정의 역할

현행 국가의 지원책은 산업 집적을 중심으로 한 향토지식산업 진흥책과 일정한 연수를 근거로 한 전통 공예사 등을 중심으로 한 개인 대상의 향토지식산업 진흥책으로 대별된다. 향후 국가의 지원책은 집적과 개인에의 지원책을 융합한 종합적인 진흥책의 검토가 필요하며, 이 중 마케팅과 디자인 개발 등 지원사업을 실시하고 있는 각지의 향토지식산업센터를 네트워크로 한 국가지식산업센터의 창설이 바람직하다. 향토지식재산 상품은 국민 문화의 하나임과 동시에 대외적 문화 제공, 수출 진흥의 유력한 자원으로 WTO 체제의 범위 내에서 JETRO의 역할을 재검토하는 등 새로운 수출 진흥책을 검토해야 하며, 이 중 일본 문화나 산업 소개를 위한 인재 확보·육성과 학교 교육에 있어서 향토지식산업운동을 활발히 진행시키고, 견학학습과 동시에 설비·교재 등에 향토지식제품의 채용을 추천 장려하는 것이 필요하다.

긴 불황의 영향을 받아 고급 가구의 판매가 저조한 상황 속에서 협동조합 '히다목공연합회'는 향토지식산업기술을 활용해 지금까지의 고급 가구의 이미지와 다른 간벌재를 이용한 학습 책걸상 제품화에 성공, 현지 초중학교에 제공함으로써 호평을 얻어 히트 상품을 시작하였다. 지방자치단체는 향토지식산업을 지역 간 경쟁에서 이기기 위한 툴(tool)로서 파악하고, 이의 진흥을 도모하며 관광 등 다른 지역 진흥책과의 연계 유의함과 동시에 향토지식 생산품과 지역 보호를 위한 '주민 참여 전략회의'를 개최하여 기업뿐만 아니라 주민도 참가하는 진흥책도 중요하다.

일본의 향토지식산업은 지금까지 전통의 유지와 혁신, 반발과 융합 가운데에서 다양하면서도 유연한 변화를 지속해 오고 있다. 향후 이들의 향토지식산업은 보다 빠른 자기 개혁·진화가 필요하며, 향토지식산업의 형태는 다양하고 상황에 따라 종래의 형태에 집착하지 않고 산업으로서 재생·진흥을 도모하며, 전통적 문화로서 존속을 도모하는 것을 명확히 하거나 관광산업과 연계 등 대담한 전환책을 검토하고 있다. 향토지식산업 재활성화 시책의 절대적 해법이 부재한 상황에서도 각 산지는 IT를 활용한 마케팅과 더불어 이의 성과에 근거한 상품 개발이나 향토지식상품이 있는 라이프 스타일의 제안, 맞춤형 제품화 등 상식적인 대책을 보다 강력하게 실행해왔다. 향토지식산업을 둘러싼 환경의 어려움이 가속화되고 있지만, 업계의 존속에 대한 위기감의 고조와 일본 문화에의 관심이 높아지는 것을 기회로 삼아 지역이 일체가 된 재활성화에 집중하고 있는 추세다. 지역 종합 경제 단체인 상공회의소는 향토지식산업의 재활성화가 지역산업에 국한된 문제로만 인식하고 있지 않으며, 지역 문제 그 자체라는 인식에 서서 재활성화 시책을 강구해 나가고 있다.

8
향토지식산업
활성화를 위한 제안

제안 배경 및 필요성

　고용을 수반하지 않은 첨단산업과 대기업 중심에서 벗어나 지역에 산재되어 있는 향토지식재산의 산업, 교육, 문화, 복지 등 다원적 기능에 주목할 필요가 있다. 즉, 지역사회(공동체)가 중심이 되어 지역사회의 사회적 지식자본인 향토지식재산을 기반으로 한 지식공유 및 융복합을 통해 새로운 산업적 효과뿐 아니라 산업을 둘러싸고 있는 자연친화적 공동체적인 체험, 교육, 문화 및 복지기능을 청년, 출향민, 경력 단절 여성, 다문화 가족 및 노령까지 모두 참여할 수 있는 지속 가능한 다양한 일자리 모델로 확산시키는 것이야말로 심각한 지역 일자리 부족과 지역 균형 발전을 위한 시대적 요구로 판단된다.

　향토지식재산은 지역사회가 가장 적은 비용과 시간으로 창업 및 사업 아이템을 확보할 수 있는 지역의 사회적 지식자본으로서 지방자치단체가 지역사회에 지식창업, 지역공동체사업 및 글로컬 네트워크사업 역량을 배양시킬 수 있는 최선의 전략으로 판단된다.

글로컬 지식경제 시대의 두 가지 과제

| 지역경제 활성화 | 지역·청년 일자리 창출 |

'어떻게'로 이룰 것인가?

| 다원적 기능(산업, 교육, 문화, 복지)이 가능한 차별화된 새로운 영역을 개척해야 함. | 첨단산업과 대기업은 고용을 수반하지 않기에 새로운 직업 및 신 산업 창출이 필요함. |

'무엇'으로 이룰 것인가?

향토지식재산의 창조적 계승, 자원화, 산업화

- · 산재한 향토지식재산(공유지식 포함)의 융복합화로 산업화가 가능한 오픈 플랫폼 구축
- · 원래 가지고 있었으나 그동안 사각지대로 몰려 있었던 지식재산의 '재평가·창조적 계승'을 통해 신상품, 문화, 서비스 등 지식공유 및 융합을 통해 신사업, 신직업 등 혁신 생태계로 확장

지식공유 플랫폼 구축

향토지식산업의 활성화를 위해서는 지역사회나 산업계에서 다양한 향토지식재산의 소재에 손쉽게 접근할 수 있고, 소통하고 접목과 융합으로 이어질 수 있는 기반 조성이 필요하다. 그러기 위해서는 첫째, 지역사회에 존재하고 있거나 사장된 귀중한 향토지식재산과 그것을 보유, 현실적인 구체화 시도를 하고 있는 암묵지의 경험지식 보유자에 대한 보호와 재평가가 있어야 한다. 둘째, 지방자치단체가 중심이 되어 지역 내에서 수행해 온 수많은 연구 용역, 축제행사, 많은 지역적 상징물 등을 발굴조사 및 체계화하는 것이 시급하다. 셋째, 이러한 지역 자체의 기본적인 기반 위에 향토지식재산이 모이고, 이야기하고 융합될 수 있는 놀이터와 같은 장소, 즉 플랫폼 구축이 필요하다. 사업화를 위해서는 향토지식재산 그 자체의 가치보다는 향토지식재산을 둘러싼 다양한 사람, 다양한 관점, 다양한 사업 분야의 아이템, 그리고 그 관계들 속에서 재발견, 융복합을 통한 재창조의 과정이 요구되기 때문이다. 그러나 현재 특허청, 농진청, 문화재청 및 각 지방자치단체 등에서 운영하고 있는 DB 정보들은 인터넷의 장점인 쌍방 간의 소통과 융합 및 재창조를 위한 프로세서 기능이 없는 일방향 자료 제공의 의미밖에 없다. 따라서 향토지식재산이 서로 소통하고 융합할 수 있는 소통의 장, 정보 교류의 장, 지식공유 및 융합의 장이 되는 쌍방향 지식기반 체제의 플랫폼 구축이 되어야 할 것이다.

아래 그림의 제안된 플랫폼은 지식재산보유자, 대학 및 개발 전문 업체 등 아이디어 제공자, 전문가를 통한 지식재산 가치평가·검증을 위한 기관, 중소기업 및 공동체기업 등 사회적 경제 매칭 기업들이 참여하여 경제적 이익과 사회적 가치를 동시에 균형 있게 실현할 수 있는 지역 중심의 협력적 플랫폼 구축 구조이다.

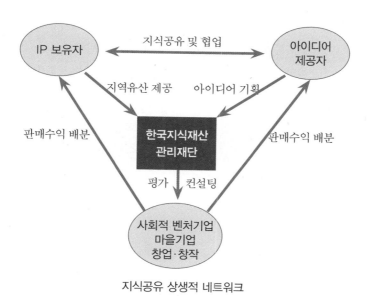

지식공유 상생적 네트워크

지식공유 플랫폼을 통한 가치 및 이득

구분	가치(Value)	이득(Benefit)	대상자
지자체 전문지원기관	· 창조경제 생태계 기반 · 신직업군 창출 · 지역문화, 경제 확산 · 향토지식재산 계승 발전 기여	· 창조경제정책 기여 · 일자리 창출 · 세수 확대 · 경쟁력 상승	· 지자체 · 지역발전연구원 · 지역관련단체 · 한국지식재산관리 재단
지식재산 보유자	· 향토지식재산 기반 창조적 승계 · 지식 생산성 확산	· 명성, 수익	· 지식재산 보유자 · 지역사회 구성원 · 지자체 등 공공단체
아이디어 제공자	· 지식공유 · 사업 기회 · 다양한 프로젝트 참여 경험	· 포트폴리오 · 창직, 창업 · 소득 증대	· 대학 · 개발 및 마케팅 전문 업체 · 공공기관 및 연구소
수행 기업	· 신시장 개척 · 사업 다양화, 다변화 · 신산업군 양산	· R&D 비용 절감 · 생산성 향상 · 신규 매출	· 지역기업, 공동체기 업 및 사회적 기업 · 신설 창업, 창직 법인

1 IP 보유자 (발명가, IP기업, 지역유산보유자) → 온라인 제출 → 오픈 플랫폼 ← 아이디어 제공 / 유사정보 제공 ← **2** 아이디어 제공자 (대학, 기관, 연구소, 개발 및 마케팅 업체)

· 지역유산
· 공유지식재산
· 지식재산

3
유사도 검색
선행지식검색
API/SDK
융복합

판매수익 배분

· 용도
· 디자인
· 기능
· 브랜드/상표
· 유통채널
· 선호도
· 가격관리
· 성능개선

Selection

개선된 지식/서비스

Evaluation

No 전문가 / Community

평가·선정

OP Staff / Yes

Matching

지식공유(라이센싱) 기업 (마을기업 및 사회적 기업)

5
· 회원
· 디자이너
· 개발자
· 브랜드 매니저
· 마케팅 매니저
· 컨설턴트
· 생산자
· 기술자
· KTPF Staff

· Research
· Re-Pricing
· Re-design/BI
· New Market
· New Channael

4 제품/서비스
· IP Registration
· Establishment
· Manufacture
· Fundaraising

6 선 상품
· 회원 판매
· 직접 판매
· 홈쇼핑
· 전문유통채널

지식공유 플랫폼에서의 프로세스 흐름도

1. 지식공유 플랫폼상에서의 흐름은 먼저 발굴조사 및 확보된 향토지식재산 보유자가 사업화를 위한 인큐베이팅을 위해 자신의 지식재산을 공유 및 협업 사업화 제공
2. 확보된 지식재산은 다양한 아이디어 제공자에 의해 제품 및 서비스화를 위한 기술, 디자인, 마케팅 등 다양한 분야에서의 협업 및 지식공유가 이루어짐.
3. 선행조사 및 유사정보 검색 등 사전 제안이 확정되면 지식 및 기술적 융복합을 통해 개선된 지식 및 서비스로 재창조시켜 전문가 평가집단을 통해 평가 실시
4. 전문가 평가에서 통과된 지식 및 서비스는 이를 사업화 및 상품화시킬 수 있는 기업을 매칭하여 새로운 사업에 대한 지식공유(라이선스)를 부여한 후 제품화 진행
5. 생산된 제품에 대해 상용화를 위해 다양한 분야에서의 평가를 시행한 후 신제품 출시하여 판매 진행

지자체 지식공유형 향토지식산업 기대 효과(초기 3년)

광역지자체	자치단체 수	전문인재 양성	창업 아이템	지식공유	고용 창출	예상 매출
서울특별시	25	3,750명 지자체25× 창업 아이템 30개 ×전문인력 5인	750건 지자체25× 창업 아이템10개 ×3년	3,750건 지자체 25× 창업 아이템 30개 ×지식공유 5회	3,750명 고용 창출750건 5명	2,250억 창업 750건 3억
인천광역시	10	1,500명	300건	400건	180명	250억
부산광역시	16	2,400명	480건	640건	288명	400억
대전광역시	5	750명	150건	200건	90명	100억
대구광역시	8	1,200명	240건	320건	144명	200억
광주광역시	5	750명	150건	200건	90명	100억
울산광역시	5	750명	150건	200건	90명	100억
강원도	18	2,700명	540건	720건	324명	450억
경기도	31	4,650명	930건	1,240건	558명	775억
경상남도	18	2,700명	540건	720건	324명	450억
경상북도	23	3,450명	690건	920건	414명	575억
전라남도	22	3,300명	660건	880건	396명	550억
전라북도	14	2,100명	420건	560건	252명	350억
충청남도	15	2,250명	750건	600건	420명	625억
충청북도	11	1,650명	330건	440건	198명	275억
제주특별자치도	2	300명	60건	80건	36명	50억
세종특별자치시	1	150명	30건	40건	18명	25억
합계	229	34,350명	6,870건	17,175건	17,175명	21,240억

지식공유산업 생태계 조성

생태계 조성의 필요성 및 모델

21세기 무한 경쟁체제하에서 국내외를, 기업의 규모를 막론하고 독자적 산업 생태계를 구축하지 못하면 경쟁에서 살아남기 어렵다는 것은 최근 미국의 애플사의 사례를 통하여 세계적 현상으로 인식되고 있다. 특히 향토지식산업 분야의 가치 창출형 생태계 모델은 개별기업단위 경쟁과 기술혁신을 넘어 산업 내 모든 주체가 협력과 경쟁 등 유기적 상호작용을 통해 발전해 나가는 공동체적 특수성을 갖는 점을 고려할 때, 향토지식보유자(기업), 향토지식계승자(전수, 이수자 등), 관련 산업계(대기업, 전문중소기업), 정부(지자체), 전문 지원기관뿐만 아니라 소비자, 일반 대중의 공동체적 참여 역할까지 포함된 생태계 모델을 구축할 필요가 있다.

생태계 모델의 특성

향토지식산업에 있어 산업 주체별 특성과 장애 요소들은 어느 한 부분에 국한되어 영향을 끼친다기보다는 상호작용으로 그 효과를 증대시키는 바, 요소 간 상관관계를 분석하고 계층화하여 가장 근본적인 장애 요소를 중심으로 정부 차원의 지원책을 모색하여야 한다. 생태계가 건전하면 모든 구성 요소가 다 상생한다. 그러나 먹이사슬이 끊어지면 생태계도 무너지는 것처럼 생태계 조성에 반드시 요구되는 요소는 다음과 같다.

첫째, 정부는 기존의 향토지식산업정책에 있어 향토지식 보유자나 기업에 대한 단순 자금 지원이나 R&D, 디자인, 홍보 등 개별 지원의 방식에서 생태계 중심, 시장 및 소비자 창출 중심으로 전환하고, 향토지식 보유자 중심에서 청장년 계승자 중심으로 과감하고 섬세한 정책 변환이 있어야 할 것이다. 나아가 향토지식 보유자나 개별기업 단위에서 타 주력 산업의 대기업이나 전문 중소기업 간의 공생, 협력관계 조성 및 지역 클러스터 집적화 사업으로 발전할 수 있는 유기적 생태계 지원 정책이 요구된다.

둘째, 향토지식산업의 산업적 특성과 미스매칭(Mismaching)된 인력 현황과 일자리 부족이라는 현실 속에서 향토지식 보유자와 청장년 계승자 간에 소통하고 정보 교류의 장를 통하여 향토지식재산의 창조적 계승이라는 시대적 소명 등을 기반한 명분과 실리 및 비전을 동시에 확보할 수 있는 환경을 조성해 주어야 할 것이다. 그렇게 해야만 향토지식 보유자의 자발적이고 신속한 지식 계승이 이루어질 수 있으며, 종전의 폐쇄적인 전수 시스템에서 다양한 개방형 교육 시스템으로 전환될 수 있고, 다양한 R&D 연구 인력·디자인 인력·마케팅 인력·경영인력 등 가치 창조형 핵심 인력 양성을 통한 고부가가치 제고·제품의 다양성·사업화 성공 가능성을 높일 수 있다.

셋째, 향토지식산업에 있어 지역사회, 소비자 및 일반 대중과의 관계에서 다른 산업과 달리 보다 공동체적인 감성문화를 내재하고 있다. 이런 점에서 정부 차원에서의 적극적인 홍보도 필요하나 향토지식 보유자는 물론 관련 산업계에서도 단순한 제품 특성만을 알리는 것이 아니라 함께 만들어 간다는 신뢰와 공동체적인 연대의식을 위한 지식 기부 등을 통해 소비자와 일반 대중과의 접촉점을 다양화하는 사회적 기여 의식이 동반되어야 할 것이다.

생태계 모델의 역할

향토지식 보유자 측면의 역할

향토지식산업은 우리나라의 특수한 사회 정책적 요인에 의한 산업 자체의 특성과 그에 따른 업계 종사자들의 보수적 태도, 유통 구조의 불합리한 구조 및 소비자 및 정부의 소극적 시각 등 환경적 요인 등이 산업 활성화를 저해하는 장애 요인이라 할 수 있다. 따라서 향토지식 보유자나 기업 입장 측면에서 보면 어느 한 부분만의 개선이 아닌 향토지식산업을 둘러싼 생태계 조성이 필요하며, 가장 시급하고 효과적인 것은 다양한 실리를 보장 내지 추구할 수 있는 시장을 조성해 주는 것이다. 이를 위해서 향토지식보유자 자신도 폐쇄된 산업의 주체라는 인식에서 벗어나 적극적인 지역공동체사업의 계승자로서 새로운 시장의 트렌드를 만들어 내는 브랜드 창출자라는 인식을 깨닫게 할 수 있는 향토지식 보유자를 위한 전문교육(최고위 아카데미 등)과 향토지식 계승을 희망하는 청장년에 대한 상생 협력 시스템 속의 적극적인 지식 전수 및 멘토로서의 역할,

관련 주력 산업의 대기업 및 전문 중소기업과의 협력 파트너로서의 역할을 수행할 수 있는 제도적 예우와 사회적 분위기 조성이 필연적으로 요구된다.

향토지식산업에 있어 향토지식 보유자는 대부분 소규모 중소기업 형태로 업을 이어가는 경우가 많으며, 필연적으로 자동화·신상품 기획·디자인·유통·마케팅·지식재산관리 및 경영능력이 떨어지는 것이 일반적이기에 이들 스스로가 타 주력 산업이나 대기업 및 전문 중소기업과의 연계 공동사업에 소극적인 경향이 많았다. 그러나 이 부분을 정책적으로 실효성 있게 환경 조성을 할 수만 있다면 타 주력 산업이나 관련 기업들에게도 상호 상생할 수 있는 새로운 동반 성장의 비즈니스 모델을 창출하는 계기가 될 수 있을 것이다. 바람직한 '대기업과의 상생 모델'로서 CJ 그룹이 전통 장류와 두부, 김치 등 지역 특화된 향토지식 보유 업체를 발굴하여 단순 주문자 상표 부착 생산(OEM) 방식이 아닌 향토지식 보유 업체의 고유 브랜드는 살리고 기술, 유통, 자금, 식품안전 등을 지원하는 형태를 들 수 있다. 또한 '전문 중소기업과의 연계 공동사업'으로는 여러 조사에서 이미 밝혀진 바와 같이 향토지식 보유 업체들의 가장 큰 애로는 새로운 시장에 맞춘 맞춤식 자동화설비 개발로서 이미 검증된 바와 같이 국내의 전문중소기업의 기술 수준과 역량으로 충분히 연계 공동개발이 가능한 사업이나 협소한 국내 수요와 정보 교류의 부재로 인해 현실적으로 그 사례가 많지 않으나 기존 정부사업(중소기업부 연계 기술개발 지원사업, 구매 조건부 연구개발 등) 등 다양한 사업을 활용할 필요가 있다.

끝으로 향토지식 보유자 입장에서 향토지식의 창조적 계승은 향토지식 창업교육을 통한 자체 종사자 육성, 인재 양성을 통한 향토지식사업의 분업 및 공동협업 가능성 제고, 미래세대 인재 및 잠재 수요자 창출 효과 등 세 가지 점에서 그 의미가 있다.

향토지식 계승자 측면의 역할

향토지식산업의 가장 큰 문제점의 하나는 젊은 신규 유입 인력의 부족이다. 그 이유는 향토지식산업 자체의 문제점도 있으나 우리나라의 산업구조 변화에 따른 인력의 미스매칭에도 큰 원인이 있다. 향토지식산업은 본래 향토지식산업 아이템별로 원료 구입, 제조, 유통, 마케팅 등 기능별로 분업화되어 오거나 작업 공정에 따라 소재, 가공, 완제품까지 7~8가지 공정을 분업 작업으로 이루어져 온 것이 대부분이었으나 최근과 같이 산업적 악순환 구조에 따라 어쩔 수 없이 향토지식 보유자 단독, 또는 가족 단위로 급할 때마다 일손을 돕는 형식으로 악화된 것이 현실이다.

그러나 청년 일자리 창출은 물론 베이비부머 세대들의 일자리 창출과 지방자치단체마다의 '인력존치'라는 시대적 요청 속에서 향토지식산업만큼 청장년 및 노령층까지 포함된 일자리 창출과 지역공동체사업으로서 산업뿐 아니라 문화 · 복지 · 교육 분야에 이르는 다기능적 효과가 가능한 산업 유형은 찾기 어려운 것은 자명한 사실이다. 따라서 정부나 지방자치단체들은 미스매칭되었다고 선불리 판단되던 젊은층에게 지역의 사회적 자본이라는 호의와 유대 속에서 〈윤식당 2〉처럼 세계로 진출할 젊은이들의 열정과 비전을 새롭게 하고, 청장년 및 노령층의 경험지식들을 세대 간 융합할 수 있는 체험과 소통과 현장 기회를 적극적으로 제공하는 획기적인 인식제고가 요구된다.

지역사회 측면의 역할

'향토지식재산'이란, 지역사회나 지역의 특정인이 지역의 유무형의 자원을 활용한 지식창작물로서 산업 내지 문화 발전에 이바지하는 공동체적 유산으로서 일종의 지역사회적 자본이다. 따라서 향토지식산업은 지역사회를 자발적인 공동체로 조직하고 유지할 수 있게 만드는 강력한 동인이 된다. 예를 들어 지역김치축제를 통하여 지역민 개인이나 지역공동체가 네트워크로 연결되고 지역구성원 간의 연결 패턴과 연결을 통해 형성된 관계와 구성원 간의 사회적 교환을 통해 비로소 이러한 사회적 자본이 창출되기 때문이다. 다시 말해 향토지식재산 및 향토지식산업은 다른 자본과 달리 지역공동체를 근간으로 이루어진 산업이기에 지역공동체 구성원들은 배타적 이익 추구가 아니라 서로 협력하여 지역사회전체의 이익 실현에 이바지할 수 있으며, 이러한 공감대가 지역사회적 자본을 지역을 넘어 세계 속에 지속적으로 확산할 수 있는 바탕이 되는 것이다. 다만, 향토지식산업이 구체적이고 지속 가능한 산업으로 성장하기 위해서는 지역사회가 지방자치단체와 외부전문기관들과의 협력 속에서 혹시 일어날지 모르는 집단 행위의 딜레마를 해결해 주는 역할을 할 필요가 있다.

정부 측면의 역할

향토지식산업은 기본적으로 시장을 통해 활성화될 수 있다는 전제하에 향토지식산업이 아직 확고한 자리매김을 하고 있지 못한 우리나라의 상황에서 시장의 창출을 위해서는 정부의 인위적인 노력과 역할이 가장 중요하다. 첫째, 정부의 시장 창출을 위한 역할은 먼저 해당 향토지식산업이 어떤 시장을 타깃으로 할 것인가를 정확히 하고 섬세한 지원전략이 필요하다. 다시 말해 국내외 최상위 계층을 대상으로 하는 명품화 시장을 타깃으로 할 것인가, 국내외 소수 매니어층을 대상으로 하는 소위 매스티지 시장을 타깃으로 할 것인가, 아니면 일반 대중을 대상으로 하는 대중화시장을 타깃으로 할 것인가 여부, 또한 국내시장이냐 글로벌시장이냐 아니면 글로컬 복합시장이냐에 따라 그 전략이나 지원 방향도 달라지게 될 것이기 때문이다. 둘째, 정부는 향토지식에 대한 인식 확산 조성을 위한 공공서비스 선도사업, 즉 다문화가족, 사회적 취약 계층을 대상으로 한 가족공동체 복원, 세대 간 화합, 지역공동체 정신 함양 등을 위한 공공 프로젝트를 기획, 선도할 수 있을 것이다. 셋째, 이미 언급한 바와 같이 향토지식산업은 그 대상의 특성에 따라 고도의 다양성과 개성을 가지기에 그 목적물과 대상을 특정화하기 위한 제도적 장치의 발전이 요구된다. 다시 말해 기본적으로 무형적인 향토지식재산의 특성상 객관적인 권리 관계나 공정한 가격 책정이 어렵고 정보의 불안전성에 따른 투명성의 문제 등으로 이를 다룰 수 있는 전문 지원기관 설립 및 육성이 필요하다. 다만 정부의 적극적 역할은 시장의 창출 조기 정착 과정에 한정되며, 장기적인 계획하에 자율적으로 움직이는 시장을 구현하도록 단계적 지원 역할을 축소하여야 할 것이다.

전문 지원기관 및 글로컬 네트워크 측면의 역할

향토지식산업의 핵심이 되는 향토지식재산은 향토지식 보유자만의 암묵지적인 소재, 원재료 배합비, 제조기법 등과 장인이나 지역의 브랜드 등에 대한 객관화 작업이나 적정한 보호 조치가 이루어지지 않아 이를 수행할 향토지식관리 전문기관 육성이 시급하다. 특히 향토지식산업의 명품화, 대중화 및 융복합 산업으로의 혁신, 명품브랜드 창출과 이 과정상에서 일어나는 제3자와의 이전이나 사업화 및 보호나 평가 등에 있어 거래 안전성과 법적 분쟁의 우려가 존재하는 곤란한 문제가 자주 일어난다.

향토지식관리 전문기관은 관리(신·위탁관리, 공지증명제도 등), 전문 인재 양성, 지식공유 및 사업화 지원 등의 업무를 수행할 필요가 있다.

이와 함께 미디어, 금융부분을 아우르는 열린 글로컬 네트워크망이 구성하고 그 속에서 부가가치를 분배하는 구조를 구축하여 적극적인 일반 가치 참여자들이 참여토록 하고, 나아가 지식공유를 통한 벤처금융이나 대기업들의 참여하는 건강한 산업 생태계로 확산할 필요가 있다.

참고자료

KFC 공식 웹사이트(www.kfckorea.com / www.kfc.com / colonelsanders.com)

아메리칸 내셔널 바이오그래피 공식 웹사이트(www.anb.org)

SyncForce 웹사이트(www.rankingthebrands.com)

피터 크라스,『비즈니스 위즈덤 : 세계를 움직이는 CEO들의 성공법칙』, 2006, 소담

최은영,『켄터키 할아버지 커넬 할랜드 샌더스의 1008번의 실패 1009번째의 성
　　공』, 2010, 넥서스BIZ

위키백과사전 KFC(en.wikipedia.org/wiki/KFC) / 제공처 정보 : 세계 브랜드 백과

장흥군 농업기술센터(http://jares.jangheung.go.kr/html/HtmlV.jsp?menu_
　　cd=0201)

최연수 외,「공예명품 개발을 통한 전남공예산업 활성화 방안」, 전남발전연구원,
　　2009

네이버 지식백과 '코카-콜라(세계브랜드, 인터브랜드)' 참고

고준형·김철현,「위기탈출의 해법, 독일 제조업에서 배운다」, POSRI 보고서,
　　2012